対話の調

ゆきめぐる「かかわり」の響き

井上信子 編
Nobuko Inoue

新曜社

まえがき――「守破離」再考

月一回ほどの頻度でスーパーヴィジョンに来ていた井上信子さんは、サバティカルの一年を使って、二〇〇〇年四月から二〇〇一年三月まで伊敷病院に国内留学した。彼女の決心が定まったときボクたちは話し合って、井上さんの修学の成果を三分冊に纏め仕上げることを決めた。「守破離」のプロセスを想定していた。一冊目は「守」すなわち井上さんがボクの技を身につけることが眼目でありその成果として『対話の技』（二〇〇一）を上梓した。次は「破」、型を破って個性が伸びてゆく段階である。『対話の世界』（二〇〇四）がその纏めである。そして「離」としての本書が日の目を見る。プランは順調に進んだかに見える。だが、内実は無茶苦茶であった。

まず、二人の活動野の違いがあった。ボクの世界は「病の治療」であり、技は治療の技である。井上さんは教育機関それも教育者を育成する職場の人である。治療の技は心身のマイナスの現象を探り出し、その原因を同定してしばしば攻撃的に修正する志向を持っている。教育は心身総合体としての個体の特質を見定め、その可能性に賭けるプラス志向の性質がある。もっとも、ボクの治療の技はプラス部分を想定して可能性に賭ける志向をも持っており、井上さんがボクを師に選んだ理由なのだろうが、技の出自の違いは決定的であった。すでに教育者として実績を積んでいる井上さんの経験量が、ボクの技を丸呑みすることに逆らった。「守」を不可能にした。二人の文化背景の違いや人生体験の差異も同様に「守」を妨げた。そうした差異に由来する困難は井上さんを苦しめただろうが、ボクの困惑はさほどでもなかった。指導者としての歴史のなかで似たような状況を体験していたからである。

深刻なのは井上さんが備えている特殊能力であった。「感染・感応」の資質である。困っている人に直面すると、井上さんの体のあちこちが苦しくなったり、気持ちが萎えたりする。それが必ず目の前の人の体の苦しい箇所や辛い気持ちを言い当ててしまう。「共感」以前の「共振」が生じているのである。それだけに留まらず、相手の歴史や背景までも「意図しないのに」感じとってしまうようなのである。これらは、ボクが長年の工夫と修練の末に確立した技と同じものなので、驚嘆と羡望とが生じた。ただしその能力は技ではなく資質なので常時活動しており、当然健康に悪い。ボクは治療者の作業もせねばならない。自ら羨望している能力にブレーキをかける作業は、ボクのなかに複雑な葛藤を引き起こした。錯綜である。

そうした事情で、「守」の共同作業のはずが「破」が混入したり、「離」に飛躍したり、師匠のほうが振り回される事態が常となった。困ることが楽しいことだとの修練を積んでいなかったら、とうてい師匠が務まらなかったなあと振り返る。

そこで本書である。「離」すなわち井上さんが師匠として一本立ちをした活動の記録である。弟子たちの文章を内容の肉の部分にしていることに「離」の叡智を感じる。そして本書の骨格は「守破離」からの「離」であり、同時に「守破離」の常在である。資質の宝庫のような職場にいるせいで、井上さんは様々の優れた資質を弟子にした。彼女たちは「守破離」など意識することなく、ひたすら師匠を敬愛し、教えられたと思い込んでいる道を歩いて行く。「優れた弟子は、師のなかに自分の未来像をみる」という。良き親子関係と同じである。その幻想が破れるまでを「守」とみなす新たなパラダイムを描くことにしよう。「守」のなかにすでに「離」の「種」があるのだろう。発芽の機が熟すまで「守」が破れないように務めるのは師匠の・親の役目である。本書の中で井上さんが弟子の資質を扱いかねて困惑している様子が窺えるので、ボクは昔を振り返ってニコニコしています。

二〇一四年　四月一四日

神田橋　條治

著者による「まえがき」

本書『対話の調《しらべ》』は、「守破離」（川上、一九七九）の「離」の本である。

すなわち、弟子が師から離れて自らの世界を創る本である。

わたくしは精神科医・神田橋[註1]のもとに通いながら、むしろ教師・神田橋を師とした[註2]。わたくしを精神疾患にかかわる生粋の「心理療法家に育てたい」という、師の期待を裏切った。

そして、わたくしは、わたくしがわたくしになる道を選んだ。

本書では、「離」の時代の軌跡を描く。


第一章には「守」以前のイニシャルケースを置いた。臨床実践における自分らしさは「イニシャルケースの中にすべてであると気づいた」からである（井上・神田橋、二〇〇四）。

第二章から第八章に、わたくしのいまの世界――資質や才能が溢れているのに、何かの事情で資質の開花が蓋をされている学生たちの自己実現を、「教育と心理臨床の綯交《ないま》ぜになったかかわり」によって支援する

――を描いた。

そして終章には一八年間の師との対話の一部を綴り、さらに「旅立った」弟子への師による育みを見つめた。師弟教育における「普遍なるもの」を掬《すく》い取って頂ければ幸いである。

師の発想により、本書の最後に梶田叡一先生[註3]から、神田橋先生とのかかわりで生じたわたくしの変容についてコメントして頂くことになった。梶田先生は、わたくしの長い旅路を見守っていてくださった、もうひとりのわたくしの師である。

学生とのかかわりは自然で、アイディアが溢れた。そこには確かに師から受け継いだ「わざ」がある。だが、それはことばにならない。からだに溶け込んでいて取り出せない。

苦悩の末、師に打ち明けた。「書けない」。

師は言われた。

「ことばにできるようならたいしたわざではない。三島の湧水《ゆうすい》は、十数年前に富士山に積もった雪が溶けだして滾々《こんこん》と湧いているんだ。それでいい」。

「離」の本書では、雪解け水が貫流し緩流する。そしてそれはわたくしの躍動するいのちの営みである。

本書の根幹をなすのは「資質の開花」である。そしてこの「資質」がその人の人生において可能な限り十全に発揮されるよう導くことを目標としている。

本書で用いる「資質」は、個体の中で筋肉運動能力よりも言語やイメージ能力に優れる傾向にある「言語」の資質、筋肉運動的資質が言語などの他の資質に比べて長ける傾向にある「筋肉運動」の資質、そして感性でものごとを把握することに秀でる「感性」の資質におおまかに分けられる。これは師・神田橋の豊富な臨床経験から導きだされた臨床現場の知恵であり、その見当をつけることにより援助のアイディアが豊富に思い浮かぶことに最大の意味がある。

そしてわたくしは教育現場でこれらの資質の開花を実現するにあたって「啐啄同時《そったくどうじ》」、すなわち、雛が産まれるとき母親と相応じて殻を破ることをメルクマールとしている。

教育はその創造の発達段階の「橋渡し」をすることであり、心理臨床はそれを妨げるものを「除去」する（あるいは、共存を図る）ことである。「橋渡し」と「除去」の方法として、「機」と「時」の交差がある。わたくしは「機」の調いのために、「対話精神療法」の「課題解決のために資質を使い、同時に資質を伸ばす」（神田橋、一九九七）を基本に置いた。やがて「いのちの波」が共振し、対象との感応交流が起こる。そして委ね、抱卵し、敏なるかかわりを重ねると、徐々に「機」が熟す。さらに「時」満ちた瞬間、啐啄同時の「いま・ここ」を教師と学生がともに生きると、雛が産まれる（資質が花開く）。やがて雛は自らを包む新たな殻の存在に気づく。殻の内側にて再び雛は資質の胎動に揺さぶられ、また次の孵化の瞬間を迎える。個の孵化は集団に伝播することがありうる。こうして「創造」への営みが無限に続く。

なお、本書の仮名による事例公表に際しては、ご本人に許可を頂いた後、プライヴァシー保護のため本質だけを残して改変を行っている。ご了解頂ければ幸いである。

三島、柿田川のほとりにて　井上信子

註1　神田橋條治先生。一九三七年、鹿児島県加治木町（現・姶良市）に生まれる。一九六一年、九州大学医学部卒業。一九七一～一九七二年、モーズレー病院ならびにタビストックに留学。一九六二～一九八四年、九州大学医学部精神神経科、精神分析療法専攻。現在は伊敷病院。

註2　「幼いころから、ボクは教えるのが好きでした。ほとんど嗜癖と言えるほどに好きです。幼稚園時代も小学校から高校までも、教え魔でした」（神田橋、二〇一一）。そして、師は治療者としてばかりでなく、教育者としてもまた天才的であった。わたくしの無意識は初対面で、師の教師の資質にも感応したようである。そしていま、治療と教育は分かちがたく師の内にあり、両者が統合された営みこそ、師の仕事の神髄なのだと認識している。

註3　梶田叡一先生。ご専門は心理学、教育研究。京都大学教授などを経て、京都ノートルダム女子大学学長、兵庫教育大学学長、環太平洋大学学長を歴任。現在は奈良学園大学学長。

引用文献

井上信子・神田橋條治（対話）（二〇〇四）『対話の世界：心理援助から「いのち」の教育へ』新曜社　二七六～二七七頁
川上不白／江戸千家茶の湯研究会（編集・発行）（一九七九）『不白筆記』一六四頁
神田橋條治（一九九七）『対話精神療法の初心者への手引き』花クリニック神田橋研究会
神田橋條治（二〇一一）『技を育む』中山書店　四九頁

目次

装画　奈路　道程
装幀　上野かおる

第一部

「守」以前

わたくしは自分らしい臨床を求めて格闘していた二〇〇二年のある日、「自分らしさとして意識化したことは、実はイニシャルケース（はじめて担当したケース）の中にすべてあったと気がついた。そして、どれもが上質に洗練されていると感じた」と師に伝えた。師は言われた。「そんなふうに思うならまずほんものだよ。よかったね。かわいい子は旅をして、ふるさとに帰ってくる」（『対話の世界』二七六〜二七七頁）。

第一章では、わたくしが臨床の指導を受けずにはじめて担当したケース、すなわち「ふるさと」を報告する。

第一章　不登校女子中学生の成長過程

井上信子

本例は、わたくしが相談室で担当したイニシャル・ケースである。家族病理を背景として、いじめられを契機に自己探索を開始していた思春期の事例である。結果として、クライエントは無意識なままに問題を解決し半年間で「自分」を再構成して登校を再開した。しかしわたくしが問題を見誤ったため、クライエントがその本質を意識化するように導くことができなかった。以下に心理臨床の概要を述べ、テーマ誤認を吟味する。

事例の概要

《クライエント》A子、一四歳、中学三年生

《主訴》不登校

《家族構成》父、母、本人の三人家族。父親はわがままな性格。母親は事情があって親の愛情を得られず「自分は生きていてはいけない者」と思い続けてきた哀しい歴史をもっている。父親と結婚して子どもを生

むが、家庭に落ち着けずキッチンドリンカーとなる。父親とは敵対関係である。（以上母親より）
《生育歴》乳児期は問題なし。だが、幼稚園では集団生活ができず一人遊びが多かった。小学三年の時、担任教師がA子を無視したことをきっかけに級友のいじめが始まる。中学校ではみんなに受け入れられたくていじめに耐えてきたが、三年の一学期、頭から水をかけられたことに我慢しきれなくなり不登校。成績は下位三分の一に位置している。

成長過程

面接は週一回六〇分、全部で一八回行った。その間、A子は樹木画を二枚、箱庭を四つ作成し、夢を四つ報告した。これらを四期に分けて報告する。

Ⅰ　第1回〜第2回——宿題

《第1回》面接室のソファに腰かけるなり「私、本当はとても頭がよくて、人気があってチャーミングなのよ」と堰《せき》を切ったように話しだす。小学校高学年からホラーにひかれて専門誌を定期購買している。何も知らないわたくしに「教えてあげる」と嬉しそうに笑う。わたくしは楽しくなっていろいろ教えてもらう。やがて「クラスでは目立たないようにしているのに理解してもらえない。だからクラスへは行きたくないけど学校へは行きたい」と話してくれる。A子は、自分のばか明るい性格をまるごと出せて、小学校からのうわさで嫌わない人を友だちに求めていた。そして「高校は私立に行っていきなりビシッとしていい自分を見せつける」と心に決めていた。わたくしには、A子の「生き直したい」という必死さが伝わってくる。

《第2回》A子はホラー雑誌を一〇冊取り出して「先生、宿題ね」と大人振る。笑いがはじけてからだがほぐれ、こころが溶けあった。母親と父親の間の絶え間ないいさかい、母親とA子が結びつき父親と対立する家族の様子が語られる。だが仲のいい同性同輩の親友がA子の不安を軽減していた。樹木画（1枚目）を描いてみると、幹に数限りない傷があり、樹冠は黒く塗り込められて抑鬱感がみてとれる。根がはり基本的な力の存在が感じられるが地平線がない。わたくしは大地との関係、すなわち母なるものとの関係の立て直しが課題との仮説を立てる。本が「宿題」であるということは「世界を共有して」「自分をわかって」「会っていない時も関係をもっていて」というA子の切ない思いであろう。

II　第3回〜第7回――希望

《第3回》相談所が夏休みで一カ月ぶりに会う。A子は「テレビに先生に似ている人が出てたよ」と駆け寄ってきてくれる。ホラーについてわたくしが読後感を伝え、A子の世界を共有する。A子は初めて数日を父親と二人で過ごし父親を見直したと言う。母親がA子に与えていた色メガネがはずれたためであろう。さらにいじめの理由を自己分析して「暗い性格のため。これからはもっと活発に、はずかしがらないように」と自分に言い聞かせる。初めて箱庭[註1]を作成する（箱庭1）。世界は川で分断されているが左下におかれた鯨がA子の生命力の豊かさを示していた。この時期、もっぱらの関心事であった「ホラー」から「高校」へと視点が移り、「自立して自由を追求する人間」の育成を標榜《ひょうぼう》する全寮制のB高校に憧れを抱き始める。時間になっても帰りたがらない。スチュワーデスへの夢を語り続けてやまない。大空を駆け巡る夢も、学校の成績中心主義と家庭の荒廃から飛翔する、青年の自由への意思であろう。わたくしは、この青年の離脱の方向性を、隣に座してともに見つめることに力を尽くそうと思った。

《第4回》A子はわたくしにマンガの本を贈ってくれながら「先生が好きそうな純情恋愛物語だよ」と舌を出す。「現実のいじめの相手をナイフでザクザク刺して、蹴飛ばして窓から放り投げる夢」をみた（夢1）。強烈な攻撃性を感じ取れるが、それはまだ夢でしか表すことができない。

《第5回》箱庭2では、世界は二分されたままだが、「死と再生」のテーマが展開され、左上に教会と墓が配されてA子は「墓の回りは地獄」と言う。そして蛇が大きな変容を暗示していた。

《第6回》B高校入試への具体策を立て始める。不登校のきっかけについて話した後「いじめられることも勉強になる。みだしなみ、はずかしがり、暗いとこの性格を変えたから」と言う。「しっかりしてるねえ！」とわたくしは思わず感嘆してしまう。A子の顔がひときわ輝く。そして「先生って、先生に見えないね」と言う。「じゃ、何に見える？」と聞くと「子持ちの主婦」といたずらっ子のように笑う。そして自分の不登校をどう思うかと問う。わたくしは「行きたい時が行き頃、せっかくだから自分を見つめるのもいいかもね」と返した。

《第7回》B高校の文化祭に行きA子の中に大きな変化が生ずる。すなわち、原籍校はB高校へのひとつのステップとして認識され、卒業準備→B高校入試という図式が描かれた。そのため目前の「中間テスト」は越えるべきハードルのひとつとして捉えられ、俄然、意欲を燃やし始めた。そこでわたくしはA子に「なぜ進学か？」「なぜB高校か？」を問うと、中学生なりに進路決定の本質をつかんだ返答がなされた。しかもその答えは将来の職業選択を射程距離にいれた確かな手応えのある決定であった。しかしA子はこの段階ではまだ意欲と不安が錯綜して、「何日休むと卒業できないんですか」「今度のテスト受けないと高校行けないんですか」「中間テストを受けたいけど学校に行けない」と強い焦燥感を顕わにする。たとえ結果は失敗に終わるとしても進学問題を乗り切ることはA子が「生き直す」ための大きな契機になると考え、わたくしのほうから「相談所で中間テストを受けようか？」と提案する。だが答えは「担任に馬鹿にされるような気がする」と、担任教師への強い不信感に終始した。

Ⅲ　第8回～第11回――再登校

《第8回》A子は四〇分遅刻してきた。理由は疲労感。だがA子がこれほど遅刻しても伝えたかったことは受け止めねばならないと思った。それは「中間テストをどうしても受けたい」ことであった。そこで担任に電話して試験問題を送付してもらったが、とりつくしまがない教師と、わたくしには感じられた。またA子が来談中、一度も教え子の様子を聞く連絡はなかった。

《第9回》箱庭3は、世界がひとつになり墓の跡が瑞々《みずみず》しい緑の森に変容し、右下に一対の男の子と女の子の人形が置かれた。作成後、A子が家で解答してきたB高校の過去の入試問題を採点し、間違えたところを解説した。

《第10回》中間テスト実施。A子がわたくしにお菓子を贈ってくれる。

《第11回》中間テスト実施。

《第11回～第12回》登校再開。

《第13回》箱庭4は、植物から動物の段階に移り、右上の現実対決方向にインディアンと猛獣の闘いが展開された。作成後、滑《すべ》り止めの高校を一緒に捜す。第11回と第12回の間に級友の母親から電話があり登校への励ましを受けた。それが再登校の理由だと話してくれる。

Ⅳ　第14回〜第18回――旅立ち

《第14回》（夢4）「悪魔が、かわいい女の子を花嫁にしようとする。部屋の中で話して悪魔は納得して出ていく」。この夢はA子が言葉も得て、自我を拡充したことを示していよう。A子は「箱庭はもういい」と言い、樹木画（2枚目）には依存欲求が満たされたのであろう、ほわほわの「綿の木」が現れた。さらに地平線が描写されて、大地に根づき新しい「綿の花」を咲かせている。これはA子の新たな可能性の萌芽であろう。進路決定過程で母親が自分を信用してくれて安心した。そしてそんな母親を「好き」と言う。だが父親は口うるさくて嫌。担任は「言葉に出さないけれど無理と言っているようなもの。『滑り止め受けないんですかあ』の無神経な言い方に腹が立つ」と吐き捨てる。「疲れた」の連発。異性愛対象ができたと告白してくれる。乙女らしさがわたくしの胸をうつ。

《第12回〜第14回》A子の求めに応じ、第12回、第13回は家族療法室でA子が、第14回はわたくしが、それぞれお菓子を持ち寄って二人でお茶を飲みながら話す。「いじめられ」の様子や母との思い出が問わず語りに語られる。

《第15回》雑誌に載っていた「幸運を呼ぶ七つの法則」を熱心に実践した。とくに、人の長所に注目して褒めるようにしたら、いじめが減少した。

《第16回》わたくしは徐々に分離の準備を始める。「B高校は行くだけで希望が湧く。神さまのお導き。不登校も後悔はしていない」と、今日までの過程を肯定的して意味づけることができた。だが、A子は「B高校では先生がホーキをもって踊ってる。生徒が先生を『〜ちゃん』と呼んでる。先生に本当に力があるならいばらなくてもいい。C中（原籍校）は疲れる」と偽りの権威を鋭く揶揄しながら疲弊しきっている。

《第17回》冬休みの目標に「遊びも思いっきりしよう」と書いて担任の努力主義に言語レベルで抗議した。

B高校への憧れで胸が高鳴る。

《第18回》面接試験への不安に揺れる。「受験に集中する」が「いつでも戻ってきていいことにしておいてほしい」というA子の意志から一応の終結とした。

その年の受験は失敗だったが予備校に通うことにした。半年後、わたくしが電話をするとA子は「(予備校の)先生がAちゃんは個性的だ。素敵な個性だって言ってくれた。勉強をわかるように教えてくれる。友だちができた。みんなすっごくおもしろい子たち」と重要な他者たちの温かな見守りと、自尊心の高揚感に打ち震えんばかりである。そこでカウンセリングは終結とし、A子は翌春第2志望の某高校に合格した。

考察

本事例は「いじめられ」を契機に登校を拒否したA子の心理臨床面接である。その結果、A子は短期間のうちに自己内の成長の芽を育み、登校を再開していった。だが、わたくしのテーマ誤認のせいで、A子は不登校という豊かな内閉を十全に生き抜いたとは言い難い点がある。それらを中心に以下で検討する。

A子のテーマ

わたくしは当時、A子の不登校の課題を「母親からの分離」→「学校教育への抗議」と考えていた。理由は以下である。第一に、子どもが親から自立しようとする思春期に、彼らは分離の不安を乗り切るために母子一体性へと一時退行し、そこでの母性的な温かさの確かめを基礎にして成長していく。この時、母親がそれを受け止め、子どもとの新たな関係を確立するために努力しうるか否かが問題となる。だが、A子の場合には、母親自身が不幸な生い立ちのために、A子に依存することでかろうじて自我を支えていた。ゆえにA子が自立することは母親に自我崩壊の不安を抱かせ、そのため母親はA子を「呑み込ん」で登校不能に陥らせた。第二に、だがA子は不登校という内閉の中で自我の力を蓄え、すさまじい母親の執着を断ち切って「自分」をみつけ、かつ、その自分の力を押しつぶしそうな教育の歪みに対して、「何かがおかしい」「今の自分が本当の自分か?」「自分だけが悪いんじゃない」と抗議することで自分を創っていった、と考察したのである。

だが、その解釈では当初A子のもっぱらの関心事であったホラーの血なまぐささ《第1回》、樹木画(1枚目)の樹冠の黒々しさ《第2回》、箱庭2の「墓の回りは地獄」というおどろおどろしさ《第5回》、さらに夢4の悪魔の不吉さ《第14回》、そして異性愛対象の告白《第14回》を全体としてうまく説明できていないことをスーパーヴァイザー(神田橋)に気づかされた。そして、わたくしの解釈はいわば背景のテーマであり、本面接のテーマは「精神内界におけるA子のエディプス複合(Oedipus complex)の発達が母親によって妨げられた」という見方が可能との指摘をうけた。

フロイト(Freud,S.)によると、男の子は三歳頃になると母親を性愛の対象として考える。そのために父親を競争者として敵視し、それがために父親に罰せられるのではないかという不安を感じるという仮説を立てて、この三角関係の感情の総体にギリシャ悲劇の主人公の名をかりてエディプス複合と命名した。一方、女の子の場合は逆に父親に性的愛情を抱き母親を憎悪することになる。だが、いずれにしてもこの近親相姦的欲望は、三歳以前の親子関係が確かで、安定してあたたかい雰囲気に包まれたものであれば、子どもはその欲望を幻想として捉え、やがて幻想は力を失い無意識に押しやられて(抑圧の防衛)六歳くらいまでに一応終息する。だが、その感情はやがて思春期に新たな性欲動の勢いをもって再燃する。そして思春期の子どもは両親を対象とする性愛的衝動に苦しめられるが、両親以外の異性へと関心が向くということが並行して起こり、そちらに性愛の感情が移行する（置換の防衛）。このとき活性化される性的欲求はさまざまな社会的制約によって妨げられることによって三歳のときに抱いた「自分が排除された両親だけの領域で何がなされているのか」という原光景への関心を再び蘇《よみがえ》らせる。これはより広い範囲の知的行動を刺激し、子どもはやがて人生の問題を考察して自分独自の世界をもち、これが親から独立する契機となる。すなわち、エディプス複合の解決は、子どもが性的、精神的に親から自立するための重要な発達課題なのである。

しかし、A子の場合には、母親が父親と敵対することにより家庭の雰囲気はつながりの切れた冷たいものであったので、三歳から六歳まで性的願望について正常な抑圧がうまくなされなかった。また同じ理由からA子は思春期に至って自分の中に湧き起こってくる性欲動をまがまがしいものの出現として受け止めざるをえなかった。なぜなら性欲動というものは母親と父親の間に流れているある感情に類縁のものと捉えられるために、性欲動も両親の間に通っている冷たく不幸な忌わしいものと了解されるからである。その感情が血なまぐさく恐怖に満ちたホラーに映し出された《第1回》という理解が可能であり、これが本面接におけるA子の本質的テーマと言えよう。そしてA子はその後もこのどろどろした性にまつわる感情を描画や夢や箱庭に表現した。やがてカウンセリングが進み、《第14回》に至って、樹木画（2枚目）のほわほわの世界、女の子が悪魔を説得して悪魔が出ていくという夢4にエディプス複合の達成が示唆され、続いてなされた異性愛対象の告白は、A子が女の子として男の子に惹かれている自分を発見した、すなわち置換が成功してこの発達課題を一応完了したことを示しているのである（神田橋：スーパーヴィジョンのことば）。

テーマの誤認

そして、テーマ誤認に伴ってわたくしの導きにミスが生じている。わたくしは、相談室で中間テストを受けることをA子に提案し、テスト実施直後にA子は登校を再開している。つまりテストが学校へのジャンプ・ボードになった可能性がある。だが、ここでわたくしがエディプス複合に気づいていれば別な働きかけをしたはずである。A子は試験を受けるために「行きたい」という気持ちが増えた（「行きたくない」という気持ちは減っていないが）分だけ学校に近づいている。だから、その気持ちを引きずって「どこまで行けそう?」「校門まで?」「保健室まで?」と問いつつ、そのイメージを共有して学校に行けなくしている要因に迫っていたであろう。そうすれば、「登校に抵抗しているものが何か」をA子自身が探索し始め、自己認識を深める機会となったはずである。

それはたとえば何であったろうか。A子の不登校のきっかけとなった「いじめられ」の発端は、小学校三年次の担任教師のA子に対する無視である。これはA子の接近の仕方を担任が受け入れ難かったか、あるいは通じなかったかを意味している。したがってA子の対人関係の特徴を検討する必要があろう。人は、幼いころ両親との間で習慣化されてきた対人関係のもち方をそのまま、それからあとに出会う他者に対して用いる。よって、その型は必ずわたくしとの間にも用いられているはずであるから、面接の過程をいま一度辿ってA子の対人関係の特徴を見てみよう。夏休み明けに「テレビに先生に似た人が出たよ」と駆け寄ってくる《第3回》、本やお菓子をプレゼントする《第4、10、12、13回》などの接近の仕方が見受けられる。また、同性同輩との親密な関係も展開されていた《第2回》。これらより、おそらくA子は親に甘えることができなかったので「依存」の人間関係モデルは持ちえなかった様子だが、対等の「仲良し」モデル[註2]を獲得していくパターンでわたくしといい関係を持とうとしているのがわかる。そして同時に、その関係の密度が濃いことも感じられよう。甘え不足の子どもは他者、とくに保護的立場の大人に密着する傾向がある。これらから推し量ると、担任の先生は教師と児童という立場であるのに、上下関係ではなく対等な関係で、しかも親密に仲良しになろうと接近してきたA子を認め難かったのかもしれない。あるいは、この場合は男性教師であったことから、幼児期の抑圧が不成功であったエディプス感情のためにA子が無意識に性的色あいを帯びた接近をして、それが教師に嫌悪感を抱かせた可能性も考えられる。ここでひとつ付け加えておくと、これが「先生も人間。子どもの好き嫌いがある」という時の心理的意味なのである。つまり、教師自身が成育過程で獲得してきた関係のパターンと子どものそれとの関係で、両者の相性が決まるということであり、このことが時として子どもの人生の明暗を分かつほどの重みをもってしまうということである。A子は（そして母親も）どれほど親に依存し、甘えたかったことであろうか。だが状況がそれを許さなかった。つまり、子どもが獲得してきた対人関係の型は、家庭という幼い子どもの生死を握る社会において子どもが自分の居場所を確保し、平和を維持するための切ないほどの努力の結果である場合が多いのである。そしてこのことは、教師にも治療者にもそれぞれ様相や程度は異なるにしてもあてはまることなのではないだろうか。話をもとに戻す。A子はまた級友たちともうまくいかなかったのだが、これもA子の対人関係が too much であることが影響しているであろう。以上述べたうちの幾分かにA子が気づき、その自己認識の深まりに意味を見出したとすれば、今後の社会生活でまた何か行き詰まったときに、今回意識された内容がA子のなかで乗り越えの資産になるのである。だが無意識のままエディプス複合を達成し、かつ再登校もしてしまうと学びが貧弱で自覚者としての力量が上がらない。これがわたくしのテーマ誤認のせいでA子を深い成長に導けなかったという意味である。

しかもわたくしの過剰なサポートはA子の疲労の原因《第8、14回》になっている。すなわち「ありがたいけど疲れる」という類《たぐい》のかかわりである。「しんどいけど行かなきゃ」という意味で相談所に来ることが登校を拒否した学校と同じ状態になっていたと考えられよう。

成長の援助の可能性

だが、もしかろうじてA子の成長のためにわたくしが役立ったとすれば、それは何であったかについて考えてみたい。ひとつには、ホラーの宿題を受け取ったことであろう《第2回》。ここで拒否したらまた小学校三年生の担任教師に無視された傷の上に、同じ新しい傷を負わせることになったはずである。A子には「受け入れられ、抱えられる」という経験が非常に重要であった。なぜなら人は他者に受け入れられることによって初めて、自分が自分自身を受け入れて自分にやさしくなれるからである。ふたつには、《第6回》でA子がわたくしのことを「先生って、先生に見えないね。子持ちの主婦みたい」と感じてくれたことである。ここでA子はわたくしの中に肯定的な母親モデルを見出して、母親イメージの修正が幾分かなされたのかもしれない。異性愛対象の発見の前提にあたたかい人間関係における他者信頼感の回復が必要であると言えよう。それはほんのわずかエディプス複合の発達に役立ったかもしれない。いまわたくしはほんのわずかと書いた。そうなのである。A子の成長を促した要因の大半は、母親自身の変容による。母親はこころ温かい中年男性のカウンセラーにカウンセリングを受けて、ご自分でその哀しかった生活史を乗り越えられた。そして、A子の面接の第13回頃からA子への後追いもなくなり、子どもの成長を見守るようになられた。A子はそういう母親を「安心する、好き」と言っている《第14回》。母親がA子を受け止め、ふたりで新たな母娘関係を作ることができたと言えよう。

おわりに

本稿では「導く」営みにおいてカウンセラーと教師に共通すると思われることがらを吟味して報告した。結果として、わたくしのテーマ誤認のための難点はあったが、A子は無意識裡にはテーマを解決して力強く成長していった。このことからわたくしは、現代は「臨床の時代」と言われるが「臨床は人間同士の営みであるがゆえに、心の治療は常に危険を伴い」、かつ「癒すのはカウンセラーではなく、クライエントの自己治癒力であり、クライエントの重要な他者たち、すなわち家族や教師であるのだ」という結論を得た。わたくしはその後、かかわりの初めからその考えをもつに至り、その結果、互いに「偏り」を懸命に生きている人間同士として厳粛な気持ちで面接に臨むようになった。同時に、クライエントの自己成長力を信じる度合いがぐんと増えて、クライエントと重要な他者たちの間のコーディネーターとして動くことが多くなった。

最後に、A子さんにわたくしの力不足をお詫びし、またお母さまから「人間とは哀しい存在である」という深い学びを頂いたことに深謝して、稿を閉じたいと思う。

付　記

本稿は、井上信子「カウンセラーの偏りによる治療の盲点」田中熊次郎・堀内聡（編）（一九九七）『中学生・高校生の問題と治療的カウンセリングの実際』明治図書出版、三二～四四頁を一部改編したものである。転載許可を頂いた明治図書出版に記して感謝します。

註1　箱庭療法は一九二九年にローエンフェルド（Lowenfeld, M）によって考察され、カルフ（Kalff, D.）によって発展させられた。57×72×7センチメートルの箱の中に砂が入っており、砂を掘ると「水」の感じがでるように箱の内側が水色に塗ってある。その空間に人、動物、植物、乗り物、建物、橋、柵などさまざまな玩具を自由に置いていく遊戯療法の一種である。

註2　これは、父親との間で得られた型なのかもしれない。なぜなら、父親は娘と性が違うためのとまどいから、年齢は違うが対等な友だち関係をつくることが往々にしてあるからである。

参考文献

井上信子（一九九六）「自己への価値感情を育てる」『児童心理』50巻7月号、金子書房
カルフ・D／河合隼雄（監訳）（一九七二）『カルフ箱庭療法』誠信書房
神田橋條治（一九九一）『発想の航跡』岩崎学術出版社
神田橋條治（一九九二）『治療のこころ』2巻、花クリニック神田橋研究会
神田橋條治（一九九六）『治療のこころ』6巻、花クリニック神田橋研究会
高橋雅春・高橋依子（一九八六）『樹木画テスト』文教書院
土居健郎（一九八八）『精神分析』講談社学術文庫

第二部

「離」、そして新たなる「守」

（井上）「わたし、もともとのもの（ふるさと）に戻って、確かさが増した。それで自分らしい臨床に名前をつけたの。『じゃがいもとおとぎ話の臨床』。お台所でじゃがいもの皮を剥きながら、お母さんが、子どもの『今日こんなことあって悲しかった』に応えて相手をする。そして、暖かいじゃがいもいっしょに食べたり、食べさせたりしながら伝説やおとぎ話を語って聞かせてる、そんな臨床してるなぁって自分で思う」。

（神田橋）「それはいいねぇ。ボクがあなたの臨床について思ってたのと一致する。うんと健康なものを育てていく時は、健康なものの中にちらほらと見え隠れする病的なものもきれいにのけてしまわない方が、健康なものの育ちに寄与するんだよ。ところが重いものを扱っている時は、健康なものは小さいから病的なものをうまく手当てしてやらないと健康なものが浸食されてしまう。だからじゃがいもの皮剥きながらじゃだめなわけよ。あなたはいいところに到着したと思うね。ボクはもう少し早く気づくべきだった」。（『対話の世界』二七七〜二七八頁）

第二章〜第八章は、主として二〇〇二年以降（臨床修業八年目以降）における「じゃがいもとおとぎ話」の臨床を報告する。

第二章　「『紫の上』への同一化による自己探求――娘から女性へ」

井上信子

人は一生のあいだに幾度か心的変化の局面に出会う。そして、その局面をいかに通過したかで自己のありようが定まると考えられる。

わたくしは大学教員として学生に心理学を講義している。教室でのかかわりは一対多だが、少なからぬ青年が一対一の「対話」を求めて教卓に近づき、また研究室を訪れる。青年の意識下が促す「変化」への欲求と「迷い」のためであると感ずる。

今回、ひとりの女子学生と対話の時をもった。本学生は、わたくしの講義中に過去のトラウマが再燃したが、その出来事を資質の開花へ向けていきいきと甦らせ、「いのち」と出会う契機に変えて旅立っていった。

本学生とは学業について多くを語り合った。「対話」の中で学生が語る「学業の話題」には、学生の内的世界が求心的に映し込まれていることが多い。従来、学生への心理援助の報告は数多くなされている。だが、学業との関連についての報告は目にすることが少なく、あるとしても成績不振や意欲の低下による退学者への援助などである。

しかし、青年期が「それまでの発達の歪みを修正する最適期」（サリヴァン／中井ほか訳、一九九〇）であることは学業優秀者にもあてはまる。彼らもたとえば発達が阻害されているがゆえの、強迫的な学業専念や前進困難に人知れず苦悩し、支援を必要としている。彼らは「学業の話題」を語ることが多い。そこに焦点を当て、個人の資質と才能の最大限の「発揮」へ向けて「教育」と「心理臨床」を同時に行うと、学生の学問的達成と人間的成長の両面に著しい変容が得られることを幾度も経験した。

本章では、「学業の話題」に注目した「対話」を振り返ることによって得られた、大学教員による学生への支援の資料をもとに、「教育」と「心理臨床」の出会いについて考察する。

事例概要

《来談者》相沢なつみさん（仮名）。二〇歳。大学二年生。専門は平安文学。特に、『源氏物語』。わたくしの非常勤先の受講生である。講義は『心理学』（半期）。テキストは拙著『対話の技』。

《家族構成》父、母、本人、弟二人の五人家族。

《生活歴》父親は教員。父の仕事の関係で学童期に滞英経験がある。母親は専業主婦。弟二人は高校生。なつみさんは中学時代、車内で悪質な痴漢行為を目撃し、恐怖で凍りついた経験がある。

《来談の経緯》未知の人と男性が苦手である。近々、留学するのでとくに男性と安心して話ができるようになりたい。

《来談経緯》わたくしが講義で二回（X年一〇月）、構成的グループ・エンカウンター（Structured Group Encounter：SGE）[註1]を行った。なつみさんは女子学生だけのグループであったが、多くの未知の人と身体接触する状況になり、講義中、わたくしに「知らない人と触れるのが怖い」と訴えて涙した。その時、見る間になつみさんの頸部《けいぶ》から背筋がこわばり、生々しい緊迫感があった。そこでSGEへの参加、不参加の自由を再確認し、また特定の友人だけと組むことを了解することで継続できた。だが最後の講義終了後、なつみさんはおずおずと教卓に近寄り、「個人的に話を聞いてほしい」と申し出た。わたくしはなつみさんの所属大学の心理相談部署を勧めたが「一度行ったけれど建物が暗い感じでだめだった」と言う。さらに「中学生の時、自分と同い年位の女の子が電車の中でひどい痴漢に遭って、泣きながら怯えて声が出ないのを見て、それから知らない人に過敏に反応してしまう」と訴えた。その時、再びなつみさんの頸部から後頭部が緊張した。しかし、同時に目の奥は冷静に冷めていた。それゆえ、わたくしは語られていない別の理由がありそうだと心に留めた。そして、なつみさんの一連のありようは、わたくしの講義が引き起こした「過去の出来事の再燃」であると同時に、講義が引き込んだ「未知の領域への反応」であると考えた。なつみさんには留学という急を要する事情があり、わたくしには講義の責任もあり、しかし何より真摯な「自己探求」の気配を察したため研究室で話を聞くことにした。

《臨床像》なつみさんのからだは小柄で締り、眼光・嗅覚鋭く、早熟で孤高な「西表山猫《いりおもてやまねこ》」の印象を受けた。また、「危うげ」「冷え」「怯《おび》え」の感じが気にかかった。他方、帰国後のなつみさんの報告によれば、わたくしのことを「講義の時、けだるくなる音楽的な声が何より印象的」と感じていた。だが、成績の「A」コレクターで、達成できそうにない授業目標の提示に嫌悪感があるなつみさんは、SGEに懐疑的で、当初わたくしを「優しそうだけれど曲者《くせもの》だぞ」と思っていた。

対話の経過

わたくしはなつみさんの優秀な試験答案に、際立った集中力・論理展開力・文章力・直感力を認めた。しかし、何より印象的だったのは、試験解答の行間に、自らの人生を掴もうとする青年の「いのちのほとばしり」が感じられたことである。わたくしは成績評価を郵送後、なつみさんの了解を得て非常勤先の所属学科教授に「相談」に関して内々の許可を得た。そして、春休みの一カ月半の間に計六回（約一〜一時間半）、自然豊かな森の研究室でなつみさんと会った。全六回終了後、わたくしがこの出会いを綴《つづ》ることを提案すると、なつみさんは「魅力的。青春の記録としても残しておきたい」と喜んでくれた。留学の三日前のことである。

以下、なつみさんの言葉、筆者の言葉、〈 〉になつみさんとわたくしの対話の背景の思いを示した。第3回と第5回が転回点であるので詳述する。なお、背景の思いは、対話資料を共有して留学先のなつみさんとメールによるやり取りで記述していった。

第1回《＃1》 X+1年 二月一四日

わたくしは、なつみさんをバッハの平均律クラヴィーア（前奏曲とフーガ、第4番、嬰ハ短調）[註2]の「調《しらべ》」と、温かな紅茶、そして小さな焼き菓子で迎えた。なつみさんもクラシック音楽が好きだというので、その後、毎回、お茶とスイーツ、バッハ、モーツァルト、ショパンをふたりで味わった。

なつみさんはおどおどきょろきょろして落ち着かない。わたくしは〈このおどおどはどこからくるのか?〉と心に留めた。なつみさんは「電車の中で（痴漢を）目撃した経験が、男性や初めての人が苦手なこと直線的につながっているのでしょうか？」ときいた。わたくしたちはその出来事について二、三語り合った。なつみさんは「その時、声帯が乾《かわ》いて開かない感じだった」などの状況を描写した。わたくしはその淡々とした語り口や雰囲気に、再び、なつみさんの意識下はすでに「別の原因」を察知し、幾分かそちらに認識の重みがあると感じた。

やがてなつみさんが、水中に漂《ただよ》うような沈黙を破って、「男性は全般的に苦手」「女性は人による」「中学の親友とはすぐ打ち解けた」「人間には『波』みたいなものがあり、『波』が自分と同じか正反対の人と合う」と言った。なつみさんは波を波としか表現しえなかった。わたくしは寄せては返す海辺の波をイメージしながら聴いていた。なつみさんは「いろんな人がいますけど、わたしは出来事を緩やかに受け入れてやっていきたい。男性のことを解決すると人生が豊かになると思う」と続けた。わたくしはこの言葉に、なつみさんの、少女から女性への「いのちの胎動」（井上・神田橋、二〇〇四）を感知した。その時、なつみさんはふっと虚空《こくう》を眺めて自問した。「どうして先生にカウンセリングをお願いしたのかしら。なぜ、教卓の所に行ってしまったんだろう」そう言った時のなつみさんの雰囲気に〈後悔によりこちらを責める感じはない。であれば衝動的かつ直感的か？〉と仮説を立て、「いままでにもそんな感じのことがあった？」ときいた。なつみさんは「はい。わりと直感で動きがちです」とこれまでを思い出すふうにゆっくり答えた。わたくしは「そうだとするとそれはあなたの資質かもしれないね」と言葉をそっと置いた。なつみさんは一度瞬《まばた》きをして、うっすらと頷いた。

やがてなつみさんの専門である平安文学の話題になった。見る間になつみさんのからだにエネルギーが漲《みなぎ》り、「小野小町は『閨怨的《けいおんてき》な歌を詠む人』と言われ、古今集の『色みえでうつろふものは世の中の人の心の花にぞありける』が好き」。さらに、『源氏物語』で「若紫」が「紫の上」になる瞬間の、光源氏の裏切り行為を熱く語った。わたくしは源氏に打ち解けない可憐《かれん》な「紫の上」の姿を思いながら、〈なつみさんは「紫の上」に自らを重ねている〉と感じて胸が熱くなった。

なつみさんはずっと呼吸が浅く、ひどく早口である。わたくしは「声がキンキンしていて、鋭くて、まっすぐ人を突き刺すようだね」と言った。すると、なつみさんは「はっ」として「母親と同じ（声のありよう）なのでびっくり」と言い、その瞬間に頸部から背筋に緊張が走った。

帰り際「キラキラしているけど、キラキラ仮面のような気がするなぁ」と伝えると、なつみさんはふいを突かれたように俯《うつむ》いた。そして「以前、日本舞踊を習っていて、真っ直ぐな姿勢を保てるのに、先生の授業だけ（からだが）まるまってしまい、けだるくなっていました」と告げた。それは「なぜだろうね？」とふたりで問いを共有した。

最後に、からだについて聴くと、きつい生理痛があると言い、手足に触れると冷え切っていた。そこで、まず「冷え」と「血流」の改善のためにからだの芯（内臓）から温める「半身浴」を、つぎに自律神経の安定を図り、からだのセルフコントロールの感じを育むために「丹田呼吸法」（村木、一九八四）を、最後に恐怖心や不安を除き気迫を満たす手段として、丹田に気を集中しながら「うーん、大丈夫」と声を出す「気の集中」を提案し、それぞれ方法を説明して「よかったら、してみてください」と伝えた。

第2回《#2》 X＋1年 二月二一日

なつみさんは席に着くなり、「片づけられない、偏食、時間管理ができない」と自己の否定的内容を語り続けた。「家族もみんな波がある。生活の多くの場面で個別作業をしている。それぞれが活字を読んでいる」と、話す声が乾いている。この時、わたくしは〈初めから温かなお茶だけでなくスイーツも用意したのは、いま、とくにふれ合いを求めているなつみさんの意識下に感応したのだ〉と、自らの無自覚な行動の意味を理解した。なつみさんは「波が同調するとけだるくなって話すスピードがゆっくりになって、ことばを紡いで大事なことばを考えるようになります。同調しないと反射で返してハイになります」と早口で続けた。

再び語られた「波」。わたくしはなつみさんの語り口と雰囲気の「波」に注目した。なつみさんの身体内部から醸《かも》し出されるそれらの波形は、モーツァルトの「ピアノ協奏曲」（第20番ニ短調K．466　第2楽章：ロマンツェ）の「調」のように、静寂で内向的なモノローグの中に、突如として激情があらわれて、また、静けさに戻り消えていく、その繰り返しのように感じられた。実際、なつみさんの身体はモーツァルトの音楽により起こされ、その揺れ（波）は尾底骨を起点として背骨の下部から上半身を覆《おお》っていった。しかし、バッハやショパンでは内側からの揺らぎは感じられなかった。そこでわたくしは〈モーツァルトの曲がなつみさんと波長が合うとすると、音の波の「間」が楽しいのかもしれない〉と思ってみた。学生たちはわたくしの講義を「緩急《かんきゅう》」と「間」が特徴と言う。講義中、なつみさんがけだるくなったのはその波形が合致したためかと推測して確認すると同意を得た。そこで、わたくしはなつみさんの呼吸の「間」に感度を高めた。

なつみさんは「自分は好きなことにだけは一生懸命で、自分本位」と言いながら、手帳を見せてくれた。その日にすべきことがらが時間単位で記されていた。そして「そうしておかないと、気分や衝動でほかのものを手にとって夢中になってしまう。計画を立てても何かが入ってしまう」と自分を持て余していた。わたくしが「うん、夢中になる才能があるね」と返すと、さらに大学院に進学希望だが、「研究し続けることは並大抵ではない。才能があるとは思えないと父が言う」と語った。しかしなつみさんは瞳を潤《うる》ませて、自分の指導希望教授の講義について「梧桐《あおぎり》先生（仮名）がおっしゃることは新鮮。十のうち八は知らないこと。わくわくする」とからだを弾《はず》ませ、先生への敬愛と研究者の道への憧れを熱く語った。わたくしは、なつみさんの試験答案が優れていたこと、論理的思考力は鍛えられるが、直感は生まれつきの可能性があり、なつみさんは直感も優れているので、両方を使いこなせるようになるといい。すなわち、直感は問題発見と瞬時の本質把握に役立ち、その上で論理を積み上げるといい研究になることを伝えた。

帰り際、わたくしは「おどおどしていて、それじゃあつけ込まれるよね」と、なつみさんの呼吸の「間」に伝えた。するとなつみさんは息を吐いて「あぁ、多々、思い当たります」と、からだを折って深く頷《うなず》いた。さらに「丹田呼吸は落ち着く」「半身浴は気持ちがいい」と言うので、「気の集中」とともに宿題になった。

第3回《♯3》 X＋1年 三月七日

なつみさんは「あらゆることが不安。TOEFLもかなりの高得点ですが、聞き取れない夢をみてものすごい恐怖で起きてしまい、父に『そんなことでどうする』と言われます」と言った。この瞬間、なつみさんの頸部から背筋にかけてさっとこわばった。なつみさんはこの時、〈「英語ができるという自負」と内在化しない「英語ができる自分」〉。渡英経験で日本語とは別の回線で英語が出て来るが、その文章、単語がどこから、どのようにして、どのような根拠で出てきたか全く分からず、上達したという自信がもてない。ずっと広大な宇宙の中に一人「ぽつねん」と放り出された不安な感じの中にいる〉と思っていた。そして「イギリスにいた時、『トイレはどこですか？』『わかりません』だけ（親に）メモ帳に書かれて、いきなり小学校に放り込まれて、イギリスの子どもたちはYesを使わず、Yeahと言うから否定なのか肯定なのかわからず、すごい恐怖だった。結局、イギリスに順応できなかった」と言った。見る間に、あたかもその時の恐怖に襲われたかのように頸部から背中がこわばった。

「大学一年の時は、楽しいでやっていた。がむしゃらにやった。でも、もしかして私は不安が原因で勉強してたんじゃないかって思ってしまう」と自問し、不安の理由は「順応性が低いことだと思う」と自己分析した。さらに「直感で動くことが多い。留学先で男性と話したい。議論したい気持ちがすごくあります。でも友だち以上になることは考えられません。理性がきかなくなることが怖い」と不安を露《あらわ》にした。「理論じゃないところで行動することがすごく怖いわりには直感で行動して三回に一回失敗するんです」と伝えながら、なつみさんは、〈ずっと自分は理屈っぽいと考えていた。でも自分の過去を振り返ると、大事な局面では常に「直感」で決めてきたことを、先生にカウンセリングをお願いした時に気づいた。いろいろ考えて、授業前にはカウンセリングをお願いする必要はないと考えていた。ところが、授業後、とくに何も考えることなくお願いしてしまった〉ことを思い出していた。

わたくしは過ぎてみれば、恐れや恥じらいや警戒が身を守っていたことがわかると伝え、「ずいぶんおどがなくなったね」と尋ねた。するとなつみさんは「すごい変化がありました」「生活が楽になったことの喜びを先生に伝えたい」と興奮して、梧桐先生への緊張が溶けて、緊張した時は丹田呼吸をしたら落ち着くようになったと語った。

だが、再び、なつみさんは「留学中に、友人たちがものすごく成長してしまったら私はどうなるんだろうってすごく不安になる」と言う。わたくしが「いつも人と比較しちゃうんだよね」と言うと「そうなんです。苦しいんです。すごい」。「でも、あなたは不安を緊張に代えるだけの強さがあるように思うよ」と伝えると、なつみさんは「自主ゼミで『一年間、わからないのにずいぶん論文を読みました』と言ったら、梧桐先生が『絶対にそれは無駄にならないから、チーズが発酵するように発酵するから』と言ってくださって、それがすごく嬉しかった。でも発酵する前に腐らなければいいなと思いました」と言った。

また、「一方で、不安を緊張に変えられているのは、源氏物語は一連の続き物なので、パソコンではなく読みながらカードを取っていて、『泥くさい』ことやっているという自負があるから。それでよかったと思っている」とその理由を語った。さらに、一年次の「一年間は梧桐先生のいちばん基本的な授業を受けて、すごく楽しくて、先生がおっしゃることをできるだけ聴き漏らさないようにと思って、A⁺頂いたんですけれど成績じゃ表せないような、まず楽しかったしいろんな方向づけがなされた」と嬉々《きき》としてからだが弾んだ。

「うん。あなたのことを優秀だと思わなくても、お話ししましょうと応えたと思う」と伝えると、「ありがとうございます。それが多分、おどおどしなくなった変化のいちばん中心にあることだと思います。こうやって時間をとって頂いているからきっとそうする意義があると思ってもらえたんじゃないかって、うぬぼれたりしているんです」と安堵《あんど》したように言った。そう言いながら、なつみさんは〈すごく嬉しい。「優秀」って言って頂いたより嬉しい〉と思っていた。わたくしは「愛するということは相手をすること。朝顔の芽がでてこようとする時に水をかけたくなる、そんな気持ちでいるわけです。人としてみんな大事」と返した。

「先生（わたくし）がそうおっしゃってくださったことがすごい活力です。魔法みたいだなって思います。成績にこだわるのは自信がないから。Aの数、数えちゃいますから。いつも不安で不安でしょうがない」。そこで「自信のないのが才能あることの証明とわたくしの師匠（神田橋）は言うよ。あなたが本気で師事するなら教授もきっと応えてくれると思う」と伝えると、なつみさんは深く頷いた。

最後に、鏡の前で「オリーブオイル」を全身に塗る宿題を出した。そして「あなたは首から上で生きているように感じる。精神がからだから離れている感じ。自分のからだを大事に確認しながらいたわってみて」と言葉を添えた。なつみさんの希望で「丹田呼吸法」と「半身浴」「気の集中」とも継続となった。

第4回《#4》　X+1年　三月二〇日

なつみさんのキラキラが沈んだ。「オイルは二日に一度、気持ちいい時とそうじゃない時がどうしてもあります」。「カウンセリングを始めてから、思考だけが今まで経験したことのないもの凄《すご》い速さで回転しています。オイルを塗りながら、わたしのからだって硬いなぁと思」い、「考えることが多すぎるのでお茶を点《た》てる時の静けさを取り戻さないと、私だめになっちゃうんじゃないかなって強く思います」と興奮して語った。そして「わたしの中にもっとも静けさを感じたのは奈良の長谷寺に行った時で、やっぱりホーリー・スペースに入って自己形成していかないとわたしだめになる、とオリーブを塗りながら思いました」と厳粛《げんしゅく》な面持ちで言う。さらに中学から演劇をしていて「舞台は神の空間で、集中力がすさまじい。そこではただ神なるものを感じていて、文学や思考を組み立てている時、あの集中力が発揮されるだろうかと思う」と続けた。いつのまにか、なつみさんは早口が収まり、声に彩《いろどり》が、間に綾《あや》が感じられるようになっていた。

「前回、強く感じたのは、自分に正直に生きたら私の人生しんどいぞっていうこと」。「父の望みはわたしが多くの時間ハッピーでいられること。研究者の道は壊《こわ》れながらやっていく道」。「父はその精神の不安定さを知っており、そのためにわたしが研究者になるのを反対している」と淡々と語り、なつみさんは沈黙した。静寂を破って、わたくしがなつみさんに日本舞踊や茶道で和装の時、絹の長襦袢《ながじゅばん》が肌を滑《すべ》る感じが好きかを問うと「気持ちいいんです」と答えた。そこで大正時代の俳人、杉田久女《すぎたひさじょ》の『花衣《はなごろも》ぬぐやまつわるひもいろいろ』（田辺、一九九〇）の句を引き、長襦袢や洋服の下着の着心地を感じてくる宿題を出した。その時、わたくしはふと箱庭の砂一粒をなつみさんの掌《たなごころ》にのせた。その瞬間、ふわっとなつみさんのからだが和らぎ「やわらかい。いやな感じはしない」と目を見開いた。そこで砂の塊《かたまり》である道々の「石」を目で見て触り、質感を大事に絵に描いてみること、さらに光と風を肌で感じることも宿題に加えた。わたくしは秘かに森にお願いをした。「帰り道、頼むね」と。そして「風はどこから吹いてくるかわからない。でもオイルと肌着があなたのからだを守っているから大丈夫」と言い添えた。

なつみさんは立ち去り難い様子で、以下の二点を言い残した。「怒りが一点を超えると沈んで無表情になって、怒りを出せなくて、そのことにすごく支配されている」。そして「頭のいい人に二種類あって、直線的思考は論理が脆いが単純化できれば悩みが少なく早く進める。でも、重層的な人は、その先の問題に気づいていているから進めない」と。

そう言い終わると、この日はじめてなつみさんが紅茶茶碗を洗ってくれた。わたくしが「割らないでね。ウェッジウッドだから」と言うと、なつみさんは「母が好きなんです」と春の陽《ひ》だまりのように微笑んだ。そして、「丹田呼吸」、「半身浴」と「気の集中」を継続したいと言った。

第5回《#5》 X+1年 三月二八日

いつもは地味ななつみさんが、はじめて鮮やかな若草色のブラウスを着てきた。よく似合う。ゼミ旅行のお土産をくれて、紅茶の用意をするわたくしの後ろをちょこちょこ追いかけてきて話が溢れる。〈母親のエプロンの端を掴んでお相手をせがむ幼子のよう〉と感じた。「すごく変わったんです。びっくりするくらいずうずうしくなっちゃって」。いままでは失敗すると考えこんで眠れなかったのがなくなり、「梧桐先生がいっておっしゃるからいいかぁって思っちゃった」「なんか楽しい」。わたくしが「前はどんなだったの?」ときくと、「もう梧桐先生のそばにいると緊張して息が詰まるっていう感じ。先生(わたくし)に男性のことだけお願いしていたと思っていたから、長時間、梧桐先生といて多分帰ってきて寝込むと思ったけど寝込まなかった」。「以前は、電車の中で、男性で『わぁ』と叫ぶ人がいると、ビビって、しかもそれを隠そうとするから大変だった。でもそういうのも『あらあら』っていう感じになっていたのでびっくりしています」。「成績のことも、あんなに考えていたけどどこいっちゃったんだろうって。楽になりました」と答えた。

そして「先生あのね」と小さな女の子のようにわたくしを覗《のぞ》き込んだ。わたくしは〈「先生あのね」は、小学校一年生が先生にお手紙を書く時の書き出し語。それに「内緒の話の、あのねのね……ね、母さん」の雰囲気もあるなぁ〉とほんわりしながら、「いいなあ。『先生あのね』なにね？」と返した。すると、卒業論文指導を梧桐先生にお願いしたら他の先生を勧められたが、「半年前のわたしだったら、先生が来るなっておっしゃったと思ってかなり大変だったと思う。でも、いまは先生がなんとおっしゃろうと私行くもんねぇと思ってる」と喜びに溢れていきいきしている。

宿題では、庭の青みがかった灰色の石が「とげとげしていない。手になじむやわらかさにびっくり。あっ、やわらかい！と思ってクレヨンで描いていたら、灰色でぐるぐるやってみて、違うぞ。混ぜて塗りつぶす時に余白があって、ティッシュで押さえたら、あっ、この感じじゃんて思った。あっ、そうか、いいものって空気が入ってるんだって思った」ことを語った。わたくしも「それは、発見だね！」と嬉しがった。

そしてなつみさんは「ここ一、二カ月くらいから重層的でありたいと思うようになった」と呟《つぶや》いた。そう言いながらなつみさんは、〈重層的のイメージは深くて、安定感があって、人をほっとさせるある先輩の声。そして本質だけを追いかけようとして「遊び」や「おかしみ」を切り捨てたら、人間、本質に辿り着けない〉と思っていた。「周囲がすごく優秀で鋭く、きつい。学問を志す才気、頭がいいというのはこういうことなのかなと思って、それで多分、一年間苦しかったんだと。でもたいしたことないと思えるようになった」と安堵して肩が下がり、ふっと力が抜けた。

「友人から小動物と言われた」と言うので、わたくしが「うん。小動物は本来機敏。猛禽類《もうきんるい》から身を守るために。どんな生物も本能的に自衛手段を持っている。あなたの場合、それがどこかで押し込められた感じがする。今はないけど、講義の時やここに初めて来た時、おどおどしていたね」と応えると、なつみさんは「いまも落ち着きがない。テスト前、家中、ウロウロしてた。でもいまは面白いものがいっぱいあるから」とからだが弾んだ。

「重層的、空気を含んだ声がいいなあって。人の論文も鋭角に攻撃するのではなく、いいところが言えたほうがいい」と研究の批判精神の意味を吟味した。そして「（論文を）予定調和でしてもつまらない」などと語り続けて、自らの理想とする研究者イメージを思い描いていった。その時なつみさんは心の中で〈上質のオーソリティ」にはなりたくない。無駄なことをたくさんして、じたばたともがいて、面白いと思ったら全身でそれをやるというか、障害にぶつかりながら何か面白いものが見つかるといい、そこに「重層性」が生まれると信じている〉と思っていた。

「紫の上がすごく好き」「稀有な才能の持ち主で、普通の女性では思いつかない、独自の思想の反映があるかと思って調べてみたけれど、典型的平安貴族の優等生の女性でショックだった」。「なんで？」。「えっ、期待と違ったから。でもそれからもっと好きになった」。「どうしてかな？」。「逆にはみだせなかったから、彼女は悲しかっただろうなと思ったからかな。わからない」。そう言いながらなつみさんは〈思い通りの結果がでなかったことに関して、神田橋先生の「Disillusion－幻滅とは、もっと親しくなることなんだよ」〉（井上・神田橋、二〇〇二）を思っていた。

わたくしが「数多《あまた》の女君《おんなぎみ》の中で、紫の上の何がそんなにあなたを惹《ひ》きつけるのかしら？」ときくと、しばしの沈黙。その後「紫自体が複雑な立場。光源氏は夫であると同時に保護者。光源氏の庇護《ひご》がなければひどい目に遭う状況にあって、そのせいで忍耐強さや思慮深さが育ってしまったという矛盾や悲しさ。でも

図2－1　ボッティチェリ『ヴィーナスの誕生』

『若菜《わかな》』以降、決定的に歯車がずれてしまったことをわかっていて、だけど争おうとしない。だからすごく思慮深い。出家は果たせないけど、彼女の心の中ではひとつ決意みたいなものがあって、光源氏の思うようにいままでなっていたけど、でも心まではそうはなるまいというところがあると思う。そしてすごく主張したいのは、人物造型論では『〜の巻』の「紫の上」はとか、『〜巻以降』の「紫の上」は、のように切っちゃってる。でも、わたしは、前からのこういう連続があって、という研究がしたいんです」と一気に応え、強い決意を表明した。

つぎの瞬間、なつみさんが何かを破って、ボッティチェリの『ヴィーナスの誕生』のヴィーナスとなり、寄せる波に乗ってわたくしに迫ってきた。〈輝ける重厚な存在がいま生まれた！〉わたくしはからだごと後ろに気圧《けお》され、その存在はわたくしに堂々と対峙《たいじ》した。なつみさんは知性美に輝いていたので思わず「きれいになったねぇ」と言葉がこぼれた。するとなつみさんは「照れてしまいます。ありがとうございます」と言った。〈なつみさんはわたくしのこの言葉を受け入れた〉と、感じた。

また「『若菜』以降は、紫の上と光源氏の関係が冷えて、いちばんぞっとしたのは、光源氏と女三宮《おんなさんのみや》の新婚三日目の夜。光源氏が女三の宮のところへ行くのを送り出す場面で、紫の上が『わたしが引き止めていると思われると困る、だから行ってください』と言う。もうそこまできちゃったかと思いました」と肩を落とした。次の瞬間「これは是非、話しておきたい。女三の宮の降嫁《こうか》が決まった時、紫の上が真っ先に思うのは光源氏の心変わりではなく、あの嫌味な継母《ままはは》はなんて思うだろうなんです。継母は典型的な劣等感と権威主義の人で、紫の上が浮き沈みするたびに騒ぎ立てる。そこがいちばん、紫で共感した。大学に入ってから何か見つけようと思って、あれ以上にびっくりしたことはなかった」と断言した。この継母のせいで紫の上は外聞を気にせざるをえない。しかも、紫の上は女三の宮の降嫁は政略結婚であって源氏の本意ではないと思うことでかろうじて自尊心を保っているのに、光源氏はそのことに気づかず、紫の上の自尊心はずたずたに引き裂かれていく。子もなく出家も許されない紫の上は最後まで「源氏との男と女の愛憎を生きるしかなかった」と、紫の上の苦悩をわが苦悩として身に引き受けていた。

そして「紫の上は養われている身でプライドを表に出せない立場にある。幾重にも隠されていて、でも芯を貫くものすごいプライドがある。自分もそうありたいんです」と虚空を仰いだ。「ええっ？　そうありたいの？　わたくしがあなたに直感したのはそれ（芯を貫くもの凄いプライド）よ」と驚くと、沈黙の後、なつみさんは威厳に満ちて「ごく親しい友人はそう言います」と言い、静かに頷《うなず》いた。やがて、「先生、自慢していい？　ごめんなさい」。「うん」。「わたし四月から交換留学生のための月収八万円の身分なんです」と教えてくれた。抑えた誇らしさに、けなげな品位が香っていた。「うん」と返して、わたくしは目頭が熱くなった。まだ完全ではないがそれはなつみさんの自立への確かな一歩であった。

その後、重要な他者たちの話題になった。なつみさんは「ファザコンだった」。だがその父はわたしが母親のキンキン声にいらだっていても、「自分と母親の関係を知っていても何もしてくれなかった」と言った。それに「すごいカイン・コンプレックスもあった」[註3]とこれまでの家族との関係を吟味した。そして、わたくしが「母娘は思春期にライバルになるね」と言うと、「父親を巡って。わたくしは思春期よりもっと前だったかもしれない」と息を深くした。さらに「何でも話せる親友はいるけど、こうやって先生が話を聞いてくださるまで、大切だけど窒息しそうな関係もあったんだなって思います」と、今日までのさまざまな出会いと絆を振り返った。

次回で終了なので、わたくしは今までのなつみさんの変容を確かめた。おどおどがなくなり、ふたりで目を合わせる回数と時間が増え、表情もしぐさも豊かになった。前は困った表情が豊かだった。残るは他者と安心して一緒に居られる対人距離、測ると六〇センチメートルだった。わたくしはその距離を保ちながら「若草色が似合うね」と伝えた。するとなつみさんは「パステルカラーずっと敬遠していたのに、これついこのあいだ買ったんです」と恥ずかしそうに微笑んだ。

電車内の未知の人に近づき「安心と不安の距離」の見当をつけることを宿題にした。「呼吸法は眠りが深くなり」「風や光を纏《まと》えたらいいなぁ」と言う。「私はここに楽しく来て、楽しくおしゃべりしているだけでいいのかと思います」となつみさんが言い、「あなたと話すと楽しいわ」とわたくしが返した。この時、なつみさんは〈そう言ってくださるのがありがたい〉と思っていた。

「呼吸法」と「半身浴」、「気の集中」ともに継続になった。そして帰り際に生理痛も楽になったとそっと伝えてくれた。

第6回《#6》 X+1年 四月一日

この日、はじめてなつみさんが紅茶を淹《い》れてくれた。なつみさんの雰囲気は穏やかで、輝きに深みがある。「好きな曲を弾こうと思ってモーツァルトのロンドを弾きました。自分が楽しいのがいちばん」となめらかな自発の動きが出てきた。わたくしが「あなたは怒りや攻撃の表現はどうかな?」と投げかけると、六条《ろくじょうの》御息所《みやすんどころ》の生霊《いきりょう》を挙げて「恨みは蓄積すれば人を殺せますよね。あれはもの凄いリアリティをもって私に迫ってきます」と返し、東宮妃にまでなった六条が年下の光源氏に見せる、高いプライドゆえのかたくなさを取り上げて、『源氏物語』は上手に自尊心の問題を書いていく、と感じ入った。わたくしは、なつみさんが怒りを押さえていることに触れ「親から頭ごなしに言われて不良化する人もいるが、なつみさんの平和を愛する傾向が不良化もさせず、関係平和主義なのかな」ときいた。するとなつみさんは「わかります」と全身を硬くしてわずかに唇を引き締めた。その時、わたくしはなつみさんのからだの芯に「紫の上」の忍耐と誇りと知性を観る思いがした。

最終回なのでわたくしは「ほかに話しておきたいことありますか?」ときいた。「すごい大きな変化があって、いまだかつてこんなに考えたことないぞって。こんなにいっぺんに一度に頭使ったことなかった。いろんな気づきがあって、ああ、もっと勉強しなくちゃって、それがいちばんです。やっぱり成績に支えられているような自信じゃだめだなって。これだけ勉強したんだからって言える人って凄いなぁって思うんです。それはまだ自分にはない」と言う。

わたくしはこれまでの対話からなつみさんの特質を生かした研究の仕方について「衝動的にやりたいものに気持ちが動く、好奇心の塊《かたまり》の子どものようなあなた。この子をコントロールするために、時間割を作るもうひとりのあなた。このコントロールするあなたに空気を入れて、子どもが夢中になるような何かを幅を持たせて置いておく。はみだしたっていい。そうして、無意識の囁《ささや》きを遊ばせる。衝動の赴くままに貪《むさぼ》り読み、無意識の中で発酵した論文は、表現された背後に遥かな豊かさを湛《たた》えた論文になると思います」と伝えた。するると、なつみさんは「ああ、それは実行できるように」と祈るように囁いた。

この頃、なつみさんは平安文学の本を読まず、戦争を引き起こす権力者に対抗するために『孫子の兵法』を読んでボーッとしていた。「いままでは戦死者は権力者に利用されて犬死だと思っていたけれど、カウンセリングを通じて明確になったのは、自分は戦死した方たちに生かされているんだっていう実感。うまく表現できないけど、実感、実感ってすごく大事ですよね」と、跳《は》ねるように告げた。そして「いままでだったら、(専門の本を読まないと) 何もしないと思ってしまったと思う。でも、今は、それでいいのだと思えて、それは嬉しいことで楽になったことです」と語った。

なつみさんの「権力者」の言葉を受けてわたくしが、権力と女に依存して生きる男の弱さと哀しさを語ると、なつみさんははっとして「まさしく、六条院 (光源氏が造営した邸宅) がそう。四つの町に女君を住まわせて」と言い、その脆《もろ》さに気づき「つながりますね」と知的に深く頷いた。続けてなつみさんは六条御息所と藤壺の未練の断ち切り方を比較して、藤壺の出家のありようを「一段見事なんですよねぇ」と息を深くし、また明石の御方《おんかた》の世を渡る知恵は好きになれないけれど、明石のように気づかぬふりも大事、と学んでいた。つまり、女と母の「業《ごう》」を語り、それに比して「紫の上はすごくきれい。本当に清浄に亡くなっていくんですよねぇ」と、全身で息をして沈んだ。わたくしが「紫の上は死に際に源氏のために生きなきゃと思う。あそこに女のさまざまを超えた、真実の愛があるんだろうなぁ」と独《ひと》りごちると、なつみさんは「恋愛感情って愛憎半ばじゃないですか。友情も長続きするのは相手をボロクソに言える相手です」と威勢よく断言した。わたくしはこのとき〈なつみさんは男性のことはもう大丈夫〉と思い安堵した。

さらに、対人関係で「相手の中にわたしのほうが上という雰囲気があるために、あなたが窒息しそうになるのは、あなたの中にも同じ負けず嫌いがあるからかな」と尋ねると、なつみさんはごく小さな声で「そう思います。きっとどこかでわたしのほうが上って思っているんでしょうね」と答えた。そこで負けず嫌いは、身近にいる人を競争相手にして常に競り合って苦しいから、歴史上の人物、たとえば紫式部を競争相手にするのはどうかと提案した（野口、一九七一）。するとなつみさんはわたくしのライバルは誰かときくので、師匠の名を挙げた。すると「わたしも梧桐先生って言うのはおこがましいかなと思って言いそびれてしまったんですけれど」と打ち明けた。そこで「相手が大物だと志が高くなるね」とエールを送ると、「パワーが湧いてきます」と頰を紅潮させ、「本当に乗り越えられたら（梧桐先生が）喜んでくださると思います」と夢が膨らんだ。

最後に、負けず嫌いの「闘争エネルギー」と関係平和主義の「抑制のエネルギー」の葛藤が苦しいが、その調整が今後もテーマになるだろうと伝えると、なつみさんは「わたしの人生、これからしんどいな」と、そう言って微笑んだ。しかし、いつのまにかしんどさを引き受けていこうとする覚悟の気配があった。そして「実感はウキウキしています。ありがとうございます。すごい変わって帰ってきたら驚いてください」と言った。「丹田呼吸法」と「半身浴」はすでになつみさんの習慣になっていた。

なつみさんは、帰国する一年後の相談の約束を取りつけて帰っていった。

電話　X＋1年　四月一七日

「アイデンティティって何なんでしょう。どんどん変わっていきます。賞（第二学年首席）を頂いたけどそれほど嬉しくなかった」と言い、数日後、なつみさんは単身、留学先に旅立った。

留学先からのEメール　X＋1年　八月一九日

なつみさんが相談全体への感想を寄せてくれた。以下がその全文である。

カウンセリングに通った月日を思い出そうとすると、私は真っ先に真冬から早春への季節の移り変わりを思います。春のやわらかい日差しが、徐々に山の花々のつぼみをほころばせるような、何かとても穏やかで、やさしい雰囲気の中で、滝のような変化がありました。結局のところ「楽しかった」という感想がすべてです。そのあまりに劇的な、たくさんの変化をあえて総括し、名づけるとしたら「精神生活の再評価」になろうかと思います。「私が何者で、何をしたいか」。中学時代はそれがいちばん大事で、友人たちと一緒に必死にその答えを探していたのに、大学に入ったら「私は○○学科の学生で、将来については悩み中」になってしまった。でも、「わたしが何者で、何をしたいか」という問いは根本的で、生活の中心に置くべきものなのだと、カウンセリングを通して思うようになりました。それは言葉を変えれば「自己肯定」ということにもなると思います。成績など、よそからの評価以外に、拠り所となるものを作り始めることができたように感じます。

とはいえ、確立途中の拠り所は時に崩れそうになることもあります。語学学校で正解がひとつしかないテストを受けていると、結果に一喜一憂しがちで、初回で先生に指摘された「キラキラ仮面」が戻ってきてしまう時もあります。でも、今までとの大きな違いは「大事なことからそれてしまっているぞ」と軌道修正ができること。多分何回もこのプロセスを繰り返して、本当に大事なことだけに執着できるようになるのだと思っています。

カウンセリングを始める前からの課題である「共有できないこと」にも何回か直面しています。そんな時に、わたしはよく『対話の技』の第三章[註4]を読みます。C子さんと一緒に、悲しくなったり笑ったりして、彼女が小学校の時に乗り越えた課題を、私は何度も繰り返しているのだな、と思ったりします。日本でも私はC子さんに共感することが多くて、まるで「見ぬ世の友」だ、なんて思いましたけれども、海を越えてこちらに来ても、その関係は続いています。

主訴である「男性が苦手」という問題は、解決に向かっています。「お友だち」としての男性は、無理がない自然な存在として、日常生活の中にいます。「私」が確立し始めたから、男性によって、「私」が脅かされたりすることがないのです。ただ、良くも悪くも「私」を脅かす「恋人」としての関係が男性と築けるかは、まだ機会がないので、分かりません。

その頃、なつみさんは留学先で、講義テキスト『対話の技』の第四章[註5]に「母なるもの」のテーマを得て、それがカウンセリングの延長線上にあるという自負をもちながら、今度はひとりでする自己分析の道を歩み始めていた。

帰国して一年後（X＋3年　三月）、なつみさんは首席で大学を卒業し、迷った末、留学時に注目し帰国後も気になって温めていたもうひとつの学問に転向し、そのために海外の大学院に進学し、研究の道を歩むことにした。なつみさんが新たな旅立ちにあたって思うのは「一年生の時、梧桐先生が未熟な私たちに、授業でいきなり本質をぶつけてきた。ものすごく専門的な授業をして、一人前に扱ってくれた。それが嬉しくて一言も聴き漏らしたくなかった」であった。

そして、なつみさんは再び、ひとり留学先に旅立っていった。

考察

なつみさんはわたくしの講義を契機に、無意識という世界に吸い寄せられて過去の「トラウマが再燃」した。しかし、その奥に『源氏物語』の「紫の上」に自己を重ねつつ「自己探求」するという「いのちの胎動」があり、わたくしは教育と心理臨床が綯交ぜのかかわりをもった。ふたりの「対話」を振り返り、学生の成長を促す「教育」と「心理臨床」の出会いについて考察する。

「トラウマ解消」への寄り添い

なつみさんがわたくしに「対話」を求めたのは、未知の人、とくに男性と恐怖心なく話せるようになりたいという理由であった。なつみさんに恐怖心を起こさせたのは痴漢目撃体験であり、講義中にからだをこわばらせて泣いたのは、そのフラッシュバックであった。だが、その四カ月後の相談第一回で、なつみさんの雰囲気からすでに目撃体験とある程度の距離を保っていることが察せられた。そこで「体験を眺めて、人生史に組み込むことで外傷体験を歴史上の出来事として定着」（神田橋、二〇〇七）させるよう、その体験についていくつか語り合った。その後のなつみさんの様子から、この出来事は定着の方向に向かったと思われる。

その時の、なつみさんのふるまいの冷静さにわたくしは、対人関係不具合の理由は「別に」あり、そちらに認識が幾分か移行しているようだと感じた。なつみさんの身体の「こわばり」が生じたのは、前述以外では、キンキン声が母親と同じと気づいて驚きを語った時《#一》、加えて英語が聞き取れない激しい恐怖の夢体験《♯3》と、イギリスの小学校で友だちのことばがわからない恐怖体験《♯3》を語った時であった。キンキン声そのもの、および「こわばり」反応は、それぞれの体験に由来する広義のフラッシュバックであり、これらが「別の要因」と考えられた。また、なつみさんは初めてわたくしの研究室に来談した時、おどおどきょろきょろして落ち着きがなかった《♯1》。

そこで、わたくしはまず、なつみさんが生活全般にわたり「安心」を得られるよう、内部・外部の環境を整えることから始めた。両者は厳密に分けられるものではないが、便宜上、内と外に分けて記述する。すると、それらの環境整備がそのままなつみさんの自己探求への伴走になっていった。

外的世界の「安心」環境づくり

外の世界の安心環境づくりの第一は、自然豊かな森の中の研究室を「対話の場」として選んだことである。樹下道《こしたみち》の行き帰り、木漏れ日や花の香り、鳥の囀《さえず》りになつみさんが癒されることを願った。なつみさんの専門の『源氏物語』には、登場人物たちの人生が春から夏へと巡り、やがて秋のようにいのちが衰え、冬に枯れる、すなわち自然と同調した「いのちの移ろい」が描かれている。「物語の世界」に浸ることが心身の癒しにも学びの深まりにも意味深いと考えた。それが森を選んだ何よりの理由であった。留学先からの感想文には、「冬から春へ巡った季節の変化」という自然の移ろいが、なつみさん自身の成長と一体となって描かれていた。

第二は、研究室で温かな紅茶と小さな焼き菓子を用意したことである。わたくしははじめ無自覚であったが、毎回、葉茶を淹れ、お茶碗を洗う家庭的な雰囲気の中で「いっしょ」の時を過ごした。当初、わたくしが給仕をしていたが、やがてなつみさんがお茶碗を洗いながら「ウェッジウッドを母が好きなんです」と微笑み《#4》、つづく《#5》には幼子のように「先生、あのね」と甘え、さらになつみさんがお茶を淹れて美味しいお土産を一緒に頂いた《#6》。あたたかな包まれる雰囲気の中でともに食することで心和み、心が通い合った《#1〜6》。そう思う根拠として、なつみさんの「わたしはここに楽しく来て、楽しくおしゃべりして……」《#5》、「何かとても穏やかで、やさしい雰囲気の中で」（留学先からの感想文）の言葉もつけ加えておく。

内的世界の「安心」環境づくり

内側の世界の安心づくりとして、第一に、丹田呼吸法と半身浴、そして気の集中を提案した。とくに丹田呼吸法は副交感神経の働きを改善するとされ（村木、一九八四）、なつみさんは「落ち着き」と「深い眠り」を得たと報告している《#2〜5》。呼吸法は自律神経の働きに対して唯一コントロール可能な方法であり、よく眠れる、落ち着けるようになるにつれ、自分で自分のからだをコントロールできる感覚が高まる可能性を考えて提案した。制御不能下におかれたトラウマ体験者の、制御力向上への丹田呼吸法の効果を、現在、模索中である。また、半身浴はなつみさんに「心地良さ」をもたらし《#2〜6》、さらに生理の痛みが緩《ゆる》やかになったことが報告された《#5》。

第二は、いつもなつみさんが好きなクラシック音楽で迎えたことである。対話が途切れた「沈黙の時」もふたりは音楽の世界にいた。なつみさんは、モーツァルトの曲が響きだす身体の「揺らぎ」に身をまかせていた。それはなつみさんが理屈ぬきに、音楽の構成や響き合いやハーモニーを、皮膚や筋肉や血や呼吸などからだ全体でじかに味わっていたことを意味している。そしてなつみさんの雰囲気の波形は、《#2》の、静寂で内向的なモノローグの中に突如として激情があらわれて、また、静けさに戻り消えていくモーツァルトの「ピアノ協奏曲」（ニ短調）から、《#6》の、軽快な動きと飛び跳ねるような気持ちを表す一方で、きちんと型にはまった形式も表現しているモーツァルトの「ロンド」（ニ長調）に変化していった。「音楽芸術の根底にあるものは、一つは人間の感動であり、他の一つは、音の組み合わせの美しさの探究である。音の振動と心の動きの揺れとは結合し、調和する」（カルリエ、一九七七）。すなわち、なつみさんの変容は音楽とともにあった《#1～6》。

第三に、わたくしはなつみさんの身体の揺らぎがモーツァルトの曲のときだけ起こることから、なつみさんにとっての「間」の大事さに気づいた。そしてその語り口と雰囲気の波形に感応しつつ、自らの「音としての声」を緩急の波に乗せて、なつみさんのいのちを司る呼吸の「吸う」と「吐く」の「間」に投げかけた。「おどおどしていて、それじゃあつけ込まれるよね」《#2》がその最初の試みであり、それはなつみさんの中核に届いた感触があった。次の回《#3》になつみさんから、緊張が溶けて「おどおどが激減」して「すごい変化があった」ことが告げられた。

第四に、なつみさんは、言葉と考えと直感が際立ち、精神が肉体というスーツを着ている状態であったので、オリーブオイルを用いて精神を肉体のところまで一体化させて広げ、皮膚まで全部精神がある、すなわち存在としてひとつになることを願った。同時に、ひとつになった身体をコントロールする力を得ることも願って、オリーブオイルを「鏡の前で」全身に塗り《#3》、鏡に映っているものと、自分の内側のフィーリングが一致するように、外から「見る」、内から「見る」を交互にして、ボディイメージの感覚が確かなものになるように図った。最終回《#6》でなつみさんは、自分が戦死者に「生かされている」という洞察を得て、「うまく表現できないけど、実感、実感てすごく大事ですよね」と上気した。言葉の巧みななつみさんが、言葉にならないほどの「全身的な震動」、すなわち「実感」に感激して、それをすごく大事と興奮して伝えてくれたのであった。

「自然」との和解

外なる「自然」との和解――砂、石、光、風、人

こうしてなつみさんの内側に安心が満ちていった。つまり、緊張とおどおどが激減し、自分の身体の感覚を徐々に掴みかけた様子であったので《♯3》、つぎに外の自然にあるエレメントとの出会いに誘うことになった。

わたくしはふと箱庭の砂一粒を取って、なつみさんの掌《てのひら》においた《♯4》。すると「やわらかい」となつみさんのからだがほころんだ。そこで、森の帰り道、そこに確かに静止してある「石」に触れて描くことを思いついた。つぎに木漏れ日《こもれび》のようにふいに差し込むかもしれない「光」、さらに突然いつどこから吹きつけるかわからない「風」、最後に、たいていは大丈夫だが稀に害を及ぼす「人」。なつみさんに危害を加える可能性が低い順にふれていくように宿題を出した。なつみさんは、まず「石」にふれて「とげとげしくない」と驚き、絵に描いてみて「いいものには空気が入っている」《♯5》ことに気がついた。「風」と「光」は「纏いたい」《♯5》と思い、「人」に関しても車中で叫ぶ男性を怖がらない自分を発見した《♯5》。

わたくしはなつみさんを外なる自然に誘う時、「肌着とオイルがあなたのからだを守っているから」《♯4》と言い添えた。実は、オイルの使用には、ユダヤの羊飼いたちが多くの羊を狭い囲いの中で飼うのに、ひしめく群れの中で羊同士がぶつからずに「するっ」とすり抜けるように羊のからだに油を塗る、という伝聞の知恵があった。つまり危険性を「かわす」潜《ひそ》みである。なつみさんは、いつのまにか、人間を含む外なる自

然を「あらあら」「なんか楽しい」《#5》と感じるようになっていた。外なる自然との和解が成立したと考えてよいであろう。

留学中のなつみさんから「男性は、無理がない自然な存在として、日常生活の中にいます。『私』が確立し始めたから、男性によって、『私』が脅かされたりすることがないのです」（感想文）と知らせがあり、また、これらのトラウマによる広義のフラッシュバックは、本稿執筆時点では、その後も一度も起きていない。

オイル使用に先行して引用した杉田久女の『花衣脱ぐやまつわるひもいろいろ』は着物を脱ぐときからだに纏わる紐《ひも》や襦袢の絹連《きぬづ》れのかすかな音が聴こえるような句である《#4》。そこには女性の上品なエロスの妙味がある。『源氏物語』は閉ざされた王朝世界にゆきかうエロスの物語であり、それは、次節で扱う、なつみさんの内なる自然のテーマへの布石なのであった。

内なる「自然」との和解——娘から女性への変容

なつみさんは初回面接《#1》で、「閨怨的な歌を詠む人」小野小町の歌と、『源氏物語』の「若紫から紫の上」への変容を熱く語り、自身が「少女から女性」への美しい変容の季節を迎えていることが感じられた。それは青年期の女性として自然ないのちの流れである。

少女のもつ乙女心とは、男性というものが「ロマンチックな存在」と「野獣的な存在」のふたつに分離しており、この辻褄合わせに戸惑う心であろう（神田橋、X＋3年）。思春期に入ったなつみさんが、この辻褄合わせに成功する前に、痴漢行為を目撃してしまったことにより男性への恐怖心が形成されて女性性の開花が塞《ふさ》がれていたと考えられないであろうか。さらにはこの恐怖心は未知の人一般へも汎化《はんか》して、なつみさんの人生における新たな出会いを妨げていた。

だが『源氏物語』における、光源氏から「若紫」への「だまし討ち」、すなわち昨日まで保護者であった源氏が突然、男になって若紫と新枕をかわした出来事に遭遇してから、なつみさんの精神内界で男性の「ロマンチック」と「野獣」の統合のテーマが再燃していたのであろう。内なる世界の、この領域の変化準備性が整ったことを、なつみさんの「男性のことを解決すると人生が豊かになると思う」《#一》が表していよう。したがって、わたくしが講義で行ったSGEが、なつみさんの中に封印されていた男と女の世界を含む、未知の人との出会いの世界、男対女の世界を拓くべきである、棚上げせずに正面に据えるべきという「発火点、発火装置」(神田橋、X+3年)であったと考えられる。

なつみさんは「紫の上」に自己を重ねて男と女の世界を拓こうとした。では、「紫の上」その人の人生は、いかようであったのか。幼き日、尼である祖母の療養のために訪れていた北山の草庵で光源氏に見初《みそ》められた「若紫」は、祖母亡きあと源氏にさらわれるように二条院(光源氏の邸宅)に移り住み、北山の仏臭い世界[註6]と二条院の華やかな世界の連続性は失われた。「若紫」は源氏に娘のように愛《め》でられて育つが、ある夜、源氏のだまし討ちに逢い「紫の上」、すなわち妻となる。だが、その衝撃にも耐えて、光源氏の最愛の女性として正妻に準ずる位置を保ち続ける。しかし、皇女、女三の宮の降嫁で、晩年の「紫の上」はこの世的には妻から妾《めかけ》(第二夫人)の位置に貶《おとし》められ、深く憂《うれ》うが、「紫の上」はこの処遇に抗《あらが》わず静かに運命を受け止め、出家を志す。しかし、「紫の上」を自らの分身のように思う光源氏はそれを許さない。この時、「紫の上」はいままで光源氏の思い通りになってきたが、心まではそうはなるまいと心に決める。

なつみさんはまさにその「紫の上」の「心までは光源氏の思い通りにならないという決心」に、「幾重にも隠されたものすごい紫の上のプライド」《#5》を見る。わたくしがそれと同じもの、すなわち、養われていても「こころまでは父の思い通りにならない」という決意に、なつみさんの内面深くにあるプライドをみてとれることを指摘すると、なつみさんはそれを気高く受け入れた《♯5》。

なつみさんも「若紫」と同じ幼き日、渡英によりそれまでの世界との断絶を経験した。しかもなつみさんの場合、二〇歳になっても「言葉（英語）が通じない」すさまじい悪夢を見るほどの恐怖をイギリスの小学校で体験し、それ以来、「長い間、広大な宇宙の中に一人『ぽつねん』と放り出された不安な感じの中にいる」《♯3》のであった。帰国後も、この漠たる不安な世界にひとり住み、日に夜を継ぐ母親のキンキン声へのいらだちを抑え《♯5》、それに救いの手を差し伸べない父親への不信を抱きながら《♯5》、知の価値を重んずる家族の雰囲気を察して努力するが《♯2》、思春期の痴漢目撃により女性性の発露《はつろ》が塞《ふさ》がれ、その後の、新たな出会いを妨げられてきた。そんな中にあってなつみさんは、「芯を貫くものすごいプライド」《♯5》を心の奥深くに秘めながら、優等生を通して今日まで生きてきた。だが、いま父の愛ゆえになつみさんの研究者への夢が閉ざされようとしていた《♯2、♯4》。

「紫の上」の人生を辿ること、「泥くさく、一連の続き物」《♯3、♯6》としてつなげようと試みたこと、それはなつみさんが「紫の上」に自己を重ねて、これまでの自らの人生の綾織《あやおり》を取りほぐして新たに自らの人生を織り始める試みだったのではないだろうか。「人物造型論では『〜の巻』の紫の上は、のように切ってしまう」《♯5》が、自分は「前からのこういう連続があってという研究をしたいんです」《♯5》と、訴えるように主張したつぎの瞬間に「ヴィーナス」《♯5》が誕生したのである。

このことは父親からの分離を意味していよう。なぜならそれは、世間の荒波から守り育て、なつみさんの幸せを願うばかりに研究者の夢に反対する父親《♯2、♯4》の思い通りにはならないという宣言だからである。「紫の上は養われている身でプライドを表に出せない」人生だった。だがなつみさんは「交換留学生として月収がある身分」を獲得し、いよいよ誇り高き自立の一歩を踏み出すことになったのである《♯5》。

なつみさんはファザコンで、エディプス・コンプレックス[註7]が思春期より早かった《♯5》と語った。なつみさんにとっては内的な空想世界において、父親が「光源氏」であったのかもしれない。父親への思いは愛憎半ば《♯5》であるが、それでも父親にかわいがられ認められたくて頑張る女の子にエディプス・コンプレックスの存在が推測されることがあり、なつみさんにもその可能性があろう。その解決は、父親への精神的依存・性的空想からの離脱であり、それはすなわち内的な「娘の死」を意味し、「ヴィーナス」が誕生し《♯5》、その女性性の開花が若草色のブラウス《♯5》に象徴されたと言えないだろうか。「紫の上」に叶わなかった誇り高き自立を、なつみさんは、自らの力で勝ち取った。のみならず、「娘から女性」への美しい橋を渡り、内的ないのちの自然の流れと「和解」したといえよう。

だがなつみさんはもう一段成長している。「紫の上」が好きで「稀有な才能の持ち主で……独自の思想の反映があるかと思い調べたけれど、典型的平安貴族の優等生でショックだった」が、「逆にはみだせなかったから、悲しかっただろうな」と共感し、それゆえに「もっと好きになった」《♯5》のである。なつみさんはその頃、『対話の技』の「『Disillusion－幻滅とは、もっと親しくなることなんだよ』」（井上・神田橋、二〇〇一）を何度も読んでいたという《♯5》。幻滅あるいは脱錯覚は等身大の相手が見えるようになることであり、ここではじめて相手と出会うことができる。なつみさんは脱錯覚を経て「紫の上」の実像を知った。より愛《いと》しく思いながらも《♯5》、なつみさんにとって紫の上は「重なる対象」から、「肩を並べる対象」に変容した。そこで初めて、なつみさんは自分自身の人生を生き始めたのである《♯5》。

やがて、なつみさんは、子のない紫の上と光源氏の男と女の「愛憎」《♯5》、生霊と化して夕顔や葵《あおい》の上を取り殺す六条御息所の「恨みの情念」、藤壺と六条の光源氏への「未練」の断ち方《♯6》、果ては娘が立《りっ》后《こう》した後の明石《あかし》の御方《おんかた》の「身の処し方」《♯6》に至るまで、女と母の「業《ごう》」、そして女の一生に思いを巡らせた。また、女（紫の上）と権力なしには生きられなかった男（光源氏）の「業」にも思い至り、やがて「男と女は愛憎半ば」《♯6》と断言し、浸りきっていた『源氏物語』の世界を対象化して自らの世界に定着させていったと言えよう。

学業について

「想像力」と「重ね合わせ」

なつみさんの際立った特徴として、「紫の上」への「重ね合わせ」《♯1、5、6》から推測される実に豊かな「想像力」[註5]がある。自己を対象に重ねる、すなわち同一化の精神作用は「ある主体が他の主体の外観、特性、属性をわがものにし、その手本に従って、全体的にあるいは部分的に変容する心理的過程」であり、そこには「主体がその人『みたいになりたい』あるいは対象『そのものになってしまう』という意識的、無意識的な願望空想が働いて」おり、主体は同一化の過程で対象を取り入れて自己と融合し、主体の内界が分化して自我を豊かにする規制である（小此木編、二〇〇二）。

なつみさんは大学に入学後、『源氏物語』に没入して「紫の上」に自らを重ねた。なつみさんは「紫の上がすごく好き」である。そして紫の上は「稀有な才能の持ち主で」「すごく思慮深」く「幾重にも隠されていて、でも芯を貫くものすごいプライドがあ」り《♯5》、「本当に清浄に亡くなっていく」《♯6》とため息をつく。「若紫」は源氏の裏切りに、なつみさんは痴漢目撃に、男性の野獣性によって乙女心を傷つけられた。「紫の上」は継母に、なつみさんは母に自尊心を裂かれることがあったが、隠忍《いんにん》した。「紫の上」は庇護《ひご》者《しゃ》であり夫であった源氏から最も愛されたが、それは支配的な愛であり最後の願いの出家さえ阻《はば》まれた。なつみさんは庇護者であり、娘への愛と期待と不安に揺れる父にその夢を阻まれていた。

なつみさんは最優秀の学生となり、忍従して思慮深くふるまい、トラウマを乗り越え、時を得て「少女から女性への美しい橋」を渡り、かつ、こころまでは父親の思い通りにならないという「芯を貫く物凄いプライド」《#5》を持ち続けて、父親からの自立を果たした。その過程で脱錯覚が起こり《#5》、なつみさんは「紫の上」から自分を剥《は》がし、「紫の上」の物語ではなく「相沢なつみ」の物語を紡ぎ始めたのである。

「新しい世界に入るということは、自己の一部が変化することを意味する。変化準備性があれば内側に目が向き、自己を重ねる。しかし、準備が調っていても、自我が弱体化していると脆《もろ》いゆえに混乱する。自我が健康であれば混乱は局所的に起こり、主体が統合できる程度の混乱の末に自己の構図が変容する」（井上、二〇一〇）のである。

四年生になったなつみさんは、自己を重ねた「紫の上」の人生と『源氏物語』の世界を、今度は研究対象として卒業論文を書くことになった。重ね合わせは「対象そのものになる（itself）」精神作用であり、そのときの対象把握は対象の外側から「対象について（about it）」知る把握とは認識に質の差があることは容易に想像できよう。誤解を恐れずに言うならば、「〜について」は事実を把捉し、「〜そのものになる」は真実を捉えるのかもしれないのである。

「キラキラ仮面」

《#1》の最後に、わたくしは「キラキラしているけど、キラキラ仮面のような気がするな」と言った。やがてなつみさんは「成績にこだわるのは自信がないからだ」と気がついた。なつみさんには課題が「できない」ことへの不安、「評価」への怯えがあり、しかも負けず嫌いのため「できない」自分を晒《さら》せずキラキラ仮面で凌《しの》いでいることが察せられた。

そこでわたくしは「優秀だと思わなくても、お話ししましょうと応えたと思う」《#3》と伝え、なつみさんの自己価値の確認に寄り添った。なつみさんは次の面接までにおどおどが激減したので「魔法にかかったみたい」と感嘆した。しかし本当は「無条件で受け入れられる価値が自分にある」と思えたがゆえに、「評価への怯え」という魔法が解けたのであった《#3》。やがて不自然なキラキラ仮面《#1~3》は、きらびやかさが沈み《#4》、内面を映し出す深みのある輝きに変容していった《#6》。

なつみさんはキラキラ仮面のことを留学先からの感想文に「正解がひとつしかないテストを受けていると、結果に一喜一憂しがちで、初回で先生に指摘された『キラキラ仮面』が戻ってきてしまうときもあります。でも、今までとの大きな違いは『大事なことからそれてしまっているぞ』と軌道修正できること」と記している。「戻ってきてしまうときもあります」の記述は、仮面の装着が状況により分化したことを示し、つづく「軌道修正できる」は自分が主《ぬし》となって仮面の着脱を行い、かつ、自分を取り戻すエネルギーが心を満たしつつあることを示しているといえよう。

対等な「知の探究者」

キラキラ仮面からの脱出の背景に、「すごく楽しくて、聴き漏らさないようにと思って、成績じゃ表せないような、いろんな方向づけがなされた」《#3》梧桐教授の講義があったと考えられる。なつみさんは海外の大学院に進学する際、再び「梧桐先生が、未熟な一年生の自分たちに、レベルを落とさず、いきなり専門的な授業をして、一人前に扱ってくれた。それが嬉しくて一言も聴き漏らしたくなかった」と語った。ここには「学ぶ」喜びが溢れている。講義内容のレベルを落とさず、「一人前に扱ってくれた」とは、学生たちが梧桐教授から対等な「知の探究者」として尊重されたことを意味している。多くの教師は学生からの要望で授業を「わかりやすく」しようとする。だが梧桐先生はひるまずに「学問とはこういうもの」と本質を伝えるために難しさを貫いた。その迫力に感激して、なつみさんは「わかりたい」「聴き漏らすものか」と闘志が湧いた。だから、「一八歳なりに覚悟を決めて講義に出席した」という。「負けず嫌い」の面目躍如《めんもくやくじょ》である。力のある初心者は、「難」を示されると、「わかろう」として自ら目標設定して段階を決め、主体的に学び始めるのである。一人前に扱われることで学生は「自分で学び、自分で評価」し、その行為を通して一人前になっていく。なつみさんはその過程で「評価」の主体を自分自身に取り戻すたびに、キラキラ仮面は次第に姿を消していったと考えられる。梧桐教授の教育は、こうして早々に学生を「知の探究者」として自立させ、その上で、教師と学生の、汲めども尽きぬ文化への対等な参加と両者の相互に影響し合いながら変わりゆく姿(佐伯、一九九五)を展開していく。

わたくしはなつみさんの梧桐先生への憧憬と畏怖に共感しつつ、「あなたが本気で師事するなら先生もきっと応援してくれると思う」《#3》と、そのひたむきな師と学問への想いを支持した。

なつみさんの留学先からの感想文に、心理相談全体について「何かとても穏やかで、やさしい雰囲気の中で滝のような変化がありました」とあった。これまで述べてきたことが「滝」の中身であり、なつみさんはそのすべてを一カ月半で達成した。時、満ちたのであろう。そしてなつみさんは首席を通して卒業し、再び、海外の大学院進学のために旅立っていった。

おわりに

　以上が「教育」と「心理臨床」が綯交ぜになったかかわりである。わたくしはまず、青年のからだの動きを見、そこに流れる生活実体者としてのエネルギーと感受性のありようを感じる。つぎに開花を求める資質や才能を青年とともに探し、その開花を妨げるものがあれば取り除く環境を調えて「和解」に誘い、資質開花への「自発」を誘う。幾分か「和解」は心理臨床的、「自発」は教育的である。すなわち、「教育」は学生が迷いながらも「なりたい自分」になろうとする時、一緒に行ってみましょうという伴走であり、「心理臨床」はそれを妨げるものとの「和解」への寄り添いである。しかし、それらは分かち難く綯交ぜにあり、学生がその生来の資質と生育史・生活体験における学習が最大限に発揮されること、すなわち自己実現への支援なのである。

　なつみさんは対話の中で、「片づけられない、偏食、時間管理ができない、気分や衝動に左右される、計画が実行できない」《#2》など、発達に凸凹（でこぼこ）があり（杉山、二〇〇九）人知れず悩んでいることを語ってくれた。初めての人、初めての場所が苦手であることの原因として、発達の偏りもあるかもしれない。だが、差し迫った留学のため、なつみさんの相談に与えられていた時間は一カ月半であり、トラウマの解決が主訴であったのでその解決に囚《とら》われて、発達の偏りへの目配りが足りなかった。力不足であった。

　現在、さまざまな発達の偏りを抱える学生がキャンパスに増えている（山崎、二〇一〇）。そして、実は彼らの中に、極めて優秀な人材がいることも明らかにされている（杉山、二〇〇九）。だが、諸外国で盛んな、「発達凸凹」を有する優れた人材への特別支援教育の視点が日本には決定的に欠落している（杉山ほか、二〇〇九）。それは今後、資源が乏しく、人材で国際社会に伍《ご》さねばならない我が国にとって、重要で急務であり、わたくしのつぎなる研究課題である。
なつみさんがひとり留学先へ旅立った頃、研究室がある森は、匂《にお》い満ちる「紫の上」を形象する、薄紅色の「桜」がまさに満開の時を迎えようとしていた。

註1　エンカウンターとは邂逅、出会いという意味である。これをリーダーが（この場合は教師）範囲と方法をあらかじめ決め、参加者たちが安全に他者と出会えるように設定したのがSGEである。そこではエクササイズを行うことで、その場にいる人たちが感情を共有し、自己理解、他者理解、自己受容を深め、自らの自己主張や感受性のありようなどに気づくことができる。わたくしは社会性・自己自我・自己探求などの心理学的テーマの体験学習としてこの方法を用いている。

註2　わたくしに音楽療法の素養はない。なつみさんも音楽が「好き」《♯1》だが、とくにリクエストはなかったので、わたくしがその日のなつみさんの雰囲気に合うと感じた曲を選んだだけである。

註3　カイン・コンプレックスとは「親の愛情を巡って兄弟間に起こる愛情、信頼とともに嫉妬や怒り、不安などの情緒、空想など、種々の心理的葛藤のことである。発達の過程で同胞に向けられるこれらの感情は正常なものであり、多くの場合、両親の支持や助けをかりながら乗り越えられていくものと考えられている」（小此木編、二〇〇二）。ここでは、なつみさんが親の愛を競って弟ふたりと葛藤したことを述べている。エディプス・コンプレックスについては本書一〇～一一頁を参照。なつみさんがわたくしとの「対話」以前に、わたくしの「心理学」の講義で学んだ精神分析の専門用語である。教員が学生を支援する場合、講義の積み重ねがあることと、講義での共通アイテムを使うことですみやかに対話が運ぶという強みがあると思われる。

註4　『対話の技』第三章の主人公C子さんは、際立った文才に恵まれた九歳の女の子である。学校では早熟で利発なために友だちに理解されず、家では愛情深いが不安定な母親に支配されていた。しかし親友とともに知恵と勇気で大活躍する「大冒険スペクタクル長編小説」を書き上げ、死にかけていた自らの主体性を取り戻し、その年齢なりの「自己」を見つけていった。なつみさんはそのC子さんを留学後も「まだ見ぬ世の友」（感想文）として折々に思い出し、ここにも豊かな「想像力」と幾分かの「重ね合わせ」が推測される。

註5　『対話の技』第四章は、夫の「死」に異様な恐怖を示す母親に育てられ、安心して生きられず、仮面をつけて対処してきた成人女性Dさんが、仮面によるその場しのぎの人生に見切りをつけて自分の人生における真なるものを求め始め、やがて仮面が実像になる生き方を見出した過程の記録である。なつみさんは一度目の留学先で、今度は母子関係をみつめようとしていたようであった。自我がその問題を取り上げ、直面化できる力を得たのかもしれない。

註6　「北山は旅の宿りであったに違いないが、尼となった祖母とその兄の僧都よりほか頼る者とてなかった幼女は、高貴な姫の常に似ず、仏臭い生いたちをしたに違いないのだ」（後藤、一九七四）。

註7　第一章「考察」参照のこと（本書一〇～一一頁）。ここではなつみさんが無意識裡に父親に性愛的な愛情を向けることで母親との競争関係になった時期が、思春期より早かったことが述べられている。

引用文献

井上信子（二〇一〇）「『学び』と『自己探索』：大学『心理学』講義の感想文分析」日本女子大学大学院『人間社会研究科紀要』16号　二五頁

井上信子・神田橋條治（対話）（二〇〇一）『対話の技：資質により添う心理援助』新曜社　二七五頁

井上信子・神田橋條治（対話）（二〇〇四）『対話の世界：心理援助から「いのち」の教育へ』新曜社一五三～一五四頁

小此木啓吾（編）（二〇〇二）『精神分析事典』岩崎学術出版社　三六〇～三六一、三七〇～三七一頁

神田橋條治（二〇〇七）「PTSDの治療」第2回HPND研究会　講演記録『臨床精神医学』36（4）　四一七～四三三頁

神田橋條治（X＋3年）スーパーヴィジョンのことば：「ロマンチック」と「野獣」

神田橋條治（X＋3年）スーパーヴィジョンのことば：「発火点、発火装置」

クレル＝リズ・デュトワ＝カルリエ（一九七七）「リトミックの創始者ジャック・ダルクローズ」マルタン・F／板野平（訳）『エミール・ジャック＝ダルクローズ：作曲家・リトミック創始者』全音楽譜出版社　二九八頁

後藤祥子（一九七四）「御法」『国文学：解釈と教材の研究』学燈社　第19巻10号　一一八頁

佐伯胖（一九九五）『「わかる」ということの意味』新版　岩波書店　一一二～一一五頁

サリヴァン・H・S／中井久夫ほか（訳）（一九九〇）『精神医学は対人関係論である』みすず書房　二八三～二九〇頁

杉山登志郎（二〇〇九）『そだちの臨床：発達精神病理学の新地平』日本評論社　一一、一九～二〇頁

杉山登志郎ほか（二〇〇九）『「ギフテッド」天才の育て方』学研教育出版　一九～二一頁

田辺聖子（一九九〇）『花衣ぬぐやまつわる……：わが愛の杉田久女』（上・下）集英社文庫

野口晴哉（一九七一）『体癖』（一）全生社　一三八頁

村木弘昌（一九八四）『丹田呼吸健康法』改訂版　創元社　八～一一、一二八～一二九頁

山崎晃資（二〇一〇）『キャンパスの中のアスペルガー症候群』講談社　一四～三一頁

第三章　「儚《はかな》く、強く――悠久のときのなかで、わたしを生きる」

塩谷佳未

「独り耐え忍ぶこと、そして包まれながら育まれること」。

卒業論文の作成過程は、私に双方の尊さを教えてくれた。

大学四年の晩春、井上先生から突然、「『十牛図《じゅうぎゅうず》』を読んでみたらどうかしら？　感想を聞かせて」と、連絡を頂いた。聞いたこともない名前に戸惑いながらも、本屋に駆け込み、そして私は『十牛図』と出会った。

本を開くと、そこには牛を追い求める人の姿が描かれていた。まだ内容は分からずとも、そのとき自然と惹かれる自分がいた。夢中で読んでいるうちに、心の底に燻《くすぶ》っていた思いが、動きだすのを感じた。

突き動かされた思い

高校までの出会いと経験は、私に「育つことの悲しみ」を考えさせた。成長のぶんだけ人は、多くの悲しみを知り、それを抱えて生きていかなければならない。しかし、その悲しみを抱えきれなくなったとき人は、どうなるのだろう。その人に私は、何ができるのだろう。その思いが、私に教育学を選択させた。そしてそれは、ゼミ選択でも同様だった。その気持ちに嘘はないけれど、それだけが私を動かしたのではないことに、私はまだ、目を向けられないでいた。

井上ゼミに入った三年次の一年間は、自分を生きた「とき」だった。先生は私たちの一瞬々々の思いを、いまここで紡ぎだされた言葉を、一つひとつ自分の中で温めるよう、指導してくれた。だからこそ、「わたし」自身に誠実になり、「わたし」という存在を、少しずつ感じることができた。

その時間の中で、しまい込んでいた私自身の痛みが、徐々に声を上げはじめた。他人のまなざしに左右される不安定な私は、「わたし」とはどのような人間か、答えることができない。自分自身のことなのに、分からない……知りたいけれど、本当の自分を知るのが、怖い……そんな心のわだかまりと常に共にありながらも、めまぐるしく交差する感情に追われる中で、知らず知らず対峙することを避けていたのかもしれない。『十牛図』と出会ったとき、三年次ゼミでの学びを経て自分の思いをあたためてきた私は、「本当の自分」という問いに向き合う準備ができていた。「自分自身が何なのか知りたい、本当の自分を知りたい」。その思いが私に教育学を専攻させ、井上ゼミに導き、そして『十牛図』に出会わせた。その出会いは、とても自然で、そして必然だったように思える。

そうして私の卒業論文のテーマが決定した――『「十牛図」を手がかりに自己の在り方を考える』。

『十牛図』とは、禅の悟りにいたる修行の過程を、一〇枚の図を中心に、説明的な小序と抽象的な詩（頌）で表現している禅書である（辻村、一九七四）。図には、牧人が逃げた牛を取り戻す過程が描かれている。ここに登場する牛は「真の自己」、牧人は「現在の自己」を表しており、真の自己を求める過程を示していると考えられている。

論文作成の過程において、わたし自身旅人となり、さまざまなものに捉われている自己から解放され、揺るぎない自己の在り方を見つけることを願った。

卒論の完成に至るまで

論文作成は、禅思想を一から勉強することからはじまり、必死で文献を読んだ。

鈴木（一九九一）は、禅とは、「ただ、火を暖かいと感じ、氷を冷たく感じる。氷の張るとき、われわれは寒さに震え、火をありがたいと思う。ただそれだけ」と説いている。

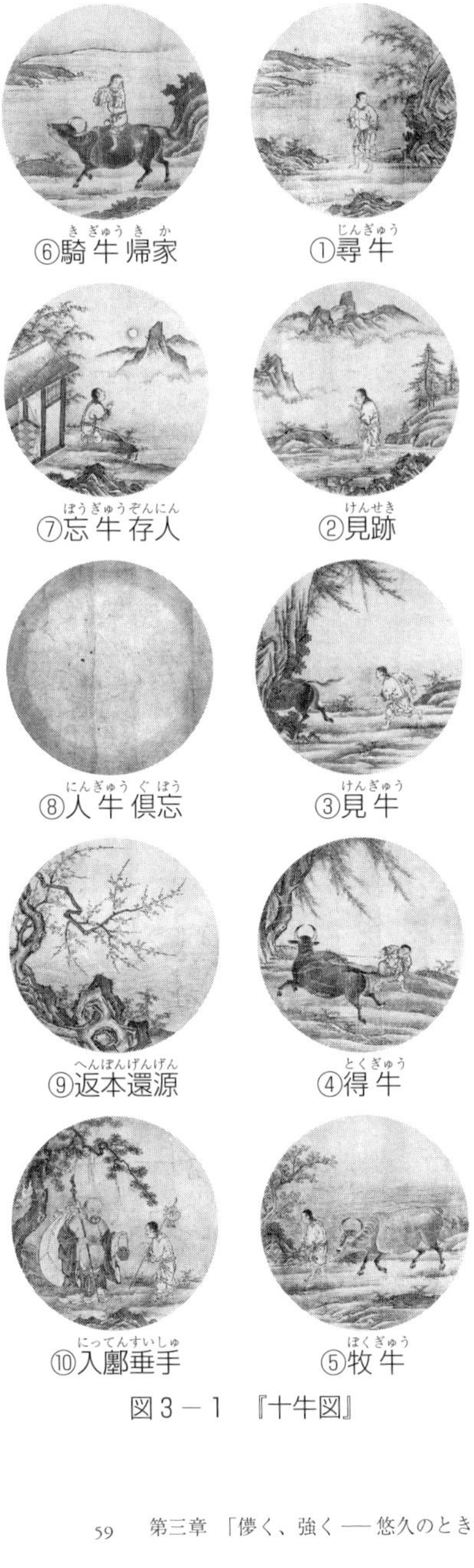

①尋牛《じんぎゅう》
②見跡《けんせき》
③見牛《けんぎゅう》
④得牛《とくぎゅう》
⑤牧牛《ぼくぎゅう》
⑥騎牛帰家《きぎゅうきか》
⑦忘牛存人《ぼうぎゅうぞんにん》
⑧人牛倶忘《にんぎゅうぐぼう》
⑨返本還源《へんぽんげんげん》
⑩入鄽垂手《にってんすいしゅ》

図3－1　『十牛図』

禅には、「無」の在り方が存在している。それは、大きないのちの流れの一滴であること、すなわち大きなつながりの一存在であることに気づき、いのち本来の輝きを見出す生き方である。

しかし人は、たくさんのしがらみの中に生きている。自－他、得－失、生－死など、排他的な二元論の観念に捉われているため、そこから解放されることを目指し、まず「無」に徹するのである。その象徴的方法が、坐禅である。そうしてはじめて人は、自己を形成し、包み込んでいる存在に気づき、当たり前に現前していたものの尊さを感じ、自己が生かされていることを知るのであると、考えられている。

よって、「無」とはまず、我々が捉われている論理の世界、二元論の世界からの脱出を図ることで、より開かれた世界へと自己を導くための入口であるとともに、究極的な世界といえる。

禅から生み出された『十牛図』が示す自己への旅路では、自己が自己と一体化する段階では終了しえない。最も注目すべきは第八図以降である。「禅では凡情を尽くしてのぼったその聖位さえもさらに捨てよと強く主張する」（秋月、一九七八）。なぜならば、「どこかに到達したということがある限り、何か得られたということがある限り、すなわち、『真の自己』が有る限り、真の『真の自己』ではないのである」（上田、一九九二）。「真の自己」とはあらゆる二元を超えて、何かに固執することはないのだから。自己が自己のうちに捉われなくなる境地を経てはじめて、ありのままの姿をそのまま肯定することができる。『十牛図』で示されている自己とは、もはや一存在の自己確立にとどまらず、自己のうちに捉われることなく、自己としての枠を超え、自も他もそのかかわりすべてに宿り息づく、一生命としての自己なのだろう。

以上のことを先行研究より浅学ながら考えた。しかし、研究を進める中、ただ文献を読むだけでは、自分にとって本当に必要で、大切なことは得られないように思えた。その思いを井上先生に打ち明けると、お二人の先生からの書面上での指導の道を示された。そうして、『十牛図』が示す自己の理解に苦しんでいたとき、上田閑照先生（京都大学名誉教授）から、「私の考えを理解しようとすることよりも、自分がどう考えるか、を大切にすること」というご助言を頂いた。また、考えることに捉われ行き詰まっていたとき、藤村隆淳先生（当時、高野山大学学長）から、「実践することが何より大切」というご助言を頂いた。

その言葉で思い出した。実感の伴った学びが、本当の知識となり、生きた学問になる。

そんなとき先生から「坐禅に行って来たらどう？」と提案を受け、さっそく鎌倉の建長寺、円覚寺を訪ねた。坐禅を組めば何かが変わる。そんな期待を持って臨んだ。

体験を終え、何か変化はあったのだろうか。多分、何も変わらなかったのだと思う。その変わらなさが、ただ心地良かった。山を下る帰り道、涼やかな風を感じ、大きく一つ、息を吸い込んだ。自分が生きているその営みの中で、たくさんの悩みに翻弄され、歩んでいることが、尊く思えた。それだけで十分だった。そのことが、私の中に確かな軸を打ち立てた。

次の日の夜、先生からメールが届いた。

「いまあなたは大切なときを生きている。……宇宙の息を感じるやもしれん。深い息をして、悠々とね」。

「いま自分の中に新しい風が通っています。いまこのときを大切に生きます」。

坐禅を指導してくださった建長寺や円覚寺のお坊さまからも、禅そのものについて、直にお導きを頂いた。やがて私は、言葉にすることを躊躇《ためら》うようになった。言葉だけでは、その時その場の思いを表現することはできない。私の中には、言葉を超えた確かな思いがある。それだけで十分なのではないか。しかし卒業論文提出の期限は刻一刻と迫ってくる。言葉にしたくない。それでも書かなければならない。パソコンに向かって、格闘する夜が続いた。

深夜、先生から論文指導のメールが届き、返信した。

「まだ起きてたの？　寝てたら返信しなくていいんだよ」。

「『十牛図』が頭から離れないんです」。

しばらくして返信がきた。

「考えることをやめると　命が動きだすよ」。

そのときの私には、あまりよく理解できなかった。しかし、毎日々々卒論を見つめ、先生の言葉を見つめ、そして自分を見つめていく中で、だんだんと、思った。言葉を書くことはもうやめよう。言葉を生もう。自分の思いを、言葉にのせよう。そうして生まれた言葉は、私自身なのだ。

きっとこのときからだろう。『十牛図』を旅する私が、動きだした。

これまで得てきた経験や数々の出会いが、わたしの中で一つの紐を結びはじめた。切れ切れになっていたものたちが、実は意図してそこにあったかのように、つながりはじめた。そしてまた一つ、新たな必然が生まれた。

面接調査での共鳴と創造

卒論作成の終盤、面接調査の中で、いのちの揺らぎを感じた。

真摯に自己を求める青年と『十牛図』の関連を調べることを目的に、数人に対した個別の面接調査とグループ面接を、三段階に分けて行った。

静かな夕陽に染まる教室の中、『十牛図』の絵柄をふたり（調査協力者とわたし）の間に置き、面接ははじまった。

協力者の大切な過去に触れさせて頂き、共有の時間《とき》を過ごした一回目の面接。『十牛図』をはじめて手にしたとき、確かに感じた痛みと安堵が鮮やかに蘇り、それらが色濃くわたしの中に溢れ出した。嘘偽りのない言葉で語るその存在に触れ、傾聴ののちわたしも飾らず自分を物語っていた。「気づき」の連鎖が起こった二回目。互いの存在が互いの情動の扉を叩く。そうして揺さぶられ、気づきが生まれる。はじめて、積み重ねてきた学びと坐禅体験で感じた想いを合わせて、『十牛図』を見つめていたように思う。

そして三回目のグループ面接。そこには、いのちの響き合いがあった。ビー玉はそのひとつを見てもとても美しい。しかし、それらははじき合うことで新たな光を生み出し、そうしてその光はまた新たなものを照らし出す。

独りで育むべきものは確かにある。しかし同時に、独りでは決して成し得ないものがある。面接調査の中で、わたしは何度涙を堪《こら》えただろう。悲しいのではない。嬉しかったのだ。互いの大切な思いが溢れる空間で、ただ悲しく感じていた心の蟠《わだかま》りから、新たな息吹が芽生えたことが。

「この時期に『十牛図』を見ることに何かある……普通に生活していても何か意味があって、筆者が卒論を通していろんな人と出会ったのもきっと意味があって……」調査協力者の一人から頂いた言葉。卒業論文の作成過程で得た出会いと学びは、計り知れないほどに大きくて尊い。

先行研究からはじまり面接調査による事例研究を経て、わたしは、「旅するわたし」と出会い、それを「わたし」として感じることができた。提出までに残された時間は、ただひたすらに書き、学びの結晶を形にしていった。そして「自己確立」とは、「自己としての実感を獲得し、自己らしく生きること」であると導き出した。

《調査協力者Aさんの言葉》

「人生って、もちろん辛いこととか悲しいこととかいっぱいあるけど、でも、生まれて、生きて、そして精一杯生きて死んでくただそれだけなんだ、って思ったら、すごい楽になれて、今がほんとにそういう気持ちだから、……それでいいじゃんと思える」。

「いまここにある私が、私が私であるっていうこと、それだけでいい、……いまの自分があること、私らしくあること、そして私の意志で自分のことを信じて生きていく……」。

Aさんが現在のような考え方に至るには、いままでの人生を真剣に生き抜き、自己と向き合ってきた過程が存在するからである。この言葉に象徴されるように、自己確立に不可欠なものは、自−他による自己受容と、自己による自己への信頼であると考えた。

あわせて、次の二つの言葉に注目した。

《『十牛図』第九図　頌より》

水自茫茫花自紅：「川は川で果てもなく、花は花で紅く咲《わら》うのみ」（上田、一九九二）。

《Aさんの言葉》

「ただ生きているだけで素晴らしいし、ただ自分自身を精一杯生きている……」

三段階にわたる事例研究を通して、私は、自己のあるべき正しい姿や「真の自己」が明確に存在するのではない、との考えに至った。

「いま」「わたしが」そこに存在している以上の真実はない。「わたし」が感じ、考え、そうして「わたし」が生きている。過去を抱えた流れの中で、ただ、いまを生きることこそ、自己を生きること、すなわち「真の自己」そのものに変わりはないのではないだろうか。

そのうえで、もう一度『十牛図』を見返すと、「真の自己」とは、新たに獲得する具体的存在ではなく、自己が自己と向き合う中で生み出された問いであり、それに向かい生きる時間（過程）こそを指す、と考えることができる。しかし人は、「真の自己」を求め、旅に出る。明確なあるべき姿などないのだから、それは無意味な旅路なのかもしれない。しかし、たとえ何も得られずとも、そのとき懸命に生きたその過程にこそ大きな意味があり、その過程を通して、自己としての「実感」を獲得していくのではないか。

人はその人生の中で、さまざまなものから刺激を受け、瞬間々々に変化していく。そんなめまぐるしい日々の中で、ふと、『十牛図』を眺めたとき、そこにはいまその瞬間の自己が映し出されている、と私は考える。『十牛図』とは、そのときの自己の思いに注目することで、自己を見つめ、いまその瞬間を生き切ることを目的としているのではないか。なぜならば、『十牛図』を生み出した禅とは、「あるがまま」に生きること。だからこそ、ただ段階的に各図を進んでいくことが重要なのではなく、あるがままに、ただ、その「とき」を生きることに深い意味があるとの考察に至った。

完成した卒業論文を綴じ、もう一度表紙を眺め、徐《おもむろ》にページをめくっていくと、ほつりほつりと、自分が歩んできた道のりが思い返された。沈黙と低迷との戦い。それは自分独りでしかできないこと。その孤独に耐え、道を模索し、切り拓いてきた。しかしその孤独と共に、自分を存在まるごと包み込んでくれる先生が、いつもそこにはいた。思い悩んでいる時、そっと言葉をくれた。逆に、厳しく指導され、何度も涙を流した。先生を憎んだときもあった。それでも先生は、私を抱えていてくれた。そんな大きな愛情の中に包まれながら、私は育ち、育てられてきた。

「いまここで、ともに生きる」。それが、先生と私たちの二年間だった。

論文として良いものができたかは分からない。それでも、先生や仲間、家族に支えられながら、自分と向き合い、つまずきながらも必死に歩んできた過程は、私に存在の尊さを教えてくれた。それを胸に抱いて、この一歩を踏みしめたい。

引用文献

秋月龍珉（一九七八）『現代を生きる禅（秋月龍珉著作集1）』三一書房　一一三頁

上田閑照・柳田聖山（一九九二）『十牛図：自己の現象学』ちくま学芸文庫　五四、二四八頁

鈴木大拙（一九九一）『禅仏教入門』春秋社　二二頁

参考文献

上田閑照（編）（一九八一）『禅の世界』理想社

禅文化学院（編）（一九六八）『正法眼蔵：現代訳』誠信書房

辻村公一（一九七四）「『十牛図』について」梶谷宗忍・柳田聖山・辻村公一（編）『信心銘・証道歌・十牛図・坐禅儀（禅の語録16）』筑摩書房

久松真一（一九七三）『経録抄（久松真一著作集6）』理想社

［**しおや　よしみ**　二〇〇八年度卒。現在、人材・組織開発事業会社勤務］

塩谷さんとのかかわり

井上信子

二〇〇七年四月、わたくしは癌から生還した。「生かされた意味」を問いながら、研究室のある森の、桜の花びら舞い散る樹下道《こしたみち》を登りきり、大きくひとつ息をした。

一年ぶりに、書籍で埋め尽くされた研究室のドアをそっと開けると、卒業生たちのなつかしい顔々が思い起こされ、笑いさざめきが甦った。わたくしは、窓を大きく開け、小鳥たちの囀《さえず》りとともに新三年ゼミ生を迎え入れた。

そのなかに塩谷佳未さんはいた。堅い殻《から》で身を包み、自分の周りに壁をつくり辺りを警戒しているように見えた。だが、どこからか、かすかに光がもれていて、その姿に、むしろ儚《はかな》さを感じた。

キャンパスの森の木々が秋色にうっすらと色づく頃、わたくしが塩谷に「ゼミ長をしませんか？」と声をかけたのが呼び水となり、塩谷の「殻」に隠された哀しみが打ち明けられた。わたくしは塩谷の全存在に耳を傾けた。

資質とテーマ

塩谷は、「かつて、教師に特別扱いされた経験があります」と言った。わたくしは「さもありなん」と即座に納得した。なぜなら塩谷は、教師の活動一切に思いが至り、かつ当意即妙《とういそくみょう》の受け応えが実に魅力的であるから、教師が彼女を特別扱いしたであろうことは容易に想像ができた。

しかしそれがために、周囲のこころに潜む眼差しの刃から、自らを守ろうと高く壁を張り巡らせた。そして自身の尊大さや、知らず知らずに傷つけた級友の痛みを顧みない傲慢さに戸惑い、壁の中で自らを殻で覆っていった。そうしているうちに、自分がわからなくなった。そう語るあいだ、塩谷は哀しみを湛《たた》え、終始うつむき加減だった。しかし話し方は淡々とし、言語表現豊かで、理路整然としていた。塩谷は「言語」の資質をもち思考力も秀でているようであった。

最後にわたくしは塩谷に「特別扱いされることで伸びる子どもがいる。あなたはそうだから、わたくしはあなたを特別扱いすることにした」と伝えた。そして後日、他のゼミ生たちに「塩谷さんは、特別扱いされると伸びるようだから、そうして開花を願うことにした。しかし、ひとりひとりに応じてわたくしはそうしており、実はわたくしはあなたたち全員を特別扱いしている」と説明した。ゼミ生に同意が得られた。学生が一年次に受講するわたくしの講義において、「資質の開花を誘《さそ》いいのちを生かす」のが、わたくしの教育と心理臨床が綯交《ないま》ぜのかかわりの「核」である、と伝えてあり、ゼミ生全員にその共通認識があることが有り難かった。

なぜ『十牛図』であったか？

夜の森をふたり並んで帰る道すがら、わたくしの中で、夜空に輝く、細い眉《まゆ》のような新月のイメージが塩谷と重なった。[註1] 塩谷にはどことなく「孤高」の雰囲気がある。そのとき、ふと道元禅師の和歌が浮かんだ。

いただきに鵲《かささぎ》の巣やつくるらんまゆにかかれりささがにの糸

まるい鵲の巣は円月、「まゆ」は眉と繭《まゆ》の意。「ささがに」は細小蟹と書き、蜘蛛が小さな蟹に似ているので蜘蛛の雅名《がめい》。ここで詠まれているのは「山の稜線上《りょうせんじょう》に円月が現れる寸前は、蜘蛛が巣網にかかった獲物を、繭をつくるがごとく細い糸で包みこんでいくように、心のなかに月が生まれようとしている」情景である（松本、二〇〇五）。

わたくしはかつて、道元禅師の「回向返照《えこうへんしょう》」は、「自己本来の姿」（松本、二〇〇五）の意味であると知った。さらにそれには「天地はわれと根《こん》を同じくす、万物はわれと体《たい》を同じくす」（僧肇《そうじょう》）という感覚がほぼ合致し、自己そのものが自然と同化、照応交感《しょうおうこうかん》すると自覚しうる心理作用の意味もあることを、この和歌によって教えられた（松本、二〇〇五）。そして、その宇宙的な広がりと、心に住む月の美しさに魅《み》せられていた。

塩谷は他者のまなざしに左右されて揺れ動き、自分を見失い、「真の自己」を探していた。わたくしはなにか手助けできないかと考えた。初対面で、塩谷の存在からかすかにもれていた「光」は、生きとし生けるもののあいだに溶けて流れゆく「慈しみ」のように思え、欧米流の自然と対立した、個人主義的な「自己確立」とは質が異なると考えた。そのとき道元禅師の和歌に引かれて、禅師が「自己」に至る方法としてひとすじに坐禅を組むことをあまねく広く勧められたこと（『普勧坐禅儀《ふかんざぜんぎ》』）に連想が及び、「禅」に思いが至った。

真実の「自己である普遍的方法」としての只管打坐《しかんたざ》（内山、一九八一）、そこまで考えてきて郭庵禅師《かくあんぜんじ》の『十牛図』第八図「空一円相」、そして第十図「入鄽垂手《にってんすいしゅ》」、市井《しせい》でふくよかなおじいさんが子どもに語りかけている墨絵が思い浮かんだ。

塩谷が四年生の春のことだった。もし、卒業論文のテーマにもするなら、取り組みやすい中心となる教材がいる。そこで、禅のテキストであり「自分探し」が主題とされる『十牛図』（上田、二〇〇三：横山、一九九一）を推薦してみた。手に取ってどうするかは本人が決めることである。

結果的に、塩谷は、たちまち『十牛図』の旅人に同一化して、自己発見の旅に出立した。塩谷は、ひとりでぎりぎりまで自己を見つめつつ、卒論研究のために面接による事例研究を行った。わたくしは面接時に、調査協力者と自分のあいだに『十牛図』を置いて、一緒に眺めながら対話するといいと助言した。

塩谷は面接調査と分析を行った。そして、自らと調査協力者の孤独と共感のなかから「『いま』『わたしが』そこに存在している以上の真実はない。……ただ、いまを生きることこそ、自己を生きること」を洞察した。つぎに探し求めていた「真の自己」は「自己が自己と向き合う中で生み出された問いであり、それに向かい生きる時間（過程）こそを示す」と掴んだ。そして人は「真の自己」を求めて旅立つが、「明確なあるべき姿などないから無意味かもしれない」。しかし、たとえそこで「何も得られなくとも懸命に生きたその過程にこそ大きな意味があり、その過程を通して自己を『実感』として獲得していく」。ここにおいて塩谷自身が長い間、人間的苦悩の過程を「生きた」重みが、大地深くに「自己知」の根を張らせていたと感ずる。考察は続く。「いまを生きる」のだから、『十牛図』とは段階が重要なのではなく、それを眺めたときに瞬間の自己が映し出され、その瞬間を生き切ることを示唆しているのではないか。なぜなら「『十牛図』を生んだ禅は『あるがまま』だから」と捉えたのである。

学外の「慧眼《けいがん》の士」にお知恵をお借りする

塩谷は、ひとりの禅者のご高著を拝読して、問いを持った。わたくしは先生のご高著のうち、とくに『エックハルト』の「あとがき」（上田、一九九八）に、先生のご研究へのひたむきさを拝察して信頼できる方だと思ってきた。そこで、塩谷に編集者を介して、ご本人に文書で質問することを勧めた。ほんものの禅者に直《じか》に触れる必要があると判断したのである（このような時のために、三年次に目上の方への言葉遣い、手紙の書き方、お礼の仕方、電話の応対などの基本をあらかじめ教えてある）。わたくしは、ほんものは真に道を求める者に必ずお返事をくださると確信し、塩谷にもそう伝えておいた。だがこの時、わたくしにはもうひとつ内に秘めた思いがあった。それは、禅者なら「答えを教えない」ということであった。塩谷は待った。信じて、じっと待っていた。そして、期待は裏切られなかった。先生は、ご病床にあられながら、震える手でお返事をしたためてくださった。答えは示されなかった。禅は自分で探求するものだからである。ふたりでありがたさに涙がにじんだ。そのお手紙は塩谷の一生の宝物となった。塩谷はこのときやっと『十牛図』に出会ったと言っている。先生は、見ず知らずの若者に、「いのちを生きる」ことのありようを示してくださった。

また、もうおひとりの密教者、明鏡《めいきょう》止水《しすい》のお心映えと恬淡《てんたん》なお姿に、わたくしは安らいを感じ、お会いした折にお導きをお願いした。先生は、ご要職の多忙を微塵《みじん》も感じさせないお心配りとともに、塩谷に「禅の歴史」に関する懇切丁寧なご指導と「実践」へのご示唆をくださった。

わたくしは「坐禅の修行に励むべきである、しかし、座ってもなんにもならん！」（内山、一九八一）という傑僧《けっそう》のお言葉を胸にしまい、塩谷に坐禅を勧めた。塩谷は鎌倉の建長寺と円覚寺の門をくぐり、坐った。わたくしはそこのお坊さまにも禅のお話を聞かせて頂くよう提案した。そのとき、わたくしは塩谷に、お寺に伺うのはからりと晴れた日がいいよ、と伝えた。それまで見ていて、塩谷の気分がかなりの程度、湿度に影響されると感じていたからである。譬《たと》えて言うなら、湿度が高い日は、新月の眉の光と闇が反転してしまうほどに見えるのである。そうなるといのちが動きづらくなると思い、提案したものである。初秋のすがすがしい日、塩谷は何もかもが予定されていたがごとく、恵みのようなお導きをお坊さまから頂くことができた。

わたくしは塩谷の思考力の特質が花開くように、知的で本質的な外の世界へ誘った。「身の回り」の人間関係に疲弊《ひへい》し、その上、自分を見失う生き方がいかに井の中の蛙《かわず》で愚かなものか、洞察を得てくれることを願った。しかし、これまでの来し方を批判するのではなく、大海の魅力に触れることによって眼が開くことを図った。

「言語」の資質の開花

塩谷は、ゼミの発表、提出レポートなどからも思考力が秀でていると判断された。ある晩、わたくしは、塩谷が『十牛図』を抱え込んで、考えあぐねているのではないかと気にかかり、眠れなくなった。そこで夜中だが、連絡をしてみた。すると案の定であった。

「考えるのをやめると生命《いのち》が動きだすよ」。

わたくしはそれだけを伝えた。

癌の手術後、ある日のお昼どき、病室にいるわたくしのからだの中でこんなことが起きた。もともと生への執着の薄い「わたくし」が頭部あたりにいて、食べることを嫌悪している。であるのに、なんとしてでも生きようと蠢《うごめ》く「かたまり」が腹部あたりにいて、病院食をむさぼり喰っている。同じからだの中にありながら両者は完全に分離し、かつ、「わたくし」は腹部あたりの「かたまり」を、あたかも異物を見るように凝視して、敵対視さえしている。さらに、その全体をみつめている「まなざし」がある。おそらく、「わたくし」は「自我」(その視座は脳らしい)、「かたまり」は「生命《いのち》」(その視座は腹部あたりらしい)であろうと仮説を立てた。「自我」は生命から派生したもの、いずれにしても「生命」がなければ「自我」は存在すらしない。であるのに、「自我」は「生命」に敵対し、しかも、「生命」を塞《ふさ》いでいるかのごとくあると気がついた。

その夜、ふと、入院中のその気づきが甦った。

生命と出会う。

思考も意識も自我の機能であるから、生命に敵対している自我が、すなわち思考や意識が停止すると、生命が動きだす。「自我」が消え、生命がいっぱいに満ちる瞬間が「透明清浄の瞬間」(松本、二〇〇五)なのだろうか、一瞬、何かの扉が開いたように感じながら、わたくしはただ「考えるのをやめると生命が動きだすよ」の一言を塩谷に伝えていた。

我思う故に我あり、の前に、我生きる故に我思い、我ありであろう。

坐禅は自我（思考や意識）の制御のためにあるのだろうか。

考えることに長けている塩谷が、「言葉を超えた確かな思いがある。それだけで十分なのではないか」と思うに至った。自我が緩《ゆる》み、溢れだした生命が何かを感得したのであろうか。生命の把捉《はそく》を言葉にするのは、至難の業である。だが、卒論の締切は迫り来る。書かねばならない。追い詰められたぎりぎりの状況で、「言葉を書くのはやめよう。言葉を生もう。自分の思いを言葉にのせよう。そうして生まれた言葉は、自分自身なのだ。」と塩谷は覚悟した。これは言葉を操作するのではなく、自分から素直に湧いてくる「思い」を、飾らずそのまま示すという意味であり、それはまた「自分ぎりを生きる」（内山、一九八一）ことである。塩谷が生んだ言葉とは、必死にもがいて完成させた卒業論文そのものである。ここに倍音を伴った「資質の開花」が見てとれよう。

おわりに

振り返ると、塩谷は、三年の秋、ゼミ長になることで自らの人間関係のトラウマに直面する苦しい道を選び、歩み始めた。だが、信頼できるゼミの友人を得て徐々に防衛の壁が崩れ、貼りついていた殻も溶けだして、恐れていたリーダーシップも発揮できるようになった。四年次の春に『十牛図』に出会い、絵の中の少年に自分を重ねて「真実の自己」を探す旅に出立した。やがて「自己の真実」を捉え、かつ、その過程を必死に言語化して卒業論文を書き上げた。並行していた就職活動でも逃げずに自己と向き合い、闘い抜いて企業に進路を決め、入ゼミの頃、塩谷の存在からかすかにもれていた光は、卒業間際に後輩のためを思うある愛の実践として結晶した。

四年次の秋、ゼミ長の交代を決めたわたくしを、塩谷は「憎んだ」という。わたくしはあの頃の塩谷には、ゼミ長として複雑な人間関係の問題を抱えながら自己の深みに降り立ち、「自己の真実」を掴み、その過程を言葉にすることは……一瞬、わたくしの脳裏に「猿猴捉月《えんこうそくがつ》図《ず》」[註2]がよぎった。そもそも語りえぬことを語ろうとしているのだから、全身全霊でかからなければ到達しえない課題と判断し、断腸の思いでゼミ長の交代を告げた。それは同時に、煩雑な人間関係のマネージメントを学ぶことで、リーダーの力量を獲得せんと待機している別の学生に機会を与えるための選択でもあった。

「自分の生命を生きるものは自分よりほかにない」（内山、一九八一）。自分で自分を拓き、深みに立つしかない。であるから、わたくしは塩谷に『十牛図』も「道元禅師」もその「思想」も教えたことはない。わたくしに教えられるはずもない。ただ、坐禅を勧め、かつ請われれば、わたくし自身が「自己」の探究者として、真摯に生き、得たように感じることを、その都度の出会いの中に置いてみただけである。だが、誰に対してもそのようなかかわり方がゼミ生ひとりひとりと「ともに生きた」ということなのかもしれない。[註3]

謝辞

禅者、上田閑照先生（京都大学名誉教授）、密教者、藤村隆淳先生（元・高野山大学学長）、青柳真元様

（臨済宗建長寺派大本山僧侶）が塩谷佳未にくださいました「一心」のお出会いに心よりのお礼を申し上げます。ありがとうございました。

註1　イメージによる本質の読み取りはわたくしの癖である。出会いの頃、師、神田橋に対峙して「青い海の底に置かれた一脚の椅子が見えました」と伝えると、師は「それは正確にボクの哀しみを言い当てている。よく見抜いた」と返された（井上・神田橋、二〇〇一）。また、子どもの不登校に苦悩する母親の内空間に「黄昏どきの湖面」が広がって見え、「クライアントは光と闇の未決の時を生きている、子を産むことは人生の闇である『死』と和解するためのはじめの一歩なのかもしれない」と連想し、負のエネルギーを噴出させず穏やかに人生後半に折り返せるよういくつかの出口を設定した（井上・神田橋、二〇〇四）。イメージ力を天からの贈り物として受け取り、教育と心理臨床の綯交ぜになったかかわりに活かしている。

註2　京都、南禅寺の塔頭である金地院にある、猿が池に浮かんだ月を取ろうとしている襖絵。猿は落ちて水におぼれてしまう故事から、身分不相応な大望を抱いて破滅することの意。

註3　この年、ゼミ生九名は、公立小学校へ五名、幼稚園へ一名、保育園へ一名、民間企業へ二名が巣立っていった。

引用文献

井上信子・神田橋條治（対話）（二〇〇一）『対話の技：資質により添う心理援助』新曜社　ii頁
井上信子・神田橋條治（対話）（二〇〇四）『対話の世界：資質により添う心理援助』新曜社　六五頁
上田閑照（二〇〇三）『道程「十牛図」を歩む（上田閑照集6巻）』岩波書店　一四七～一六〇、一八八～二〇三頁
上田閑照（一九九八）『エックハルト：異端と正統の間で』講談社学術文庫　四八九頁
内山興正（一九六五）『自己：宗派でない宗教』柏樹社　二四五頁
内山興正（一九八一）『宿なし興道法句参：沢木興道老師の言葉を味わう（改訂版）』柏樹社　二四、一一〇、一四七頁
松本章男（二〇〇五）『道元の和歌：春は花　夏ほととぎす』中公新書　iii～iv、一四一～一四三
横山紘一（一九九一）『十牛図・自己発見への旅』春秋社　二八三～三〇四、三一七～三四三頁

第四章　「生きた証を残す――師と共に」

高橋道子

入ゼミまで

私は、心理学科に入学した。私の大学入学は、大きな希望や期待を持つものではなかった。私の中に確かな自分は存在せず、ただ、周りに身を任せるように空虚な自分がいた。心理学科を選んだのも、人と人の心の通い合いについて学びたいという漠然とした動機からであった。

一年次の冬。「このままだと、本当に自分がなくなってしまうのではないか」と怖くなった。そして、必死に自分が自分であった頃の昔の自分を思い出そうとした。すると、「人とのかかわり」「能動的」「教師」という連想が起こった。そして、気づいたときの私は、教育学科の転学科試験を受けていた。真っ白な霧の中に「教師になる自分」というものが、うっすら見えた。

無事に教育学科へ転入し、「自分の中の自分」が見えかけたはずであった。しかし、自己について問いかけると、また、空虚な自分に気づかされた。「私には何もないのか」「本当の私はどこにいるのか」。私には、教師になるという未来ができたはずであった。しかし、自分自身が何者なのか明らかにできずして、人を教育するということはできまい。自分というものがわからない苛立ちと未来への不安や焦燥感が積み重なって、もがき苦しむ日々を過ごした。そんな時、井上先生との出会いがあった。

教育学科の基礎科目の講義であったと思う。その人が現れると、教室の空気は揺らぎ、一瞬にして教室を占める雰囲気が変わった。その人の発する一言ひとことに、私の無意識が全身を揺らした。「先生、空っぽの私がここにいます。見つけてください」と、ずっと身体中で叫んでいるような感覚がした。講義中涙が止まらなかった。

この先生との出会いの経験から、私の無意識が、井上ゼミに入りたい、本当の自分を探したいと強く私自身に訴えてくれていた気がする。「先生に出会うために私は今まで苦しんできたのだ。なんとしても、井上ゼミに入りたい」と切望した。そして、念願の井上ゼミへの入ゼミを果たした。

治療のはじまり

「まずは、身体を治してみたら?」

卒論に取り組み始めた大学三年次の夏、井上先生のこの一言から、私のよみがえりへの治療が始まった。

親元を離れて進学校である高校へ通うようになってからアトピーと離れられない身体になっていった。発症すると瞬く間に悪化し、ステロイドを身体中に塗る日々が続いた。大学に進学してからも症状は変わらない。医師の診断ではいつも、環境の変化によるストレスが原因と言われ、症状を抑える薬物投与のみで、根本的な治療や解決には全く至っていなかった。

自分自身のストレスに原因があるアトピーには、薬物ではなく、「自分の心と向き合うこと」から改善するための糸口を見出せるのではないかと考えていた。そこで、私は自分自身の苦しむ課題を卒論のテーマにしたいと強く思うようになった。そして、卒論テーマ発表の場で初めて、アトピー性皮膚炎で苦しんでいることを話した。これまで隠し続けてきたもので、私の症状が表面的にはあまり目立たなかったことから、周囲の誰もが私のカミングアウトに驚いていた。

重苦しい空気と沈黙を破ったのが、先生の次の一言であった。

「まずは、身体を治してみたら？　身体が治ってしまえば、あなたの無意識の中にある、もっとやりたいことをテーマにできるのではないかしら。もし本気で治そうと思ったら、わたくしの主治医で、すばらしい先生がいらっしゃるからその方を紹介しましょう」。

思いもよらぬ一言だった。自分を覆ってきた「アトピー＝もう治らないもの、ストレスが原因、自分の心が弱いから……」という諦めにも似た何層にも重なった負の壁が、ボロボロと崩れ落ちていくような感覚がした。そして、覆い隠すものがなくなった裸の自分に残っていたのは、「治したい。元気な自分になりたい」という希望の光を含んだ願望だった。私は治療を始めることを決心した。

家族の理解

先生に紹介された治療法は、東洋医学の考え方を取り入れたもので、自分の持つ波動の力（波動療法）[註1]で自然治癒力を高め、病気を根本から治していくものである。つまり、これまでの西洋医学に基づいたステロイドなどによる治療を一切止め、全く新しい治療を進めることだ。先生の一言から諦めかけていたアトピー治療への意識が高まっていた私にとって、今までの治療を一八〇度転換した治療へと足を踏み入れることに何の迷いも躊躇もなかった。しかし、そう簡単にはことは進まなかった。私を心配する家族の猛反対にあったからだ。

私は怖かった。せっかく掴みかけたチャンスも、差し込んだ希望の光も、一瞬にして消え去ってしまうような気がした。覚悟を決めて、家族に伝えた。

「弱音は絶対にはかない。後悔もしない。それでも理解してもらえないのなら、自分で勝手に治療を始める。費用も自分で払う。絶対に迷惑はかけない」と。

しばらくして、私の意志を確認できたこと、紹介して頂いた永野医師（皮膚科医）について詳しく知りえたことで、家族の理解を得ることができた。そして母は、現在の私の治療状況と永野医院での治療の依頼を書いた文書を先生宛に送ってくれた。新たな治療法の開始に向けて一歩前進したのだった。

紹介を受けて永野先生にお会いするまでに時間はかからなかった。ちょうど井上先生の受診日に他の予約の方のキャンセルが入り、私の診察はすぐに実現した。

「方向が間違っていなければ、物事はスムースに進むものよ」という井上先生の言葉を聞いて、これから始まる治療に対してさらなる期待が膨らんでいった。

井上先生の配慮と隠れ家

治療は、波動療法の一つとして、まずこれまで使用していたステロイド剤によって身体に染み込んだ悪いものを出すことから始まる。この治療が一番苦しくなると永野先生から伝えられた。井上先生は治療法の内容を把握するとすぐに、治療に専念できるようにと配慮してくださった。

まずはゼミ長の交代。ゼミ長は、多くの大役を任されるため、負担が大きいとのことからゼミ長交代を提案された。新しいゼミ長はすぐに私の事情を理解し、引き受けてくれた。ゼミのメンバーも納得してくれ、本当に井上ゼミの一員でよかったと感じた。みんなに感謝の気持ちでいっぱいだった。

次に「隠れ家」である。先生は、悪化するであろう私の症状を察し、大学で休み時間などに人と顔を合わせなくてもいいように、突発的な痒《かゆ》みに襲われても逃げ込めるように、と研究室の合鍵をくださった。合鍵を手にしたとき、この鍵は私にとってお守りのような感じがした。この鍵があれば、安心して大学へ行ける。

このように、私の治療への環境は整っていった。あとは前を見て治療に臨むだけであった。

治療初期――苦しみ・つらさとの戦い

予想通り、治療が始まってすぐに症状は現れた。日に日に変化していく自分に驚くとともに、これまで味わったことのない苦しみとつらさを抱える毎日であった。

井上先生のご提案で、アトピー治療と向き合う貴重な時間を毎日記録することにした。

治療記録より

《九月〇日》

先生のご紹介で永野医院へ。永野先生はにっこりと笑顔を見せてくれて安心した。これまでの経緯や今使っている薬をすべて伝えた。

「治りますか」と聞くと、「治ります」とはっきりおっしゃられた。「ただ、焦らずゆっくりと」と何度も強調されていた。病院の先生にはっきり「治る」と言われたのは初めてで本当に嬉しかった。治療への期待感と意識がさらに高まった。

また、永野先生は、費用のことなどをとても気にかけてくださり、親近感をもった。

《十月〇日》

波動検査[註2]。今日から本格的に治療が始まると思うと緊張してしまった。

どんなことをしていくのか明らかでないため、不安でいっぱい。

波動検査では、はじめ九〇歳くらいの波動だったが、プラス思考の話[註3]を聞くと、それだけで六〇歳くらいの波動にまで上がっていたのには驚かされた。

この考え方を聞いて、気持ちが軽くなり、「やってみよう」と身体の中から前向きな力が湧いてきた気がした。まずはプラス行動。「笑顔」からはじめよう。「笑顔」が大好きな私なのに、近頃は笑顔を見せていなかったことに気づいてはっとした。

そして、今日から毎日どんなときも、笑顔で過ごそうと心に誓った。

プラス行動に気をつけているだけで、帰り道の足取りも心なしか軽くなり、家についてからいつも避けがちなことを進んでできた。

《十月▲日》

どう見ても自分の皮膚ではない。みるみる変化する身体が怖い。自分の身体が気持ち悪い。どうすればいいのだろう。

身体もボロボロ。気力もボロボロ。何もしたくない。ベッドから起きられない。しかし、洗濯物や洗い物はたまる一方。

どうしていいのか分からない。誰か助けてほしい。誰か助けて！　どうして私はアトピーで苦しまなければならないの？　どうして私ばかりこんな苦しいことが起こるの？　涙が止まらない……。

井上先生がおっしゃっていた。泣くことはエネルギーが必要だと。私は泣けるエネルギーがある。私は生きている。

《十月□日》
テレビで偽東洋医学者が逮捕されたとの報道が大きくされていた。自分の症状を見返すたびに不安に駆られた。このまま治らなかったらどうしよう。何で自分ばかりこんなに苦しんでいるのか。みんな楽しく大学生をしているのに……。私も大学生なのか。わからなくなる。誰か助けて……。
この頃、まともに大学へ行けなくなった。そして生活すべてが悪循環になっていった。何もやる気が起きない。大学に行かなかったことへの罪悪感で自分を責め続けた。何もできない自分が嫌いになった。そんな中、授業に出ていない私を心配してくださった先生から宝物ともいえるメールを頂いた。

＊＊＊　＊＊＊

発信者：井上信子
件　名：あなたを待っている子どもたちがいる

つらいね。今しばらくの辛抱だよ。永野先生がよく耐えていて偉い。この分だと治りが早いとおっしゃっていたよ。

未来だけを見よう。このつらさを乗り越えて、自信に満ちたみち先生が輝いている。子どもたちがそんなみち先生に飛びついてくる、勉強しっかり教えて、給食もペロリと食べて好き嫌いなし！を見せなきゃ。掃除、委員会、テニス部の顧問、保護者会できっちり親と対話、職員会議に委員会。夏、プール指導。みちの若くて美しい肌が太陽の下で輝いている。そんなみち先生に男の子はちょっと照れ照れ。女の子たちは密かな憧れ。文化祭では音楽指導か、はたまた演技指導、大道具、照明。運動会では、あっちこっち走って、走って、ああ一年生が徒競走で転んじゃった！　その子を抱えて保健室へダッシュ！　林間学校で子どもたちに星座の物語をねだられて四苦八苦、終わると秋の遠足。お芋を上手に煮るコツは？　やけどにやかんにアレルギー、大丈夫か？　毎日、毎日あー、忙しい、疲れたぁ。あっ、子どもを残してた。相談があるって。よっしゃ、まかしとき！　こう見えてみち先生は心理臨床のゼミだったんだぞぉ。

「みち先生、ありがと。元気になったよ！」

「みち先生、好きな子にこくったよ。あの子も好きだって。勇気をくれてありがとう」

「みち先生、いじめられなくなったよ。友達できた。うれしいよ」

「みち先生、パパとママ、もう一度やってみるって。学校から帰るとママがいるんだ。ありがとう」

「みち先生、きのうちに子犬がきたんだ。みちっていう名前にしたんだよ！　おしっこもらしのみちなんだ」

「みち先生、恋人いる？　結婚するの？　どんな人？　結婚しても先生やめないでね」

「みち先生、この消しゴムあげる。あたしの宝物だから。先生大好き」

＊＊＊　＊＊＊

未来を見ることができた。つらくなったら、何度も何度も読み返そう。私は耐えられる。元気になれる。そう思える、私の宝物となるメールであった。

《十一月〇日》

顔面が真っ赤な状態のなか、大きなマスクで顔を覆い塾講師（アルバイト）へ行った。塾に行く途中の駅。世の中は三連休。

みんな楽しそう。周りが気になる。こんな顔や恰好をじろじろ見られたり、避けられたりしているのではないか、被害妄想がどんどん膨らむ。ダメだ。駄目だ。プラス思考。永野先生がおっしゃっていた。「こんな経験は誰にでもできるわけではない。貴重な勉強の時間だ」と。私にしかこの苦しみは耐えられない。だって、私は強いのだから。塾で教えているときは、何もかもが忘れられる。やっぱり、私にとってエネルギーの源は、「子どもたち」と「教える」ことなのだとつくづく感じた。

《十一月▲日》

痒みで眠れない日々が続く。夜が怖い。もちろん学校にも行けていない。膿《うみ》は止まらず、顔面は真っ赤。当然外に出る気にもならない。誰にこの状況を話したとしても、よくなるわけでもない。ひとりで我慢するしかない。孤独の日々。

心配してくださった井上先生から具合はどうかとメールを頂いた。私はこの悪循環を伝えた。そこに、思いもよらぬ返信があった。

＊＊＊　＊＊＊

発信者：井上信子

件　名：みちへ

万歳！　朗報ありがとう。膿がでたなんて最高！　今は排泄期。無理しなさんな。あなたは排泄に徹しなさい。症状と心模様の記録。どんな経験も無駄にせず宝にする。未来を夢見て！　待ちどうしいな。楽になったら、来たくなったらおいで。

＊＊＊　＊＊＊

まさにプラス思考。どんなにつらくても、どんなに苦しくても、宝の宝庫である「今ここ」を大切にしなければならないと思い直した。

《十一月□日》

最近の授業出席から今期の授業の多くを打ち切ることにした。生まれ変わって元気になったら、このぶんを挽回してみせる。このことを先生に伝えると、教職科目など必修科目は大丈夫なのか。来年履修できるのか。四年で卒業できるのか。とても心配してくださった。また、来年の履修や時間割について学務課で確認してくださった。

《十一月[redacted]日》

明日は、ゼミの四年生の就職お祝い会。明日は体調がよくなればいいと必死で願う。

＊＊＊　＊＊＊

発信者：井上信子
件　名：Re：みち、明日のお祝い会は

うん。それとは別に、わたくしとふたりでゆったりお茶でも、というのはどう?

なーんか、恋人を誘うみたいで照れるぜ。

しかし、現実には女性からあまり誘わんのよぉ。高嶺の花でいかにゃあ。みちは今その準備中だ。

ほんのかすかに春の足音が聞こえるんだけどなぁ。

記録とっときや。生きた証だ。アトピーの子は少なくないよ。記録は生きるよ。

また。

＊＊＊　＊＊＊

治療中期――落ち着きと再生

《十二月〇日》
今月から新しい治療が始まった。徐々に外出もしやすくなった。すこし、回復の兆しを感じることができてきた。

《十二月▲日》
膿は出なくなった。かきむしって傷になった箇所もすぐに回復してきた。永野先生曰く、細胞自身が強くなってきたからだという。私の見えないところで着々と治ろうとしている。私も負けてはいられない。プラス思考、プラス思考。
大学も年末年始休暇に入った。顔面の赤みは薄くなり、一日中ベッドの上に寝たきりということは少なくなった。親には、ひどい顔を見せたくない。変に心配されたくないから。このまま調子がよければ、元気に帰省できそうだ。

《一月〇日》
私の新年は二日からスタートした。元日は終日寝たきりだった。安定しないエネルギーの反動で、起き上がる気力がなかったのだ。案の定、家族には異常な様子として心配された。私のこれまでの治療経過を全く知らないのだから、驚くのも無理はない。私は、絶対心配させまいと思っていたので、この姿を見られてしまったことが悔しかった。「私は元気だよ。心配しないで。治療もこんなによくなってきたんだよ」ということを伝えたかった。もうこんな姿は見せたくない。

《一月▲日》

井上先生から「永野先生によるゼミ生に向けた波動療法の講演会」を開いてはどうかという提案があった。ゼミ生にアトピーで苦しむ人たちへの新しい治療法について知識を持ってもらおうというものだ。そして、その講演会の担当を私が受けた。みるみる回復していく自分の体を確認していくためにも、そして、早くゼミ長として復活できるようになるためにも、とてもいいチャンスだと思った。これまでみんなに迷惑をかけてきた。少しでも元気になった姿を見せ恩返しがしたい。そのためにも、この担当の仕事を全うしよう。

《一月□日》

実家に帰省後、ますます調子がよくなってきた。痒みがおさまったわけではないが、日常生活に支障はない。全身を通してほとんど赤みはなくなり、次の段階（脱皮）に入ってきたようだ。とても肌が乾燥し、ボロボロと皮膚が落ちていく。皮膚が落ちるたびに新しい皮膚が生まれる。まさに「再生」である。この再生を実感するたびに「もう少し！」と自分を鼓舞することができる。

やりたいことがどんどん頭に浮かぶ。そして、つぎつぎに実行することができる。ほんの二カ月前には考えられないことだ。本当に幸せだ。今がとっても楽しい。今がとっても充実している。あとは、痒みがなくなってくれたら、何も言うことないのに。そんなに、うまくはいかない……。

《一月■日》

永野先生の講演会無事終了。久しぶりに会ったみんなや先生から「肌よくなったね」「一皮むけたね」という声をかけられた。本当にうれしかった。つらかった日々のことが、一瞬で消えてしまうような感覚だった。頑張ってよかったとつくづく感じる。生まれ変わった私の第一歩であった。

《二月○日》

永野先生がふとつぶやかれた。「病気になった人は幸せだよね」。今の私にはこの言葉が心の底から理解できた。病気になって初めて自分の身体を大切にすることができるし、病気にならなければ、こんな苦しみやつらさといった貴重な体験はできなかったはずだ。そして何より、自分のことを深く深く考えることができるのだから。私は、幸せである。

《二月▲日》

井上先生からの電話。学校ボランティアをしないかという誘いだ。以前ゼミでボランティアの募集をしていたが、その頃の私は、まだ症状の悪化がひどく無論ボランティアをできる状態ではなかった。「元気なら、真っ先に手を上げて参加するのに……。でも今は、治療に専念。私には未来があるから」と何度も自分に言い聞かせてその場を我慢した。この出来事を先生は見逃してはいなかった。あの時の悔しそうな私の顔を覚えていらしたのだ。そこで、回復の兆しが見える私へボランティアのお話をくれた。私は、あの時の自分を思い出したが、悔しさを表情に出した記憶はなかった。しかし、井上先生は見抜いていたのだ。自分の本心を突かれたことに驚くと同時に、先生がここまで私を見ていてくださったのだと気づき、うれしさが込み上げてきた。

卒論の方向性を発表するゼミでのことである。私は、「葛藤における苦しみはただ味わうだけの苦しみではなく、自己の精神的成長にとってのエネルギーになる苦しみなのではないか」ということを卒論のテーマにしようと発表した。自分の生きてきた二一年間の経験は、さまざまな葛藤が存在し、その葛藤を苦しみながらも乗り越えることによって、一皮むけた成長した自分を見ることができたからだ。しかし、このテーマからどんな研究を自分はしていきたいのか。本質をつく何かが足りない気がした。けれども、それが何であるのかを気づくことができていなかった。私が物足りなさを感じながら発表を終えると、先生は、私の無意識からそれを引き出された。

「あなたは、自分の『生きた証』というものを何か残したいのではないかしら」。

まさにそうだった。「生きた証」という言葉を聞いた瞬間に、心の中にすとんと落ちるものがあり、洞察が起こった。私は生きた証を残したかったんだ。生きた証を残すことで自我を確立したかったんだ。ばらばらだった「自己」というパズルのピースが一瞬すべてはまったような、晴れ晴れとした気持ちがした。

アトピーの治療を通して、日々変化し、よみがえっていく身体が、私のまぎれもない「生きた証」として残されていた。

未来への戦い

新年度が始まり、いよいよ最終学年。よみがえり治療と戦う私は同時に、未来への戦いに挑んでいた。教員採用試験の受験である。周囲の仲間たちは、三年生の冬から採用試験に向けての勉強を始めたり、教職対策講座に参加したりしていた。その頃の私はというと、治療の真っ只中。起き上がることもままならない状態の自分は、採用試験の勉強をうまく始められない焦りでいっぱいだった。少し調子が良くなって、一気に勉強を進めようとすると、次の日には無理がたたり、きまって寝込んでしまっていた。

先生からの電話があった。

「調子はどうだ？」

「はい。あまりよくありません。このままだと全然勉強が進みません。少し頑張っただけですぐだめになってしまいます」

「それでいいのよ。いつも十割の力を出そうとしなくて良い。今のあなたは、三割の力を出すのが良い」

先生の言葉で、追い詰められていた私の肩から力が抜けた。三割で良いんだ。今の私はすべての力を出すことではなく、少しずつでもコンスタントに、力を出していくことが大事なんだ。このことに気づくと、今の私は周囲のみんなのように自由はきかないけれど、そんな私でも、ただ命があること、当たり前のように生きていることだけでも幸せなことなのだという連想が起こった。

六月の教育実習、七月の東京都教員採用試験、八月の岩手県教員採用試験。身体のよみがえりを常に背負いながら、決して十割の力を出すことはできなかった未来への戦い。しかし、それは怒涛《どとう》のように過ぎ、そして、ついに戦いが終わった。

＊＊＊　＊＊＊

発信者：高橋道子

件　名：終わりました。

今日の岩手県教採二次試験をもってすべての試験が終わりました。

あとは、来月ある東京都と岩手県の結果を待つのみです。

＊＊＊　＊＊＊

発信者：井上信子

件　名：Re：終わりました。

　みちへ

おはよう。

きのうはよくねむれたか。

終わった。終わったんだね。

よく、闘い抜いた。

去年の今頃だったもんな。大学院ゼミでの、みちの発表がきっかけだった。むごいほど、つらく苦しい一年だった。

でも、みちは勝った。自分に勝った。

あなたは、わたくしと、ゼミ生みんなの誇りだよ。

ありがとう。あなたのような教え子をもててわたくしは幸せです。

それで、みちの内部に今、言葉にならない何かが渦巻いている。みち、今あなたはとても大切な時を生きている。

今はその感じをじっくり味わうといいんだ。しばらく卒論をほっぽり出しなさい。今言語化すると浅くなる。これは指導教員の命令です!?（省略）

そして、新しい自分になった感じが気配がしたら、新しい自分を守り、よみがえったからだを被う皮袋を作るといい。

＊＊＊　＊＊＊

このメールを読んだとき、言葉は何も浮かばなかった。ただ、酸素をたっぷり含んだ気持ちのよい空気を吸うことができたような感覚が、はじめて身体中をめぐった。

＊＊＊　＊＊＊

発信者：高橋道子

件　名：ご報告

奇跡が起きました。

岩手県採用試験に合格しました。

こんな私でも認めてくれる機会がありました。

＊＊＊　＊＊＊

発信者：井上信子

件　名：一晩、考えた。

みちへ

あなたに、なにを伝えたらいいんだろう。

でも、わからなかった。

ありがとうって小さな声が聞こえて、涙がこぼれた。

ゼミでみちの顔を見て、言葉を見つける。

また。

いのうえ

＊＊＊　＊＊＊

私がこの治療を進めることが、先生にとって、どんなに重く苦しい決断であったのか、初めて知らされた気がした。治療の中で、みるみる変わる私の姿。私の苦しむ顔。私の弱音。先生は、これらを感じるたびに教師としての責任の重さと未来への不安に苦しまれていたのかもしれない。それでも、治る、絶対に良くなると誰よりも信じ、私を励ましてくださったのだ。私は、一人で苦しんではいなかったのだ。一人で治療をしていたのではないのだ。

治療終期——自分探しの旅・卒業論文作成

アトピーの原因は自分自身にある。アトピーの治療と共に私は、「自分探しの旅」をはじめた。しかし、いくら「私は何者か」と自分自身に問いかけても空虚な自分しか存在しなかった。「私には何もないのか」「本当の私はどこにいるのか」。考える日々が続いた。私は、先生に相談した。

「今の私はどこにもいないような気がします。アトピーになるもっと前の私には、自分と言うものが確かにあったのです。以前のような色や形がはっきりある自分は、どこにいってしまったのでしょうか」

すると、先生は『せみのぬけがら』という詩を私にきかせてくれた。いつもならば、先生が示したものに触れると、すっと心の底に落ちるものがあった。しかし、今回ばかりは私の中で「違う」という拒否反応のような動揺があった。私には、『せみのぬけがら』は、新しいものになっていくこと。今までの自分をおいて新しい自分になるものとしか思えなかった。私はただ、前の自分に戻りたかっただけなのである。何か心に引っかかるものを残しながら、先生は何を伝えたかったのだろうと考えた。

先生の伝えたかったことが分からないまま、私は本当の自分はどこにあるのかと自己を問い続け、それは無意識のうちに卒業論文のテーマとなる「青年期における自己意識の在り方」の研究へとつながっていった。自己意識研究を進めるにあたり、心理学書を読みあさった。しかし、どうしても自分の中に物足りなさを感じていた。しかし、何が私に物足りなさを感じさせているのか言語化できなかった。そこに先生からのメールが届いた。

＊＊＊　＊＊＊

発信者：井上信子
件　名：卒論

哲学研究者はいても、哲学者はめったにいない、それはなぜか？

今のみちは、身体がまるごと「わたし」でないものを拒否し、したがって、著者自身でない本に嫌悪をもよおす季節を生きている。でもそのセンサーが「わたし」を見つけ、さらにそれをテーマにしている論文に切れと深みを与えるから、苦しいけれど、ごまかさず、妥協せず、ひとつひとつ自分の断片を拾い集めていくといい。ちなみに、「吐く」という行動は、受け入れられないという精神状態の身体表現だから、吐き気も含めて、そのときのからだの感じを味わい、見つめるといい。その反対は、腑に落ちる、だ。

アウグスティヌスの真理との対話がヒントになるかもしれない。

冒頭の問いの答えが、わたくしがあのとき、本を読むな、と指導した理由かな。

＊＊＊　＊＊＊

私は、すぐに哲学の世界にはまっていった。そこには、学問領域を超えたさまざまな自己意識の視点が存在していた。アトピーの治療で毎日新しい皮膚へと剥《む》き変わっていくのと同時に、私の奥底の無意識にある自己への問いの答えが、小さく小さく言葉になろうと浮き上がっていくような感覚が出始めた。しかしまだ全く、問いの答えになるような言葉は見えず、関係のないような不思議なことばかり浮かんできた。

卒論の締切期限を感じると、私の身体のゆっくりとした変化とは正反対に焦りや急ぎの感情が湧き上がってきた。

＊＊＊　＊＊＊

発信者：井上信子
件　名：新しい皮袋はどうかな？

うん、うん。あなたの中から浮かんできたものを書き留めておいて。寝るときも、ノートを頭の上に置いて、お風呂の脱衣所にも置いて、浮かんできたり何かをつかんだら、ザバッと湯船から出てその都度書き留める。不思議大好きでいこう。

それから、丹田呼吸法、時間を少しずつ伸ばして、目標三〇分。少しずつでいい。それからもしできたら、「吸う息で肛門を締める。吐く息で弛める」。ゆっくりね。「息をするときの腹筋の微妙な動き、吐く、吸うでの違いに集中する」。「吐くほうが大事」。吐き切って吸う。約三倍の長さを使って吐ききるんだったね。でもそれは目安。自分のリズムで気持ちよくね。

それと虫歯にならないガムを毎日、五分。リズミカルに噛む習慣をつけて下さい。

どちらも習慣づけて。だいたい三週間、毎日すると習慣づけになるから。

＊＊＊　＊＊＊

本当に先生のご指導は未知の世界である。「とにかくやってみよう。答えが見えるかもしれない」。そう信じ、アトピー治療、卒論作成と並行して実践した。

卒論では、自己意識の変容から青年期の自己意識の在り方を考察するために、インタビュー調査を行った。自己を振り返り人生を語ることで、自己意識の在りようを被験者とともに共有した。そして、私の中に渦巻いている自分自身に対する答えが、一つひとつ言葉となって生まれてきたのである。インタビューの被験者は、私と同様、自分とは何かを問い続け、そこから、「自己受容」という形で自己を見つけたときのことを語ってくださった。

《卒業論文インタビュー調査より一部抜粋》

変に自分の過去を美化することもないし、今の自分自身に幻滅したりだとか、責めるわけでもなくて、その状況を、この状況を、それも全部ひっくるめて自分自身のことなんだって。（中略）自分でもがき苦しんできて、いろいろやってきてなんか答えは出ないけど、でもいつでも私は自分自身に真剣に向き合っていたよねっていうのは変わらず、それだけは自分自身に対してちょっと誇りを持てる。（中略）今まで頑張ってきたというか正直に生きてきたっていうのは事実だし、そこは認めてあげたいって初めて自分自身に思えたんだよね。「もっとこうできたんじゃないか」とか、「ああできたんじゃないかな」とか、「あの時、何でこんなことしちゃったんだろう」とか、わりとマイナスなことを思ってきたんだけど、でもそういうのを含めて自分なんだし、そこは自分が認めてあげなきゃかわいそうというか、認めてあげたいっていうふうに主体的に思えて、だからそういう自分がいて今の自分がいる。

私は、青年期の自己意識の在り方として、「自分が今ここにいる（ある）という現象を受容する」ことが大事なのではないかということを明らかにした。

私はアトピーの治療と戦いながら、自分探しへと卒論を書き進め、ふと気づくと、自分というものの中にたくさんの《私》がいることを受容していた。たくさんある《私》は、一つひとつに鮮やかな色がつき「生きている」感覚があった。自分探しという自己意識が始まった頃は、「自己を失う前の私に戻りたい」という願望があった。しかし、卒論作成と日々新しく生まれ変わる自分の皮膚を感じて、自分の中にあるたくさんの自分を受容している今の私には、もう前の自分を取り戻す必要がなくなっていた。前の自分は、以前先生が示して、どうしても腑に落ちなかった『せみのぬけがら』であること、つまり、今の自分が存在する歴史の証なのだということに気がついた。

人は、歴史や現実に縛られて生きているという感覚が私にはあった。しかし、縛られるという表現は、過去の色や形がはっきりあった元気な自分や現実のアトピーで何もない自分を受容しようとしていないということではないか。つまり、いつまでも絶対的な自分がいると思い込み、その絶対的な自分に固執したり執着したりしているからではないだろうか。過去にいた自分にも、現実にいる自分にもすべて素直に出会い、ありのままに受容することで、何にも束縛されない「今の自分」を生きることができるのだろう。

そして、今

治療は落ち着き、血液検査でもアトピー抗体がほとんどなく、健康な人の数値に近いものが見られるようになった。そして、新しく蘇った健康な皮膚に覆われながら小学校教員として「今の自分」を生きている。日々新しい自分と出会い、それを受容しながら「今の自分」を生きている。教師として「人を育てる」ということに悩んだり考えたりすると、先生が私を導いてくださったことを思い出す。

＊＊＊　＊＊＊

発信者：井上信子
件　名：おめでとう！

自分が教える立場になって初めて見えてくるものがあります。それは、「守・破・離」の「破」への一歩になりえます。つまり、自分の世界を造り始めるきっかけがその中にあるのです。なぜなら、自分の先生が何をしていたのかが、自分が教師になることでやっと見えてくるからです。

高橋先生が気づいていない大切なことがひとつあるよ。それはあなたの「人を信じる力」。治療を始めるとき、あなたはご家族の反対を押し切っても、わたくしを信じてくれましたね。そして、主治医を信じ、治りゆく自分を信じたのです。その力が治療の原動力です。そして、その人間力は、あなたがまだものごころつく前にお母様があなたを大事に愛して下さったことでついた力なのです。お母様はお仕事をされながら、大変でいらしたと思う。でも、目一杯、質的に高く赤ちゃんのあなたを愛したのです。だから、まったく新奇な波動治療に、さしたる不安をもたず飛び込めたのです。

＊＊＊　＊＊＊

三月一一日の東日本大震災でも、私は「今の自分」を生き、目の前の子どもたちを守ってきた。どんな状況でも井上先生が私を守ってくださったように、私は余震や経験したことのない生活に怯える子どもたちを必死に励まし続けた。しかし、こんな精神的に過度なストレス状態に見舞われても、私のアトピーは再発することはなかった。

先生は、学生一人ひとりの生きるエネルギーを読み取って導いてくださる。私は、「身体を治す」ことから「自分」を見つけ、「今の自分」を生きることができている。先生が私にしてくださった一つひとつを、教師として私が目の前の子どもたちにすることが、大学での「学び」の集大成であるのではないだろうか。それが、教師を目指す大学生と教育者を育てる教師のあるべきすがたなのだろう。

註1　波動検査は、患者のエネルギー（気）を測定する方法である。波動検査で得られたエネルギー（気）の異常を修正する情報を水に記憶（転写）させる。この波動が転写させた水を波動水といい、エネルギーを治す水薬となる。この波動水を定期的に飲むことで、気の状態が正常になり、自然治癒力を高め病気を治していく。

註2　気は直接測ることができないため、これまで脳波や電流で間接的に変化を判定してきたが、エネルギーは波動（波）として捉えられるので、可聴音の領域の音に変換して判断できるとされている。そうして患者のエネルギー（気）情報を調べている。

註3　人間は全て、「感覚」→「感情」→「思考」→「行動」という四段階の繰り返しで行動している。だから、「思考」は「感情」に左右されやすいため、「感情」がマイナスになっているとプラス思考をすることは困難なこととなる。ここから、発想を転換させて、「思考」の先にある「行動」をプラスにする（プラス行動をする）ことで、結果的にプラス思考にするというものである。例えば、どんなときでも、笑顔でいるということは、感情に左右されずに、行動している「プラス行動」といえる。（永野剛造〔二〇〇八〕『変わったお医者さんが見つけた「病気を治す、正しい生き方」』エネルギー医学研究所）

〔**たかはし　みちこ**　二〇〇九年度卒。現在、小学校教員〕

高橋さんとのかかわり

井上信子

高橋の無意識がわたくしを発見した。病を治し、自分を成長させ、統合させるために。

医者選びが肝要だった。「必ず治せる」だけの医者では事足りない。高橋が「闘病を通して人として育つ」ための協力者であり、「女性の幸せを繊細に配慮できる」（愛《いと》おしく患部に触れ、治療の跡を残さずきれいにできる）医者でなければならない。わたくしは東洋医学の学会で知り合い、自らも受診していた医師（皮膚科）に思いを定めた。令夫人も令嬢も本学園の卒業生であることはこころ強かった。

高橋を医院に伴う道々、わたくしが癌から復帰した年にゼミ生が癌になり、また別のゼミ生の母堂《ぼどう》が癌で逝去《せいきょ》されたのを思い出していた。あの時ほど、自分が先に癌を病んでいたことを有難いと思ったことはなかった。打ち明けられたとき「これで、怖がらずに支えられる。このための準備だったのだ」そう思えた。今回も、思春期に自らがアトピーを患っていたことが有難かった。「大丈夫、必ず治る」。そう思いながら高橋と肩を並べて歩いた。

治療が始まると、高橋は産みの苦しみにうめき声を上げた。一年半の難産だった。だが、それは高橋が「新たな自分」を産み落とす、誰にも代われない闘いであった。「唯一無二」の存在という意味において、人は孤独なのである。

教育とは

教育とは、「自然の生命創造により生まれ出た個体の生命創造作用を継続し完成に向かうのを助けること」（前田、一九七〇）である。個体は生物として生きようとする本能を持っている。それをどう実現するか。自然と教育者は手を携えて、個体の「生きる力」を養う。これが「育」である。生きる力は個体と社会文化的環境の相互作用により形造られ、人間らしさとして現れる必要がある。つまり「生き方」である。これが「教」である。

このふたつは分かち難くある。だが、わかりやすく示すために便宜的に分けて使う。わたくしは高橋とのかかわりを「育」から始め、治癒に近づくにつれて「教」に重みを移していった。

「生きる力」を養う——波動療法

高橋がアトピーの苦しみを語った瞬間、わたくしの脳裏《のうり》を宮澤賢治の「細胞の授業」が過《よぎ》った。高橋の郷里、岩手の花巻農業高等学校に賢治が奉職したのは大正一〇年一二月から大正一五年三月までのわずか四年ほどであった。だが、賢治はそこで教え子たちが五五年経っても忘れえぬ授業を行った。「肥料学」の授業を例に挙げる。

きょうは細胞についての勉強からはじまります。

細胞は、わたしたちや動植物の身体をこしらえている小さな粒だと思ってください。

身体というのは、その細胞の集まりなのです。

一つ一つの細胞が強く生きています。生きているんだからしょっちゅう形も変わり、死ぬと新しい細胞が生まれます。きみたちが畑で育てようとしている植物ときみたち自身の身体の細胞は、基本的には変わりがありません。

細胞には（図4−1）、仁、核、質、膜があり、膜は入れもの、質はその中にある蛋白質とかデンプン、水を多く含みます。もしここにチッソ肥料を多くやりすぎると、この細胞質だけが大きくなってその中の核が発達できない困った細胞になってしまう。核の中には遺伝子で生物が生きていくための知恵が、仁はこの地球が始まって以来のずうっとの歴史が詰まっています。細胞核は新しい記憶も貯え、長い時間をかけてそこで経験したことがじわっと肥やしのようにきいてゆくのです。（畑山、一九八八。要約は筆者）

賢治の声が聴こえるようであった。自然とわたくしが手を携えて高橋の「生きる力」を養う方法は、高橋の一つひとつの細胞にエネルギーを与えて甦らせること。その瞬間、なぜか「体循環」の図（三木、一九九二）が浮かんだ（図4−2）。「太古の海に発生した単細胞の生物は、その全身で海水の栄養を吸収していた」（三木、一九九二）[註1]。われわれの祖先が陸に上がって五億年、人類はこのとき海水を体内に宿したという。「万物を生かす水」「細胞の揺らぎ」「いのちの甦り」と連想が進み、「波動療法で間違いない」とわたくしの五臓六腑が決断した。背景に、生々流転を生き抜いた細胞たちの揺らぎがあった。不安がなかったと言えば嘘になる。だが、わたくしは三五億年の悠久の歳月を、地球という過酷な環境の星で、連綿と生き延びてきた「いのち」の力を信じた。そして治療が始まると、高橋と電話で話すたびに、高橋のいのちのありようが映る「呼吸」と「声」、そして水がひたひたと染みわたり細胞が甦る「音」に耳を凝《こ》らした。

結論から言えば、波動療法により、高橋のいのちは治療初期で体内の「毒」を排出し、中期で「細胞」が息吹を吹き返して皮膚が「再生」し始め、終期になると毎日「新しい皮膚」へと剥《む》き変わっていった。わたくしは医師と連携を取りながら、以下のようにかかわった。

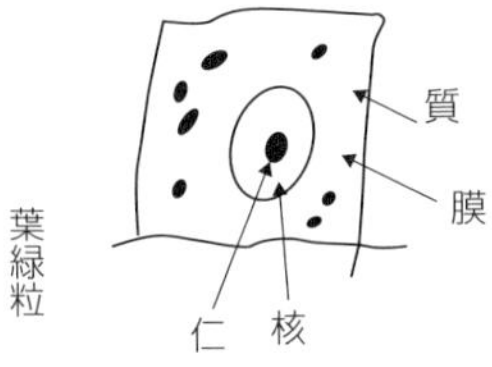

図４－１　細胞

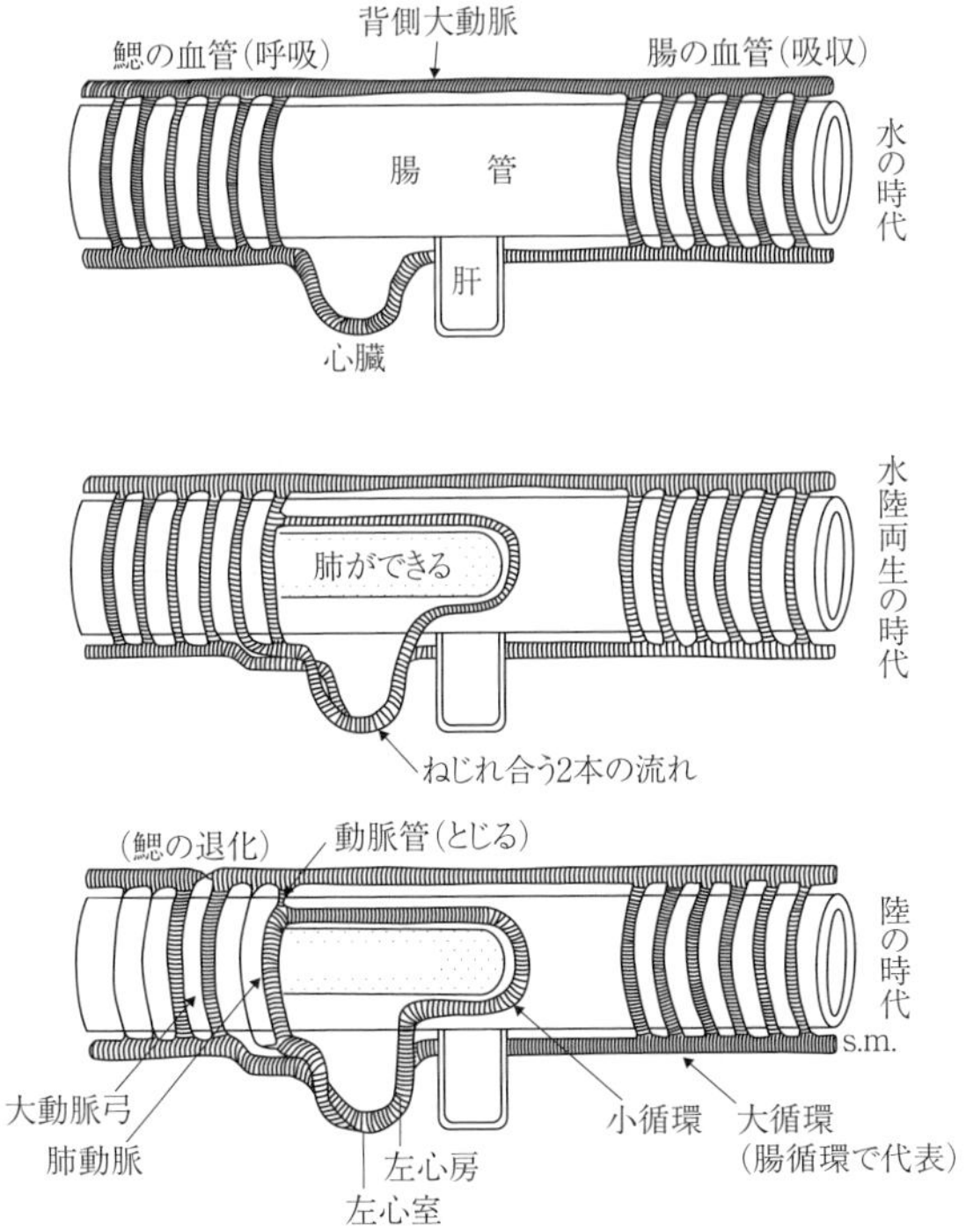

図４－２　古い大（体）循環と新しい小（肺）循環

「生き方」を探す

生命エネルギーの活性化

フロイトは「心の局所論」において、心の下位部を開いて描いた。それによって精神のエネルギーと身体のエネルギーの行き交いが可能であることを示した。わたくしは細胞のエネルギー強化に加えて、資質や力量を発揮することによる精神のエネルギーを高めることを考えた。

それには好きなことをするのに限る。好きなことは資質が向いていることである。わたくしはそれまでの対話と観察から高橋には「言語」と「筋肉運動」の資質、どちらもあると仮説を立てていた。

高橋は大好きな子どもに教えることにやり甲斐を感じていた。本人のことばにも「私にとってエネルギーの源は、『子どもたち』と『教える』ことなのだとつくづく感じた」とある。ゆえに高橋の教職の夢が膨らむように、具体的な見通しをつけ、実現に近づくように応援した。

また高橋は子どもが大好きである。だから、学校ボランティアで子どもたちと直にかかわる機会を用意した。「遊びをせんとや生まれけむ　戯れせんとや生まれけむ　遊ぶ子どもの声聞けば　わが身さえこそ揺がれむ」（川口・志田、一九六五）。治療のさなかにあって、子どもとの出会いは癒しでもあったと思われる。

つぎに高橋は「負けてたまるか」の感受性の持ち主である。それなら「ころんでもただでは起きない生き方」を提示されたときエネルギーが湧くはずである。ゆえにアトピーで苦しむ子どもたちのために治療経過の記録を取り、アイデンティティを確立し、深く生きて人として一回りも二回りも大きく成長する。病を契機にそれらをすべて達成する、そう方向づけた。そこでまず、高橋が幹事となって主治医をお呼びする講演会を開催し、自らの元気で美しく変貌する姿を皆に見せて波動療法の成果を示し、アトピーで苦しむ子どもたちのために教員志望のゼミ生に「学びの場」を用意した。ゼミ生たちはみな一様に、高橋の治療の効果に眼を奪われ、聞き慣れない波動療法の説明を熱心に学び、かつ、少しも偉ぶらず治せる医師から「ほんもののもつ品の良さや静けさ」を悟った。そして主治医は高橋の治療初期に「こんな経験は誰にでもできるわけではない。貴重な勉強の時間だ」と言われた。そのとき高橋は、「この苦しみはわたしにしか耐えられない。だってわたしは強いのだから」と歯を食いしばった。さらに中期には「病気になった人は幸せだよね」と、病に意味を見出すように導かれた。高橋は「自分のことを深く深く考えることができるのだから。私は、幸せである」としみじみ感じ入った。

高橋は教員採用試験勉強を、三割の力ながら毎日継続できるまでにエネルギーが上がってきた。

未来への戦い

高橋に春が訪れた。「奇跡が起きました。岩手県（教員）採用試験に合格しました。こんな私でも認めてくれる機会がありました」。次いで、東京都も合格した。社会が高橋を受け入れる準備を整えた。[註2]

この頃、迫りくる卒論提出締切日に間に合わせるべく、高橋に焦りが生じ、内界の充実を犠牲にして卒論作成の内的根拠が薄まる危険性があった。そこでわたくしはいま一度、「実感」を定着させるために「本を読むな」「今、言語化すると浅くなる」とメールを送った。正確には「他人のことばで言語化するな」である。そして高橋の中の、ことばにならない何かをじっくり「味わう」ことを命令！した。病者は「治りたい」一心で、未来を眼差し、健康であった過去を懐かしみ、いまを見失う。「味わう」は、「いまを生きる」ための潜《ひそ》みでもあった。

卒業論文の指導

治療も後期に入り、高橋の皮膚は日々、新しく剥き変わり、心身ともにエネルギーが充実してきた。そこで、本格的に卒業論文作成の準備に入った。わたくしは準備段階では、ゼミ生に以下、三点を指導している。「どんなときも死ぬときに後悔しないように生きるといい。つまり、卒論なら納得のいくテーマを自らの自由意志で選ぶこと」。「内的必然性のあるテーマそのもの（itself）を生き、『実感』を掴んだら、その実感を支持する文献を探してそれについて（about it）論じ、かつ、反論する文献を探して議論しなさい」。「流暢な文章である必要はない。たどたどしくてもいい。ただし、真実であること。真実に生きれば、この『ひと言《こと》』に出会うためにこの論文を書いたという、この『ことば』に出会う。それを見つけなさい。それはあなたたちの生きる原点になる」。

これ以外の教育と心理臨床が綯交ぜになった、瞬間々々にいのちが充実するかかわりは、高橋が文章に綴ってくれたメールにある。

そしてわたくしは高橋の「アイデンティティの探索」と「卒業論文作成」両方の支援に際して、子どもたちの詩を手がかりにした。

野はらの詩《うた》

詩人の工藤直子さんは、せみのぬけがらを「生まれ変わるための『じかん』の家」（工藤、二〇一〇）と表現し、子どもたちが『こどもがつくる　のはらうた③』（工藤編、二〇〇八）に「せみの詩」を寄せている。

ひとり　　　　　　せみがらぬけ太

ぼくの中《なか》の
ぼくは
ぼくをぬけて
ぼくをおいて
いっちゃった。
……なんだか
さみしいなぁ。

（北海道・室蘭市立桜ヶ丘小学校六年（当時）、原田芽生《はらだめい》）

かつてこの詩に出会ったとき、わたくしはノックアウトされた。ふつう抜け出た「せみ」のほうにこころが動く。だが、この子はせみが抜け出て置いていかれたあとの「から」の身になっている。

酷《むご》いほどの治療が終期にさしかかった頃、高橋は「空っぽ」の自分を抱えて、わたくしにきいた。「アトピーになる前の私には自分が確かにあった。あの時の自分はどうしたのでしょうか」。わたくしはそのとき、この「ひとり」の詩を高橋に贈った。だがそれは受け取られなかった。高橋はわたくしが新しい世界に抜け出た「せみ」に注目したと思い、自分は「まえの自分に戻りたかっただけなのに。違う。わかってもらえなかった」と拒否反応が起こった。

それでも高橋はぶれずに、正直に一途に自分の問いを問い続け、やがて「青年期における自己意識の在り方」という卒論のテーマに辿り着いた。高橋には闘病中、「深く深く自分と向き合えた」実感があった。「実感・納得・ホンネに深く根ざした自己意識・自己概念は生き方を自らの責任で選び、自己を目指す方向に形成していく、すなわち自覚的に生きるための内的基盤」（梶田、一九九〇。筆者による要約）となるのである。
この頃、高橋は時に「自分探し」に没頭し、時に他者のまなざしで「自分」のその姿を眺め始めた。そこで「夏の日常」の詩を伝えた。

夏の日常　（セミ男）CICADAMAN

ミーンミンミンミン
うるさい！
おこられた。
ミーンミンミンミンミン
うるさい！
またおこられた。
きまずい。

（高知県・いの町立伊野南小学校六年（当時）、山本秀謙《やまもとひであき》）

ふたりで「きまずい」に笑いころげた。この詩はせみの「視点の移動」とその関係の場をスーパーヴァイズする「メタ認知」への誘いでもあった。
高橋が「自己」を対象化し、卒論研究が始まった。だが「自己」の現象を分析するだけの心理学ではこと足らなかった。そこに、わたくしの「哲学研究者はいても、哲学者はめったにいない。それはなぜか？」のメールが届いた。高橋は哲学が面白くなった。哲学研究者は「〜について」考える存在、哲学者は「〜そのもの」を生きる存在と、わたくしは捉えている。それは何学であろうと同じであり、「それそのもの」を生きなければ見えない、わからないことがある。高橋は全身で「自己」を生き、全身で「本当の自己」を問い抜いた。つまり、それそのものを生き、「はらわた」で何かを掴みかけていた。だから本の著者が「はらわた」でわかっていない文章は高橋に響かなかった。高橋は著者の人生が投げ込まれた文章だけを読み込んだ。そしてその世界にどっぷり浸った。そこには、深い実感を基底として、自身の言葉および行為をもって自己についての真理を表現しうる可能性が秘められていた。
そして浸りきると、人は自然につぎの段階に進むのである。

産《うぶ》声《ごえ》

いよいよ高橋の全身にエネルギーが満ちて、陣痛が波のように押し寄せてきた。卒論のための面接調査内容が大波となって高橋の「いきむ力」となった。
そして、産声が上がった。

青年期の自己意識の在り方として、「自分が今ここにいる（ある）という現象を受容する」こと。「自分というものの中にたくさんの《わたし》がいることを受容していた。たくさんある《私》は、一つひとつに鮮やかな色がつき「生きている」感覚があった。しかし、卒論作成と日々新しく生まれ変わる自分の皮膚を感じて、自分の中にあるたくさんの自分を受容している今の私には、もう前の自分を取り戻す必要がなくなっていた。前の自分は、以前先生が示して、どうしても腑に落ちなかった「せみのぬけがら」であること、つまり、今の自分が存在する歴史の証なのだということに気がついた。（中略）
いつまでも絶対的な自分がいると思い込み、その絶対的な自分に固執したり執着したりしているからではないだろうか。過去にいた自分も、現実にいる自分もすべて素直に出会い、ありのままに受容することで何にも束縛されない「今の自分」を生きることができるのだろう。

これが高橋が産み落とした新しい「自己」である。高橋はいのちの息吹を実感し、過去からの一貫した「自分」という存在を生き始めていた。そして「せみのぬけがら」の「殻」を自己存在の「歴史的証」と理解した。さらにどの時代の自分も素直に「あるがまま」に受け入れることによって「いまを生きる」ことができるようになった。これは高橋が「自己のアイデンティティの確認と実存性の確認とを、相即的に深めた」ことを示している（梶田、一九九〇）。ゆえに高橋は、アイデンティティに束縛されることもなく自由自在である。

高橋は教員採用試験に合格しており、この自分が社会で是認されるという自己価値観も得ていた。「存在」と「是認」、それはまさにアイデンティティ確立の要件である。そして、その自己の中核には「無条件の自己への尊重の感覚」、つまり自尊心がある。自分がどのような者であろうと「これで十分（good enough）」（ローゼンバーグ、一九六五）と思える、すなわち自己の長短合わせ呑んだ、「あるがまま」の感覚に支えられた自己全体へのメタ受容があるのである。

これは高橋自身の「実感」を伴う発見であると同時に、同年代の青年たちに行った面接調査により収集したデータの分析結果とも重なっていた。そして高橋は、「それそのもの」を生きると同時に、「それについて」分析検討し、多少なりとも一般化した見解をもって卒業論文を完成した。時間的制約のため、反論との議論は尽くせなかったが、高橋はその不備を自覚して他日を期した。

こうして高橋の生命《いのち》は日に日に弾力性を帯び、治療も完治まであとわずかだった。そして高橋は華やかな着物と袴姿で卒業式典に参列し、溌剌として森の学舎《まなびや》を後にした。

今を生きる、どんな時も

高橋は、晴れて岩手県の小学校教員となった。

だが、教職一年目の三月、高橋は未曽有の東日本大震災に見舞われ、わたくしたちは長いあいだ高橋と連絡が取れなくなった。同期のゼミ生とわたくしはとにかく連絡し続け、眠れぬ幾夜を過ごした。一週間後、高橋は生きていてくれた。それだけでなく、その間、度重なる余震を恐れることなく、怯える子どもたちを励まし続け、そのかけがえのないいのちを守り抜き教師の職務を全うしていた。「はらわた」で掴んだ「今を生きる」自信は、平静の心を産み、かつ、極度のストレス下にありながらアトピーも再発しなかった。

賢治の教え

再び賢治に戻る。先の「細胞の授業」は、賢治の教え子の瀬川哲夫による、忘れえぬ賢治先生を再現した幻の授業である。瀬川は大正一三年に花巻農業高等学校に入学し、賢治の授業を聴き、薫陶《くんとう》を受け、賢治が退職するなら在籍する意味がないと考えて賢治と同時に学校を去った。そして賢治が最も尊い仕事として学生に勧めた「百姓」として一生を送った。昭和五七年、東北地方を襲った冷害の年に、賢治の教えを守り、「田ごとに終日稲と向き合って話し、一枚ごとに皆違う肥料設計をして育てた」。その結果、瀬川家だけが米の予定出荷量七〇パーセントという驚異的な成果を出して、同年の岩手日報に新聞報道された。瀬川は言う。「五〇余年前、あの教室で習った賢治農法が、肝腎のときに生き返ったのだ。地にしっかりと足つけた地人の農法が、やっぱり現代薬漬け農法に勝ったのだ」。「有事に負けない知恵こそが、賢治式農法の真髄なの

だ」。(畑山、一九八八。要約は筆者)

「肥料学」の授業は続く。「黒き土。放っておけばただふつうの土でしかないものにも、堆肥《たいひ》を入れ、厩肥《きゅうひ》を入れ、耕せば肥えてきます。附《ふ》し、耕すことで無限に肥えてくるのです。人間の心だって同じです。心の畑に植える種、真、善、美。ほんとうの幸福に通ずる道はそれなのです。そのように目覚めなければ、この気圏は太陽系全体の目覚めざる生物の発する青い修羅の光のために怯えたままなのです。知恵をめぐらせ、一生懸命働くわたくしたちの汗が、太陽の光にきらきらと輝くとき、その光の汗が宇宙全体にゆきわたるとき、世界全体が、青ピカリを駆逐し、明るく幸福になれるのです。……からだの中で分子たちは飛びまわり、いつもぶつかりあっている。黙っていない細胞が沢山集まって出来ているのが人間。人間というのはだから、細胞が集まってやっている祭りなんだ」。(畑山、一九八八。要約は筆者)

瀬川は言う。「賢治先生は、自分は農業を教えているが、『マコトの種をマイテイル』のだと言った」。瀬川は、この賢治のことばを深くわかりたいと思い、農業の傍《かたわ》ら法華経をひもとき、長年かかって意味を突き止めた。瀬川はマコトの種を「真・善・美の芸術の段階に達することであり、菩薩の位に行くことだ」と掴み、「わかる」ことそのものの喜びを語っている。そして瀬川は「農民は金儲けなどせず、人々に食べ物を供給し続ける」と決めてそう生きた(鳥山ほか、一九九九)。

賢治は教え子に、一生食べていける農業技法を教え、芸術へ導くことで青い「修羅」の光から逃れ、菩薩の道に通じる「マコトの種」を撒《ま》いた。「種」に凝縮された賢治の夢は、愛された教え子たちの中に花開き、それは教え子の「生き方」として実っていった。

存在の祭りのなかで、親炙《しんしゃ》した教え子が教師の夢を受け継ぎたいと思うのは、「種」に永遠無窮《むきゅう》の「宇宙の精神」(成瀬仁蔵著作集委員会編、一九七六)があり、かつ、教え子が師に愛されたと実感するときだということを、賢治の師弟教育がわたくしに教えてくれた。そして高橋のまっすぐで透明なまなざしが、「マコトの種」の宿題をわたくしに与えてくれた。

教育とは真《まこと》に「崇高な祈り」である。

おわりに

二〇一三年一〇月、高橋と同期のゼミ生の結婚式で久しぶりに卒業生たちに会った。新婦とともに皆も高橋も美しく華やいでいた。高橋にアトピーの痕跡《こんせき》はまったくない。わたくしはこころの中で主治医に手を合わせた。何度、そうしたことであろう。

高橋がそっと近づき恥ずかしそうに小声で、素敵な出会いがあり嬉しい日も近いことを教えてくれた。この瞬間、わたくしはやっと肩の荷が降りた。

わたくしは帰宅して、書棚から一通のお手紙を取り出した。消印は「平成二〇年九月一八日、岩手軽米」、治療を始めるとき高橋の母堂から送られてきた医師への「紹介依頼書」である。あの日、わたくしは教師としての責任を全身で引き受けた。高橋が、留年することなくアトピーを完治し、教員採用試験に合格し、無事卒業し、教職に就き、女性としての幸せを掴むことを必ず見届ける。それが達成されたら、「あの頃、お嬢さまはこんなに頑張りました」と、その成長記録を母堂へのお返事としてお送りする。このことは、途中から高橋との約束にもなった。高橋に勧めた治療法は特殊であり、遠く離れていらした母堂はさぞやご心痛でいらしたはずである。にもかかわらず、わたくしを信じて大切なお嬢さまを託して頂いたこと、それはとりも直さず本学を信じてくださったことである。そのご信頼にこころから感謝申し上げたい。

謝辞

病の完治だけでなく、病に意義を感じるよう導き高橋の「こころ育て」をして頂きました永野剛造医師に厚くお礼申し上げます。ありがとうございました。

註1 やがて腸管が栄養吸収の働きをするようになり、ここから吸収された海水の栄養物を全身に運ぶ輸送路ができた。これが血液と血管の始まりである（三木、一九九二）。

註2 教員採用試験はこの年、東京都が三倍、岩手県が二二倍の難関であった。

引用文献

梶田叡一（一九九〇）『生き方の心理学』有斐閣　一四一、一九八頁
川口久雄・志田延義（一九六五）『和漢朗詠集　梁塵秘抄』岩波書店　四〇八頁
工藤直子（二〇一〇）『なんとなく・青空』文化学園文化出版局　一八頁
工藤直子（編）（二〇〇八）『子どもがつくる　のはらうた3』童話屋　一一六、一四二頁
鳥山敏子ほか（制作）（一九九九）「精神歌」『賢治の学校　宮沢賢治の教え子たち』DVDその6　NPO法人東京賢治の学校
日本女子大学創立七十周年記念出版分科会　成瀬仁蔵著作集委員会（編）（一九七六）「進歩と教育：死の問題」『成瀬仁蔵著作集　第二巻』日本女子大学　三九頁
畑山博（一九八八）『教師　宮沢賢治のしごと』小学館　七〇～七四、七六、七八、二一一～二一二頁
前田博（一九七〇）『教育基礎論』明治図書出版　一一頁
三木成夫（一九九二）『生命形態学序説：根原形象とメタモルフォーゼ』うぶすな書院　二二八、二二九頁
Rosenberg, M.（1965）Society and the adolescent selfimage. Princeton University Press. p.30–31.

第五章 「リーダーシップの実践——私が掴んだ、確かなもの」

大﨑菜緒子

井上ゼミでなければならない明確な理由はなかった。しかし他のゼミを選択する理由も見つからなかった。私は大学二年次の「学校カウンセリング基礎論」にて、初めて先生とお会いした。教壇に立たれる先生は近づきたくても近づけない、異次元の世界にいらっしゃるようであった。心理学に特段興味があったわけではない。井上先生に近づくこともためらわれた。ただ、講義の中で、自分を理解することの楽しさを知った。九〇分の講義中、毎回私は「自分探しの旅」に没頭した。もっと自分のことを理解したい、そのような好奇心に突き動かされ、想いのままに井上ゼミを選択した。心理学への興味や井上先生への憧れ以上に自分の感覚を大切にした選択であった。

ゼミが始まって暫《しばら》くは先生に近づくことができなかった。まるで恋をしたかのように先生を目で追ってしまうのだが、先生に見透かされた自分の姿を受け容れることは怖かった。転機となったのは三年次の九月、ゼミでの発表後、緊張の面持ちで先生の言葉を待っていると、「独創的」を「独想的」と誤って表記した部分を取り上げ、「いいねぇ。ここなんてとくにあなたらしさが出てる」と肯定してくださった。この出来事は私に自信と安心感を与えた。

一〇月、その日は前ゼミ長である高橋（第四章）の発表であった。高橋はゼミが始まった当初から先生に一番近い存在で、ひとり違う土俵に立っているように見えていた。その高橋が「自分になること」という表題でＡＤ（Atopic Dermatitis：アトピー性皮膚炎）に苦しんでいることを打ち明けた。高橋に対し、先生は「まずは、体を治してみたら？」という逆転の発想を提案された。ＡＤ＝治らないものと思っていた高橋には、希望に満ちた言葉だったに違いない。しかし当時の私にはこのやり取りがどこか別世界で繰り広げられているように感じられた。ただ、何も知らず、高橋を羨《うらや》んでいた自分を恥じ、真っ直ぐに自分と向き合う高橋を凄いと思った。私の中で高橋との距離が縮まった。高橋が治療に専念することが決まった時、私には「次のゼミ長になりたい」という気持ちが少なからずあった。先生に正式にお話を頂いた時、不安はあったが、迷いはなかった。快くゼミ長を引き受けたが、胸を張って「高橋のため」と言えない。私も変わりたかった。自分の成長のため、己の欲望を叶えるためにゼミ長を引き受けた。

「あなたたちは響き合っていない」

三年次の一二月、ゼミ長になって二カ月が過ぎた頃であった。

「はっきり言って申し訳ないけれど、あなたたちは浅い」。突きつけられたひと言は衝撃的であったが、私の魂に真っ直ぐに届いた。先生にはやはり見透かされていた。私をはじめ、ゼミ生皆がうすうす感づいていたことであった。私の代のゼミ生はもともと平和主義者十名の集まりであったため、それなりに仲は良かった。しかしそれだけでは足りない。井上ゼミは仲良しグループの集まりではない。互いが互いを知り、認め合い、尊重できることで、自分一人では越えられない壁をも乗り越えていく、個々の成長の場である。

かつての私であったら先生の「あなたたちは浅い」という言葉に押しつぶされ、しばらくは動けなかったかもしれない。しかし私にはそれ以前に叱られ経験があった。ゼミ長となってすぐの頃、先生が私を叱咤してくださった時のお言葉が原動力となっていた。

「謝るのはいいから動いて。一聴《き》いて五悟《さと》りなさい」。

「一聴いて五悟る」など無理だ、と思った。けれどもやらなくてはいけない。何かが起きてからでは遅い。私は何よりも先生の信頼を失うことが怖かった。私たちが生きている時間は有限で、その限られた時間の中で「人のためになる」には、自分が何を求められているかを想像、理解し、自分にできることを行動に移すことが不可欠であると知った。

その頃の私はいつも心の中の先生と対話していた
今私に与えられている課題は何か
先生が放つ言葉・表情・行動から　何かを感じ、何かを得て
それをずっと心の中で先生にお尋ねする
明確な答えが言葉となって出てくることは少ない
襲いかかる不安や緊張と闘いながらも歩み続ける
それを成長と呼ぶのであろうか
失敗と成功を繰り返す中で少しずつ成長してきた

もともと「からだで生きている」[註1]私はゼミ生同士の「響き合い」を求め、すぐに行動に移した。「定例会」を設け、ゼミ生同士が一緒に過ごす機会を増やすという単純なことであったが、多くの時間や感情を共有することで、誰と一緒に居ても自然でその場が心地良く感じられるような関係性を築いていった。「私たちのゼミ」が育ち始めていた。

「今年のゼミ合宿はゼミ生だけで行くのはどうですか？」

この時もまた先生の言葉は唐突であった。私の体に緊張と不安が走った。

ゼミ長を担って八カ月、四年次の春。例年、春のゼミ合宿は先生同行のうえ、三・四年生合同で行われていた。そして四年生が卒業論文の途中経過を発表する機会でもあった。しかし先生は「同行しない」という選択をされた。

「見捨てられたのか」「それほどまでに私たちには知性が備わっていないのか」という絶望に似た想いを「私たちには自分たちでなんとかする力がある」「きっと何かしらのお考えがあってのご決断だ」という理性がかろうじて支えていた。

後日、先生から頂いたメールにはこのように書かれていた。

「この学年は、知性を含めた総合的人間力で世の荒波を超えていくのがいいと思います。その中核は対人関係能力ですから、合宿でそれをおおいに経験されるのがいいと思います。……やってごらん。このまま三年に押され気味でいきますか？」

私は安堵した。その瞬間から心が切り替わった。「私たちにはゼミ合宿を成功させる力がある」。直感がそう叫んでいた。

また、ゼミ合宿の内容については「自分たちで工夫するのがいいよ。他者に花を持たせながら、実質的には自分たちで舞台をまわすのはどうだろう?」というアドヴァイスを添えてくださった。その言葉の意図はすぐに悟ることができた。先生はまさにそのお言葉の通りに私たちを育ててくださったからである。振り返れば先生はいつも私に花を持たせてくださっていた。先生の舞台の中で私は無我夢中に動き、先生の信頼を得るべく奔走《ほんそう》した。その舞台は緊張感と充実感とが交差し、私の中にゼミ長としての責任を背負う強さを芽生えさせた。このタイミングで私にリーダーシップを実践する機会を与えてくださる、先生の抜かりないリーダーシップには脱帽である。

私のリーダーシップには先生という一番身近でかつ目指すべき手本が存在した。

道標《みちしるべ》

リーダーシップの実践にあたって、まず初めに四年生のゼミ合宿に対する意思統一を図ろうとした。皆に呼びかけ、一人ひとりの思いを共有する時間を設ける。他の四年ゼミ生には先生から頂いたメールを引用する形で、今回先生がゼミ合宿に同行されない旨とその意図を伝えていた。

「率直に、先生から得られるものってたくさんあるから、来て頂けないのはマイナスな気がするな」

「先生は私たちに力がないから、いらっしゃらないのかな?」

「見捨てられてしまったのか」。これが他のゼミ生の正直な気持ちであった。どれも予想通りで当たり前の反応であった。しかし先生は私たちの成長を想い、このようなチャンスをくださっている。「先生が私たちを悪いようにすることはないよね。私たちならできると思ってくださっているから、放置なんだよ」。

「皆の不安を少しでも取り除けたら」、そのような想いの中、冗談交じりに方針を伝える。この時私は、先生とゼミ生とをつなぐパイプ役として、半ば強引にでも私の敷いたレールの上を歩いてもらおうという気持ちが強かった。自らがこの合宿をどのようなものにしたいのか話し、そのうえで「合宿を終えたときどうなっていたいか」というテーマでブレーン・ストーミングを行った。「ゼミの仲を深め、三、四年ともに成長する」というゼミ合宿の主軸となる目標が掲げられた。

それでも払拭《ふっしょく》されない他のゼミ生の不安は直接先生に真意をお伺いすることで解消した。その中で先生は先の三年生歓迎会で感じられた三年生の印象を告げると共に、現段階で四年生は三年生に押され気味であり、線が細く気迫の足りない四年生が三年生を指導し、縦の関係を作っていけるかを危惧《きぐ》された。そのうえでの「他者に花を持たせながら、実質的には自分たちで舞台をまわす」という提案であった。三年生を立てながら、四年生が要所々々を押さえて存在感を示すのはどうだろうか。そのためには自分たちが実践で学んだことを伝えるのがよい、「実体験に勝るものはない」とヒントまでくださった。

あっという間に皆の不安は解消され、四年ゼミ生の足並みが揃った。普段から先生とやりとりをする機会が多い私は、その文脈や雰囲気から自然と「大丈夫」だと感じられていた。改めて直接先生のお考えを耳にすることで、その気持ちは「絶対に成功させる」という強い意志に変わった。

また、「自分なりの解釈」であった先生のお言葉を「先生の意思」として引き継ぎ、自分の中に落とし込むことができた。これで私たちのゼミ合宿が間違った方向性に進むことはない。

先生のヒントを基に実際の企画を練る。その時にはもう進行を企画係に一任していた。企画係の企画力はこの一年で実証されている。彼女たちの力を十二分に信頼していた。私が行ったことと言えば、就職活動中で話し合いに参加できないゼミ生に会い、今回のゼミ合宿の目標を共有してもらうことに努めたり、企画係の話し合いに顔を出し、ゼミ合宿の目標と企画内容にズレが生じていないか、進捗《しんちょく》状況はどうかを確認したりしていただけであった。

先生がゼミ生ひとりひとりを理解し、ひとりひとりを大切にしてくださっているように、私もゼミ生との個のつながりを重視した。井上ゼミは誰か一人でも欠けたら成り立たない。皆で作り上げるゼミ合宿であるということを伝えたかった。

軌道修正

ある時、ゼミ合宿の準備に明け暮れる四年生の様子を見に先生がいらっしゃった。私たちはゼミ合宿の山場である四年生の発表の内容を決めていた。「せっかくのゼミ合宿で三年生も話をずっと聞いているだけでは勿体無《もったいな》いから、絵本を読んで発表してもらおう」と考えをまとめかけていたゼミ生たちにすぐさま「あなたたちの得意分野で勝負したほうがいい。実体験に勝るものはないよ」という助言をくださった。そのとき「やっぱりそうか」と思う私がいた。内容に違和感を感じていたものの、「違う」と伝えるだけの自信も勇気もなかった。いつでも客観的な視点を持ち、自らの考えや決断の責任を持つ、自分で自分を信じることがリーダーには不可欠であると知った。

先生のリーダーシップはきめが細かい。スーパーマンのようにゼミ生のピンチを察知し、知恵や力を貸してくださる。神業だと思っていたが、先生の学生への愛情がそうさせているとわかった。「他人への愛」は質の高いリーダーシップを生み出す妙薬である。

私は忘れていた。この合宿は三年生だけではなく、私や他の四年生が成長するために与えられたものでもあった。三年生との結びつきを強靭《きょうじん》なものにできるかどうかは、私たちの持ち味を最大限に発揮しないことには始まらない。むしろ通用しない。私たちには「井上ゼミで一年間育ってきた」という最大の強みがある。私たちが今までに学んできたことを私たちの言葉で伝えればよいのだ。「実体験に勝るものはない」という言葉が頭で理解するのではなく、私の中にすとんと落ちて根を張った瞬間であった。今度こそもう決して軸が揺らぐことはない。

「あなたがいるとひまわりの花が咲いたように明るく華《はな》やぐね」

以前に先生が私を称しておっしゃった、お言葉であった。この「ひまわり娘」という言葉は私をより活き活きとさせた。この頃、ゼミ長としての大輪の花を咲かせるには私一人の力では不可能だと実感していた。先生はじめ、ゼミ生や両親、友人など、さまざまな支えがあってこその「ひまわり娘」である。「いつも感謝の気持ちを忘れない」ことが「ひまわり娘」で在り続ける秘訣になっている。

ひまわりの成長には太陽の光が必要不可欠なように、私にとっての太陽は先生であった。私に光を与え、温かく見守ってくださる先生のほうだけを向いて、ただ真っ直ぐに伸びていた私であったが、周りを見渡せば同じ方向に向かって伸びていく仲間がいた。自分はその中心に立ち、人の心を魅了するようなひまわり畑を作ることを求められている。ゼミ合宿の準備を進める中で、そのことを強く意識し、自負するようになった。それと同時に、太陽とひまわりでは与えられた役割や性質が異なることにも気づき始めた。「私は私のやり方で必ずこの合宿を成功させる。たとえ三年生に伝わらなくても、四年生にとって絶対に実りのある合宿にする」と心に誓った。

「あのさ……。ゼミの仲を深めるって三、四年の仲も深めるってことだよね？　仲を深めるってどういうことかな？」

ゼミ合宿の話し合い中、合宿の目標を再度確認していると副ゼミ長から発言があった。

「うん。確かにただ仲良くなって終わり、っていうのは違うよね。まずは三年生の名前と顔を一致させることが前提としてあるけど、やっぱり今回は私たちがこの一年間で学んだこと、この一年間でどういうゼミを作ってきたかを知ってもらえたら、それは三、四年の仲が深まるっていうことになるんじゃないのかな？」

自分でも思いの外すらすらと言葉が出てきた。普段から目標に対して「絶対に成功させる」という気持ちを持って行動していたからだろうか。ゼミ合宿に対する強い気持ちが私をそうさせた。

一人ひとりの顔を見渡していると、涙を流す副ゼミ長の姿があった。

「いや、なんかさ、ちゃんと考えているんだなぁって思って」。

彼女の涙は皆の不安な気持ちを代弁していた。「自分たちの力で本当にゼミ合宿をやりきれるのか」。ゼミ生たちの不安はよくわかった。

「大丈夫だよ。大丈夫」。

私は自分を信じた。ゼミ生たちの力を信じていた。

私は「井上先生のようにリーダーシップを執《と》りたい」と思っていた。しかし私は先生のように「気」を読むことはできない。心のふれ合いを通して、すぐにその人の変化に気づくこともできない。学問的知識もない。けれどもゼミ生のために費やす時間があった。時間を見つけては話し合いに参加できなかったゼミ生と会ったり、副ゼミ長や企画係と話したりと、想いのままに行動した。その内容はゼミ合宿にかかわることだけではなかった。大半が他愛もない会話であった。しかし私のリーダーシップにはその時間が必要で有意義であった。普段は言えない本音をこぼせたり、ゼミ以外でのゼミ生の素顔を知ることができたり……それまで以上にゼミ生が好きになり、このような仲間たちと共に学び、共に成長していることを嬉しく思った。人を見抜くことはできなくても、目の前にいる人を直《じか》に見つめ、ありのままに受け容れることができた。それが私のリーダーシップのための関係づくりであった。

リーダーシップの発揮

ゼミ合宿前夜、先生が「我が子を見送る母」のような心情のメールを送ってくださった。希望と不安が渾沌とする夜を過ごしていた私は先生からの「大丈夫」という言葉を欲していた。先生は私の甘えに「あなたならできるよ。だいじょうぶ。だいじょうぶ」と私の期待のままの、優しさがつまったお言葉を返してくださった。

ゼミ合宿当日の緊張感は今まで味わったことのないものに感じた。ゼミ長としての「責任」が重く圧《の》しかかる。ただその鎧《よろい》もゼミ生に会うことで徐々に剥がれていく。

「私が井上ゼミをまとめなくてはならない」。

「ゼミ合宿を成功させなければいけない」。

すべてを一人で背負う覚悟をし、その一心でいたのだが、それは間違っていたようだ。観光の時に私のタイミングと同じタイミングで全体をまとめる動きをしてくれたゼミ生がいた。このゼミ合宿をまとめているのは私一人ではない。四年ゼミ生全員に「ゼミの仲を深め、三、四年ともに成長する」という目標が浸透していた。私はむやみに出過ぎないように心がけた。

今回の宿泊先は太陽寺という秩父にあるお寺だった。精進料理に坐禅や写経といった、かねてからの希望を叶えられる場所であった。太陽寺到着後はすぐにご住職や他のご宿泊のお客さまへご挨拶に伺った。ゼミ長としての仕事はあくまでも合宿内容とは異なる、常識的・表面的な部分に絞られた。その夜の決戦を意識してか、四年生の部屋はとても落ち着いていた。皆が夜の発表に向けて意識を切らさないよう淡々とした態度で過ごした。もしかしたら私の緊張感が伝わっていたのかもしれない。私は観光の時から笑顔にぎこちなさが生じていた気がする。思い返せば一年前、私たちが井上ゼミのゼミ生となって間もない頃、一つ上の先輩方とご一緒したゼミ合宿で、先輩方が醸《かも》し出していた雰囲気にも似たようなものがあった。私たちは宿泊先の部屋の中で無邪気にはしゃいでいた。その差は先輩方の性格と私たちの性格の差から生じるものだと思っていたが、その考えは少し誤っていたのかもしれない。合宿に対する想いの差も影響していると、一年がかりで気づくことができた。

他のお客さまもいらっしゃったので三年生に部屋でのマナーについて注意しに行く。私の腰は重かった。それを察したゼミ生の一人が同行してくれる。気が利く仲間に恵まれた。食事の時も全体的に落ち着きがない。考えるより先にからだが動いてしまいがちな私には、一瞬のうちに状況を把握し、賢明な判断、指示を出すというリーダーシップが十分に備わっていなかった。その指示はぎこちなく、迫力に欠けていた。

二つの変化

これまで私は「リーダーシップ」という言葉からこのような咄嗟の判断力や強い言葉、毅然《きぜん》とした態度を持ち合わせた人を連想していた。「強さ」だけで構築されていたリーダーシップ像が変化を遂げたのは、ゼミ長を担うようになってからである。ゼミ長になり、井上先生のリーダーシップにより近くで多く触れるようになった。先生は半ば強引に物事を進め、矢のごとく鋭い言葉を放つ父性的な「強さ」と、そのフォローをし、しっかりとゼミ生を抱え込み守ってくださる母性的な「柔らかさ」を兼ね備えている。リーダーには「強さ」も「柔らかさ」もどちらも必要であるということを先生のもとで学んだ。それと共に井上先生像も大きく変化した。先生は非の打ち所がなく、知的で硬い鎧に覆《おお》われた「特別な」イメージであったが、実際には学生から窘《たしな》められるほどに天衣無縫で、ハラハラすることも多々あった。体がボロボロになってもなお、学生のために尽力される姿は誰よりも人間らしく、学生への愛情に満ちていた。先生への「特別感」が払拭されると、無理して先生のようになろうとはしない私が生まれた。だからこそ、リーダーとして発展途上の自分自身を受容し、資質に合った「柔らかさ」のリーダーシップを重視した。ゼミ合宿の準備は自分にとって無理のない方法で進めてきたため、とても楽しかったうえに日々が充実していた。私は先生の「資質を活かす教育」の実証者でもある。

響き合い

精進料理の味は緊張であまり覚えていない。今となってはそれもいい思い出である。あの夜のことを私は一生忘れない。

緊張の面持ちで迎えた発表であったが、周りに目を向ければ信頼できる四年ゼミ生の顔があった。「たぶん大丈夫だろうな」という何とも言えない安心感と自信が芽生えていた。発表が始まると私の強張《こわば》ったからだに雪融けが訪れた。皆から発せられる言葉が心地良くてたまらない。いつの間にか井上ゼミは四年生全員で作り上げた「私たちのゼミ」になっていた。「ゼミ長」として半歩前を走っていたつもりであったが、知らぬ間に皆が私の隣で足並みを揃えてくれていた。

発表の中で四年ゼミ生の個々の良いところがおもしろいほどによく出ていた。今までは遠慮しながらポツポツと個性が出ていた雰囲気であったが、今は皆、個を掴《つか》んでいる。それを適材適所で発揮できていた。もともと「気遣い」に長《た》けた集団であったが、良い意味で気を遣わなくなり、互いに個性を発揮し合う場所を創れるようになった。そしてその持ち味を受け入れ、尊敬し合えるようになっていた。発表の中でその事実に気づけた私はそれだけでもゼミ長としての醍醐味を感じていた。素晴らしい仲間に恵まれ、ゼミ長になって本当に良かったと心の底から思った。その夜、私たちはひとりひとりがそれぞれの言葉で、同じ方向・同じ目標に向かって三年生に語りかけていた。その光景に私はフッと肩の荷が下りた感覚を覚えた。大輪のひまわりが咲き揃った私たちのひまわり畑は見事だったと思う。

私にはゼミ長として会の最後に個人発表の時間が与えられていた。その時私は「ゼミ長」ではなく等身大の「大崎菜緒子」であった。飾らない、ありのままの、という言葉がよく似合った。「自分が自分で居られる場所」がその夜、誕生した。

自分の良いところをどんどん伸ばしてください。足りないところを伸ばすにはたくさんのエネルギーが必要です。四年の役割は三年生一人ひとりが伸び伸びと過ごし、成長できるよう環境を整えることにもあります。また過信ではない自信をつけるには他者の存在が必要です。ゼミにいる身近な他者（先生―四年―同期）とのかかわりを通じて多くのことを得てください。それはきっと皆さんの中で生き続けるものになると思います。

「ゼミ長」としてありったけの想いを三年生に伝えることができた。

終了後、安堵感に包まれながら私たち四年ゼミ生は布団の上で互いの顔をくっつけ合い、反省会を開いた。ゼミ生の口から出てくる言葉は愛に満ちたものであった。お互いを称え、良いところを伝え合い、皆で共感する。その場に居た誰もが「響き合い」を実感した夜であった。四年ゼミ生とは今も深い絆で結ばれている。

翌日ご住職のご好意で写経や座禅に加え、境内の案内までして頂けることになった。時間になってもまだ準備が整っていないゼミ生を見て、「ご住職はお忙しい時間を割いてくださっているのだから早くして」と注意する私がいた。まだ「強さ」は伴わないが、一晩を通してさらにリーダーとしての自信と自覚を得た結果であった。

「先輩方を追い越せるように頑張ります」。

これはすべての合宿の工程を終えて解散するときに、三年生から言い渡されたことばである。私は一つ上の先輩方を「追い越す」などと考えたこともなかった。先輩方は知的で優しさに溢れ、才色兼備と呼ぶにふさわしい方々の集まりであった。そのような先輩方を理想像として追い続けていたが、この合宿でようやく「私たちのゼミ」を創り上げることができた。「雲の上の存在」である先輩像を目指していた私にとって、自分の力量を目の当たりにさせられたひと言であった。まだまだ力不足が否《いな》めない。合宿のご報告も兼ねて、先生にその事実をメールでお伝えした。「素晴らしい文章を書くようになったね。うれしい限りです」と労いの言葉と共に、お褒めの言葉を添えてくださった。先生の言葉に私は癒され、安堵した。

後日、先生は「今日三年生が感動しきりで、先輩！先輩！って、尊敬と敬愛と感情が溢れてたぞ」とおっしゃり、私の言葉の捉え方と三年生の気持ちとの間のズレを調整してくださった。この時、ようやくゼミ長としての役割を果たせた気がした。「ゼミ長」という言葉がプレッシャーとして圧し掛かるのではなく、「ゼミ長」が大﨑菜緒子の代名詞となることを私自身が望むようになった。

井上ゼミは組織である

このゼミ合宿を通して私は井上ゼミそのものを「一つの組織」という視点で見るようになった。このゼミ合宿において、私たちゼミ生は先生に良いご報告をお届けできるよう力を合わせ、先生は私たちの報告や三年生の反響からお褒めの言葉をくださった。実社会では成果は報酬となって物質的に与えられるが、ゼミでは質の高い教育へ還元されていく。根本的に異なるのは、組織は利益を上げることを求められるが、ゼミで求められるのは個々の知や心を育み豊かにすることである。それが結果的にゼミの成長へとつながっている。

「リーダーシップとは集団の導くべき方向をわかっていること、またひとりひとりの良さを尊重し、立てて生かす姿勢があること」。

ゼミ合宿後、井上先生はリーダーシップについて先のようにおっしゃった。私は他のゼミ生より間接的に聞いたのだが、その言葉が私の耳には自然に入ってきた。「実体験に勝るものはない」からである。そのうえで私は「リーダーシップとは自分を信じ、集団を正しい方向へ導くこと。また、ひとりひとりを受容し、良さを引き出すこと」と定義したい。それがこのリーダーシップ経験で体得した、確かなものである。社会人三年目の現在、組織の中でリーダーシップを発揮するには至らないが、日々の接客や後輩指導などリーダーシップを求められる場面は多くある。その都度求められるリーダーシップは異なると思うが、まずはこのリーダーシップ体験を基盤にし、活かしている。私は先生を真似ながら、さまざまなことを学んだ。真似することはできても、井上先生に「なる」ことはできない。「私は私のままでいい」ということも、学んだことの一つである。リーダーの在り方は人と時と所によって変化し、決して一つの正解に辿り着くものではない。今後等身大の「大﨑菜緒子」がいかにリーダーシップを執っていくか、その可能性は幾重にも広がっている。

社会に出た今、振り返って

私はリーダーシップという大きなテーマの中で、社会に出ても恥ずかしくない女性になるための教育もして頂いた。目上の方へのメールの送り方、言葉遣い、お茶の淹れ方、言葉の添え方、ＴＰＯを考慮した服装など、それらは「人への心配り」に満ちたものであった。また、ゼミや組織に所属することを意識させるものでもあった。自分ひとりの言動がゼミや組織のイメージに反映される怖さや「ゼミや会社の看板を背負う」という意味を噛み締めた。

現在私は都内の専門式場でブライダルスタイリストとして働いている。短時間でお客さまの心を掴むことを求められる職場で、「一聴いて五悟る」が沁みついた「心配り」の癖づけは必要不可欠であった。おそらく他の職種でも同じことが言えただろう。ゼミでの疑似体験のおかげで「社会人になる」ことへの不安や恐怖心はあまりなかったように記憶している。

現在もなお、井上先生によって私は育てられている。人を育てるにはリーダーシップが伴う。これと言って夢を語れなかった私にも「良い母親になる」という夢ができた。この夢を夢として掲げられるようになった背景には、ゼミ長としての経験や井上先生の教育が少なからず影響を及ぼしている。ゼミ長時代に実践を通して体得したリーダーシップを基に、職場で良いリーダーになる。将来的には良い母親になる。いつの間にかリーダーシップは今も未来も私と共にある、無くてはならないものになっている。

卒業論文作成

ゼミ合宿の夜、私は「これが自分だ」という私に出会った。ゼミ長としての私ではなく「自分そのもの」になれた気がした。その感覚が忘れられずにいた。そのような中で、「自己実現」という言葉に辿り着いた。そこには「自分が自分になる」（梶田、一九九三）と書かれていた。「自己実現」という言葉が私の感覚の中に落ち着いた。

「自己実現」とリーダーシップのつながりは偶然かもしれないが、その感覚を得られたことは貴重で幸福なことには違いない。人にとって「自己実現」は一生のテーマであると思う。しかしそれを意識化できている人ばかりではないからこそ、自身が体感したものを言語化して残すことに意味があると感じた。私は『自己実現における一考察：資質開花を誘《いざな》うリーダーシップとは』というテーマを掲げた。自己実現とリーダーシップのつながりを明らかにすることを目的とした。同時に自身の成長記録としての意味合いもあった。卒業論文を書き上げることによって、青年期を必死に生きた証を遺したかったのだと思う。

しかしこのリーダーシップ体験を論文として言語化することは難航した。ゼミ長としての経験を活かしたいという想いは強かったが、リーダーシップの文献研究をして得た、学問的な知とリーダーシップ経験で得た知は質が異なり、何も見出せない日々が続いた。

先生に相談をして、私は青年と社会人のリーダーシップの研究から始めた。青年のリーダーシップには、面接調査を実施してＫＪ法で分析し、青年のリーダーシップの在り方が「『自分らしさ』を体現する」ことにあるという一考察に至った。被験者と自分のリーダーシップ体験を比較検討する中で、「自己とは何か？」を問い、「なりたい自分」をみつけ、実現のために、学び、考え、行う自分の姿を見つけた。それは「アイデンティティの確立」（エリクソン／岩瀬訳、一九七三）という青年期の発達課題に向き合い、自己を懸命に生きる私の姿であった。人はその年代なりの自分を掴んだのち、その自己に合う仕事に自己を投企するようになる。学生時代をかけて自分探しに没頭できたことを改めて幸せに思う。この経験のおかげで、私は教師ではなく企業で働く道を選び、「素敵だな」と感じる仕事に就け、荒波に揉まれる中でも自分を見失わずにいる。

社会人のリーダーシップでは研究資料としてＮＨＫ総合テレビで放映されていた「プロジェクトＸ～挑戦者たち」を用いてケーススタディを行った。社会人の場合は青年リーダーのように自己実現を目指す人間から、今度は自己実現を叶える人間へと生まれ変わっていくリーダーの姿が見受けられた。しかしその道のりは平坦ではなかった。なぜなら、社会人リーダーには集団をまとめるだけではなく、その先のプロジェクトや社会といった巨大な課題と常に向き合ったうえで、自分の人生を生き抜かなければならないからである。

「人生を生き抜く」という言葉には、人間の生において最も根本的な次元である「食べる」ということの意味が含まれていた。「社会人リーダーにとってはリーダーシップを執ることが死活問題にかかわる」という厳しい現実があることを認識できた。「働くことの意味」、さらには「生きることの意味」を考えさせられる、極めて重要な気づきであった。

「生きる」ということは理想と現実の狭間で揺れながらも、自分らしい自分を追求し続けることなのかもしれない。私の場合、リーダーシップの実践を通して気づいたのだから、この先も「リーダーとして」「生きる」ことに挑戦し続けたい。

註1 「筋肉運動」の資質にあてはまる。個人において運動的資質の開花が言語や感覚などの他の資質に比べて顕著に目立つことを筋肉運動の資質という。私の場合、からだを動かすことに喜びを感じ、歩き出してから考える傾向にある。

引用文献

エリクソン・E・H／岩瀬庸理（訳）（一九七三）『アイデンティティ：青年と危機』金沢文庫

梶田叡一（一九九三）『生き方の人間教育を：自己実現の力を育む』金子書房

参考文献

井上信子・神田橋條治（対話）（二〇〇一）『対話の技：資質により添う心理援助』新曜社

井上信子（二〇一〇）「『学び』と『自己探索』：大学『心理学』講義の感想文分析」日本女子大学大学院『人間社会研究科紀要』一六号

小此木啓吾（一九七八）『モラトリアム人間の時代』中央公論社

［**おおさき　なおこ**　二〇〇九年度卒。現在、ブライダルスタイリスト］

大崎さんとのかかわり

井上信子

世界的な禅学者、鈴木大拙は講義『禅と心理学』（ロス・アンジェルス、一九五〇年）でこう述べている。「絶対的に自由な『自己』を人に把握させることにおいて、知性はまったく無力である」（常盤編、二〇一三）。「科学者や心理学者が『自己』とみなすものは、ある一瞬前の『自己』の記憶イメージである。記憶は現実そのものではない。誰もが掴《つか》みたいと望んでいるのは、現実の『自己』、あるいはむしろ行為する『自己』であって、過去のそれではない」。「流れそのものを知ろうとすれば、飛び込むことが絶対に必要である。知るとは行為すること、行為することは知ることである」（常盤編、二〇一三）。

本章は、「からだで生きる」資質の大崎が、全身を状況に投企して一瞬を一心に生き、ゼミ生皆を揺り動かして満開の花畑を造り、同時に、その過程で自らをリーダーとして育てていった「軌跡の物語」である。

「一聴《き》いたら五悟《さと》る」

大崎のふるまいは、原始仏教の「無財《むざい》の七施《しちせ》」そのものだった。

一　眼施《がんせ》　　　やさしいまなざしを向ける
二　和顔悦色施《わげんえつじきせ》　笑顔で接する
三　言辞施《ごんじせ》　　親切な言葉を使う
四　身施《しんせ》　　　骨身を惜しまず奉仕する
五　心施《しんせ》　　　思いやりの心で接する
六　牀座施《しょうざせ》　　席を譲る
七　房舎施《ぼうしゃせ》　　家に泊めてもてなす

（髙楠順次郎〔一九二四〕「雑宝蔵経」）

大﨑はいつも上機嫌で、人のためにに動き、おもてなしが楽しくて相手が喜ぶといっそう輝いた。人を幸せにする仕事が向いている、本人もわたくしもそう思っていた。そんなある日、わたくしは大﨑のエネルギーが溢れてこぼれ落ちそうだと感じた。その、つぎへ進む兆しに曳《ひ》かれて、わたくしは大﨑にこう言った。「一聴《き》いたら五悟《さと》りなさい」。対人的仕事に就《つ》くなら、この気働きは宝物になる。まもなく成果がお茶淹《い》れに現れた。大﨑はわたくしにいちいち好みをきかず、「何を飲まれますか？」の一言で、茶葉の選択、温度と砂糖の量などを察してくれるようになった。さらに半月後、今度は一言もきかず絶妙の味と香りとタイミングで紅茶が差し出された。「一聴かなくとも五を悟る」。この行為は、状況や事情に応じて勘《かん》を効かせ、相手と呼吸を合わせるセンスが二段階高まったことを意味している。この短期間の変容から、大﨑は五感も鋭いことがわかった。そしてこのセンスはゼミ全体に自然に伝播していった。

ゼミ生はおよそ上限一〇名で、集団の雰囲気や個々人の資質は毎年異なる。この学年は素直で愛らしい、お嫁さんにしたいような「いい子」の集まりであった。やさしくて他者を気遣い本音を言わず学習を卒《そつ》なくこなし、平穏無事に時は過ぎていった。

だが入ゼミのときから、いまかいまかとはちきれんばかりに開花を求める資質があった。その資質は「時と所」を得て、とうとう炸裂した。

人が育つ

成長欲求

大﨑の入ゼミのきっかけは講義だった。毎回、講義内の「自分探しの旅」が楽しかったという。本人の内的世界で、このときから開花を求めていたのは「筋肉運動」「感覚」の資質であり、本領発揮を待ち望んでいた力量はリーダーシップであった。そう直感したわたくしはゼミ長、高橋（本書第四章）の治療に伴い、大﨑をつぎのゼミ長に指名した。このとき大﨑は内側から突き上げてくる「私も変わりたかった」「己の欲望を叶えるためにゼミ長を引き受けた」という成長欲求の塊であったという。

資質の開花

ある日、わたくしは「あなたたちは浅い」と言った。大﨑の漲《みなぎ》るエネルギーに触発されて、ゼミ集団全体に「つぎに進みたい」というエネルギーが高まったと察したからである。このとき大﨑は所属する井上ゼミを「互いが互いを知り、認め合い、尊重できることで、自分一人では超えられない壁をも乗り越えていく、個々の成長の場である」と捉えていた。ゼミ生たちも仲良しグループのままではいけないと「うすうす気づいていた」という。

この頃、大﨑はわたくしの信頼を失う恐怖心と闘いながら、「今私に与えられている課題は何か」をわたくしのふるまいから探ろうとしていたという。

人間は絶えず、「外界」がどういう「応え」を要請しているのか、何がこの場で本当に問題なのか、あるいは、何をこの場で問題にすべきかについて、外界に耳を傾け、外界の状況性のなかから「問うべき問いが何であるか」をひき出そうとする。しかしこの場合の「問うべき問い」とは、人間が外界にどう働きかけ、何をなすべきかについて、その人自身の「内なる声」との交流から生まれてくるものである。人間はこのように、外界に向かって問いかけ、問い直しているのだが、その問いは外界状況と本人の活動意図との「からみ」のなかに、それを「問うべき問い」たらしめる必然性が潜んでいると見なす。外界への「問う」という点では「能動的」であり、さらに、どういう行為がその「問い」への「応え」になるのかについての判断や決定も、その人なりに外界へ「向かっていこうとする」（それも「能動的」傾向といえる）構えによるのである。

（佐伯胖「補稿　なぜ、いま『わざ』か」、二〇〇七）

同時に大﨑は「響き合い」を求めて定例会を設け、つぎつぎにゼミ生同士のネットワークを作っていった。それは実になめらかですみやかな動きであった。大﨑の「からだで生きる」資質がＤＯ！ＤＯ！ＤＯ！と躍動し始めた。そしてゼミ生同士、誰とでも居心地のいい自然な関係性を作り上げていった。このとき大﨑は「『私たちのゼミ』が育ち始めている」と感じていた。

このように大﨑は自ら感じ取った目的を実現するため、すばやく動きつつ問い続けた。そして失敗と成功を繰り返しながら、その過程自体を自ら「成長」と認識していた。

黒船が来た！

大崎たちが四年に進級するや否やわたくしは「今年のゼミ合宿は学生だけで行くのはどうですか？」と言った。四月、三年生が入ゼミすると四年生はたちまち萎縮した。三年は明白に自己主張する兵《つわもの》どもの集まりで、新ゼミ生歓迎会から四年が三年に脅威を感じる事態に陥った。四年が「他者」、すなわち「異文化」に遭遇したのである。察し合う、気遣い合う温室の中に「他者」はいない。わたくしは直ちに合宿に同行しないことを決め、四年を「他者」と直《じか》に、存分に接触する状況に追い込んだ。だが「他者に花を持たせながら、実質的には自分たちで舞台を回す」ことを提案した。それは大崎にリーダーシップのひとつの形を示すためであり、かつ、何があっても四年が先輩としての自信を喪失しないための装置でもあった。

大崎はこのいくぶん抽象的なわたくしの提案の意味を即座に理解し、ここでも「一聴いて五を悟」り、全身を投企してこの課題に挑んでいった。この時、大崎の直感は「私たちはゼミ合宿を成功させる力がある」と叫んでいた。さらにこの提案が「ゼミ長としての責任を背負う強さを芽生えさせた」と、大崎は自分で自分の成長に気づき、それに言葉を与えていた。

わたくしは経験的に、「からだで生きる」資質の場合、曖昧《あいまい》な比喩的・抽象的表現を提示するほうが混沌とした状況に身を投げ出してからだでわかるまで粘り、やがて自分自身が主体となってそこから本質を掴みとる可能性が高いと認識している。

資質の炸裂

わたくしが同行しないとわかると、「見捨てられたのか?」「自分たちはそんなにだめなのか?」「だから先生は来ないのか?」と、ゼミ生たちの自信のなさが露呈した。しかもそれが潜在的な自分たちの共通の思いであることもわかり、絶望的事態に陥った。そこからの脱却が大﨑の第一の課題となった。

再び、GO!GO!GO!と大﨑の資質が炸裂した。まず大﨑はゼミ生の意思統一を図るため、ひとりひとりの思いを共有する時間を設けた。そこでは、「先生に来てほしい」「私たちに力がないから」「私たちの成長を願って」とゼミ生たちの意見の違いが表された。「個」が出てきたのである。つぎに大﨑は、ブレーン・ストーミングを行い「ゼミの仲を深め、三、四年ともに成長する」という目標を掲げた。だが、それでもゼミ生の不安は拭《ぬぐ》い去れない。そこで、大﨑はゼミ生がわたくしの真意を聴く機会を設け、その結果、わたくしの願いはゼミ生たちに届いたようであった。

この過程で大﨑は、対話の「場」を作り、真実の言葉を発しながら「学生だけの合宿」の実現方向に対話をコントロールしようと試みた。他方、ほかのゼミ生たちは集団の中で自分の感性や価値観を実感し、他者と比較して違いを感じ取り、それを率直に語る貴重な経験をした。さらにその経験は「沈黙」も意味深い自己表現であることを了解する機会となった。

わたくしはこの頃、ゼミ室における「場」の仕切り方に、「からだで生きる」大﨑の面目躍如を見ていた。すなわち、たった一〇人の集団だが、テーマと友人関係と係活動の変数により絶え間なく変容する意見と人間関係の組み合わせを、大﨑は肌感覚と、「からだ」に連動する空間認知能力で読み取り、気遣いながらタイミングよく「場」を仕切っていた。そしてその力量は、驚くほどすみやかに洗練されていったのである。

ゼミ室の内と外の活動の緊密性は相互連関的に高まっていく様子であった。そうして大﨑は四年生の足並みが揃うと、今度は企画を練り、ゼミに出られない学生と会い、進捗状況を確認していった。

あるとき大﨑は企画係の提案内容に違和感を持った。だが「違う」と言えなかった。しかし、わたくしの「実体験に勝るものはない」ということばを受けとめて、「いつでも客観的な視点を持ち、自らの考えや決断の責任を持つ、自分で自分に責任を持つことがリーダーには不可欠であると知った」。また、合宿の方向性が固まると、今度は企画係に一任して自分は全体を見る側に回った。なぜならこの頃、大﨑はゼミ生から「人に頼ることや任せることで集団が良い方向に向かうことを学んだ」からである（大﨑、二〇一二）。

さらに大﨑は「私たちには『井上ゼミで一年間育ってきた』という最大の強みがある。私たちが今まで学んできたことを私たちの言葉で伝えればよいのだ」とぶれない軸を掴んだ。それは「『実体験に勝るものはない』という言葉が頭で理解するのではなく、私の中にすとんと落ちて根を張った瞬間であった」という。このことは「言葉の意味よりも深くからだでわかった」と言い換えられよう。

すなわちこのとき大﨑は「腑に落ちた」のである。「腑」すなわち「はらわた」でした覚悟は揺るがない。ここまで大﨑は、目標と照らし合わせながらぶれないように自らの行動の方向を確認し、その都度、自己の内面にも光を当てて「気づき」や「学び」にことばを与えてきた。その積み重ねにより、ここまでに大﨑が理解し覚悟したこと、それは、①「先生が来ないのは悲しい」というゼミ生たちの情の世界から、ひとり自分を切り離して冷静さを保ち、②客観的視点をもって決断し、決断に責任をもち人のせいにせず、③メンバーの資質を生かす仕事を任せて集団全体の遂行水準を高め、④これらを総合して実体験をもとに目標を達成すること、である。これで新たな扉が開かれる準備が調った。

この頃、わたくしはゼミ生ひとりひとりが、つぎつぎに拓《ひら》かれゆく状況にいかに対応しているか、その資質と対応のしなやかさに注目していた。

ひまわりの花

わたくしは華やかな雰囲気の大﨑を「ひまわり娘」と呼んだ。大﨑は「ひまわり娘」であり続けるには周囲の支えが必要だと気がついた。そして、「自分はゼミ生の中心に立ち、人の心を魅了するようなひまわり畑を作ることを求められている」と思い、実現に向けて果敢に動き出した。「何をなすべきか」は状況と大﨑の内面の声との「からみ」の中で生み出された。大﨑がリーダーとして、ひまわり畑を作り、その中心に立ちたかったのである。自分の欲望のために、そしてゼミ生皆の成長のために。

再び、ゼミ生の話し合いがもたれ、そこでゼミ生たちの不安が語られた。「自分たちの力で本当にゼミ合宿をやれるのか?」と副ゼミ長（第四章、高橋）が涙を流した。だが、この時も大﨑は、その不安な情の世界から自分を引きはがし、皆と共感しつつも「自分を信じ」「ゼミ生を信じ」る覚悟の世界にひとりいた。リーダーを覚悟すること、それは「孤独」を引き受けることなのである。

こうして合宿の準備が調い、かわいい子たちは旅にでた。わたくしは「四年はリーダーとして育ち、リーダーを育て、かつ、他者と出会って自分を見つけ、その自分をもう少し表現できる人になっておいで。三年は充分に後輩体験をして帰っておいで」と祈る思いで見送った。

リーダーシップの発揮

ゼミ合宿当日、大﨑は最高責任者として「ゼミ合宿」をひとりで背負う覚悟をしていた。しかし、それはまちがいだと気がついた。ひとりの四年ゼミ生が、大﨑と呼吸を合わせて全体をまとめてくれたのを見て、目標が浸透していること、自分ひとりが背負うことではないことに気づき、自ら出過ぎないように行動を調整した。また「考えるより先にからだが動き、一瞬の的確な判断を出すリーダーシップが欠けている」ことも気がついた。

合宿の夜、緊張する大崎の周りに信頼できるゼミ生たちの顔があり、安心感と自信が芽生えて、強張ったからだが溶けていった。それは四年全員で作り上げた「わたしたちのゼミ」であり、ゼミ長として皆を導いているつもりだったが、「知らぬ間に皆が隣で足並みを揃えてくれていた」。

大崎は素直に経験を吸収して「気づき」を積み上げていった。同時に「呼吸を合わせて全体をまとめた」四年ゼミ生のタイミングと気働きは、「一聴いたら五悟る」がゼミ生に浸透していることを示しており、また四年全員が「足並みを揃えて隣にいた」は、統率力が育とうとしている大崎に寄り添っていたゼミ生皆の中に、実は、いつでもリーダーを交代できるまでにリーダーシップが共同的に育っていたことを表している。つまり、全員が互いに育ち合ったのである。

そしていよいよ四年の発表が本番を迎え、「わたしたちのゼミ」はゼミ生全員が「個を掴み、適材適所で発揮していた。良い意味で気を遣わなくなり、お互いでお互いの個性を発揮する場所を創れるようになった。持ち味を受け入れ、尊敬し合うようになった」。大崎はそれを「大輪のひまわり畑」と描写した。さらに、大崎は「飾らない、ありのままの等身大」の自分になり、その夜、大崎にとって「自分が自分で居られる場所が誕生」した。そして四年ゼミ長として、あの名スピーチ（本書一二九〜一三〇頁）を行うに至った。

本番を終えたその夜、安堵感に包まれながら四年ゼミ生は互いを称え、良いところを伝え合い、皆で共感し合った。そして、その場に居た誰もが「響き合い」を実感したという。

一夜明けると、大崎は前日には気が重かった三年生へのマナーの注意も、リーダーとしての自信と自覚を得て、実行することができた。

知るとは行為すること、行為することは知ること

大﨑は「学生だけの春合宿」を任され、結果的にゼミ生全員で目標「ゼミの仲を深め、三、四年ともに成長する」を達成した。合宿場面に指導教員のわたくしがいなくとも、「ひとりひとりを大切に」「いのちの実現を図り」ながら、わたくしが一年間大切に伝えてきた型――自他の「資質を生かす」「そのための苗床になる」「他者関係の中で育ち合う」を体現し、かつ言語的に三年生に伝えることができた。四年生はそこに至るまでの経過も含めてそう実感したとき、本当に全員で井上ゼミのゼミ生になったのである。それを大﨑は「大輪のひまわり畑」がそこにあったと表現している。自己の成長欲求の塊であった大﨑が、皆で生きてゆくことを深く実感し、いつのまにか「ひまわり畑」の中の一本のひまわりになっていた。佐伯は言う。「ここでの達成は『周辺との関係のありよう』全体が、独特の『ありよう』に変貌しているという達成であって、そのとき当人の『主人公性』は消滅している――『場の中に消えている』のである。そしてこれは大きな達成をした人がもつ特質である」(二〇一一、要約は筆者)。

そして大﨑は、「自分自身になる」ことでかけがえのない自己存在を手に入れた。そこには健全な自尊心が伴ってある。この成立要件を大﨑はスピーチで「過信ではない自信をつけるには他者の存在が必要です」と三年生に伝えている。そして最終的に「リーダーとして生きる」ことに挑戦し続けたいとの決意を得ていた。

まさに「知るとは行為すること、行為することは知ること」なのである(常盤、二〇一三)。

「守・破・離」――汝自身であれ

この間の大﨑の変容を「リーダーシップ」に焦点を当てて、「守破離」という「わざ」習得の過程として振り返ると、当初、大﨑は、わたくしのリーダーシップを手本に真似てからだに染み込ませていた《守》。この頃、大﨑に「恋をしたかのように先生を目でおってしまう」という「惚れ込み」が起こっていたが、これは学習者を「模倣」に導く要件である。対象にのめり込むには相手への深い思いを必要とする。このとき「模倣」の対象は、一つひとつの技術ではなく導く者の「精神」あるいは「姿勢」である（佐伯、二〇一一）。それは大﨑の場合、「先生がゼミ生ひとりひとりを理解し、ひとりひとりを大切にしてくださっているように、私もゼミ生との個のつながりを重視した」ことであった。

大﨑は合宿への準備の間、鋭敏な身体と感覚を駆使して前進し続け、わたくしに指示を求めなかった。わたくしも活動を見守るだけであった。稀にきかれたときは「そうするとどうなるかな?」「どうなりそう?」と、拓かれるうる状況を想像する「問い」を空中に置くか、あるいは可能性を一緒に眺めた。そしてゼミ生全員の成長ぶりを楽しんだ。

やがて大﨑は自分とわたくしとの資質の違いに気づき始めた。「真似はできるが先生にはなれない」という思いが湧き、とうとう「わたしはわたしのやり方でやる」《破》と心に決めた。「気を読む、変化に気づく、人を見抜く」特質のわたくしに比して、自分は「時間がある、相手をありのままに受け入れる」と違いを確認し、大﨑自身の「私のリーダーシップ」を掴んだ。さらに、天衣無縫（?）破天荒（?）のため学生に窘《たしな》められているわたくしを見て、Disillusion（幻滅、脱錯覚）が起こった。そして大﨑は、発展途上の自分自身を受容し、自分らしい柔らかさのリーダーシップを実現した《離》。そうして大﨑は「自分が自分になった」のである。

大﨑はわたくしのリーダーシップに違和感を覚え、自らやり抜いて実感・納得したそのリーダーシップを言葉で表現したくなった。「リーダーシップとは自分を信じ、集団を正しい方向へ導くこと。また、ひとりひとりを受容し、良さを引き出すこと」。これが大﨑自身の定義である。これこそが、大﨑が先の文章の副題に掲げた「私が掴んだ、確かなもの」である。ここでうれしく思うのは、わたくしが最初に提示したリーダーシップの形は、四年の自信喪失を避けるために操作的であったのに対し、大﨑の定義がピュアなことである。ほんものの仕事に、われを忘れるとき、それは「天」から行われ成就すると感ずるからである。

そして、資質の違いにより生じる違和感を大切に膨らませ、師の型を破りたいという欲望が生まれたとき、「守」から「破」そして「離」への扉が開くのである。

ことばで教える――自己表現による「リスク」

合宿後、大﨑はわたくしに力不足を謝った。合宿の総括として三年が四年に「先輩たちを追い越せるように頑張ります」と言ったという。大﨑は、自分たちは三年生にとって「追い越せる程度の先輩」と思われたのだと捉えて愕然《がくぜん》とした。そして、メールでその旨の報告があった。

大﨑の文章には、エネルギーが落ちて、バランスを崩している雰囲気があった。わたくしは大﨑に「はじめての大仕事、四年生は活き活きとして成長著しく大成功」と伝え、慎重を期してこの事態を一旦預かった。四年生の五月半ば、教員志望組は七月上旬の教員採用試験の追い込み、就職活動組は企業回りの山場であった。「輝かしい成功者」の勢いで社会の闘いの場に送り出す必要があった。

三年と話してみると、合宿夜の大﨑ゼミ長による「四年生が三年生の成長の苗床になる」旨のスピーチに感動して、自分たちが育ち先輩たちを乗り越えることこそ四年生の先輩たちが最も喜んでくれることと、素直に考えたゆえの発言であった。大﨑にそのまま伝えて、「自分がある言葉によって表明した考えや物事は、他人も同じ言葉によって表明すると考える（間主観性の一致……概念と言語が一致している）」（平田、一九九八）ことによるコミュニケーションの齟齬《そご》であることを教え、三、四年ともに以下を学ぶ機会とした。

①「何かを言う」ことは「何かを壊す」リスクを必ず伴う。よって「言わない」選択肢も常に意識し、言うなら相手にわかるように伝える。②想像力を働かせる。「どう言えば相手に伝わるか?」。③間主観性の一致の問題・コンテクスト（文脈）の摺り合わせは、リーダーとしての重要な課題である。最後に、「先輩を追い越す」は生意気と受け取られ、いじめ抜かれることもある、と社会の厳しさを付け加えた。ことばで教えないとわからないことがある。このごろそれが多くなったと感じる。

個人・集団の啐啄《そったく》同時

ゼミ教育のおおよそは以下である。①「ひとりひとり」と「集団全体」の生命エネルギーの動きを見る。エネルギーが高まり、つぎの段階に進みたいという「いのち」の勢いを感じたら、その都度、「機」を見て「時」を得、啐啄同時（卵の中の雛と母鳥が同時に卵の殻をつつく）、すなわち卵の殻が割れて幾度も新しく産まれる営みを繰り返す。つまり、啐啄同時を個人のみならず、集団全体に対しても行う。②学生は同輩との「横」の関係、先輩と後輩との「縦」の関係集団でゼミの行事や卒論作成を成し遂げる。その過程で他者を鏡として自己認識を得、協力して成し遂げる術と喜びを知るようである。③集団活動において、学生は（1）以心伝心など「察し」の日本文化を生きる術《すべ》を磨き、（2）来《きた》るべき多文化共生社会を見据えて「異質な個性の受け入れと喜び」という感性（井上・神田橋、二〇〇一）と、いい意味で、相互に壊れては再生する、すなわち「変容」を恐れずその過程を味わう力量を形成していると感ずる。その第一歩が他者を信じて「自己表現」する課題であった。④これらさまざまな経験を契機に、学生は「自分探し」を始め自己形成を試み、そこで掴んだ自らの課題を卒業論文のテーマに取り上げることが多い。わたくしは求めに応じて卒論指導と並行して、「開花を求める資質を嗅ぎ取りそれに共振れしつつ」（井上・神田橋、二〇〇一）伴走し、学生ひとりひとりが「汝自身にな」り、皆が百花繚乱に咲き誇るように見守る。

卒業論文作成

卒業論文作成については、学生が自由意志と責任において、納得のいくテーマで主体的に進める。大﨑は「リーダーシップ」で書きたいと申し出た。大﨑は論文作成以前にリーダーシップを「実感、納得、本音」（梶田、一九八九）で十分に経験したので、①経験により掴んだ直感やイメージを言語化して認識する。②この認識を支持する論文と、異論、反論の論文を読み、持論を相対化して議論する。③データをある「枠組み」から見るために方法を吟味する。④それによって得られた結果、結論をもとに幾分なりとも一般化を試みる。およそこれらを示すと、大﨑はもの凄い勢いで今度は全身を投企して卒論作成に取り組んでいった。社会人リーダーの研究のために「プロジェクトX」の分析を勧めたのは、社会に出た時リーダーが背負う「孤独の深さ」と、男性リーダーのありようも知っておく必要があると感じたからである。

卒論の中で大﨑は、自分自身をケーススタディのひとつとして取り上げて分析し、「自分にとってリーダーシップとは」の問いに対して次のように答えている。

「筆者は『成長』を、自分の能力以上の課題を乗り越えることで、以前の自分よりも能力的・精神的に一段階あがることであると考える。よってリーダーシップを執る機会が与えられるということは、今の自分が持っている以上の力を発揮する機会が与えられると言い換えできる。またそれは筆者にとって『未来への自分』への挑戦である。これを克服することによって、『今の自分』の可能性を広げていくことができる。それは『今の自分』と『未来の自分』の根幹となっている『自己信頼感』を一層高める要因になると考える。そのようにして『今の自分』と『未来への自分』は常に変動を産みだすものでありたいと願っている。新たな『今の自分』が構築されることで、『未来への自分』に求めるものも変わってくる。まさにリーダーシップは筆者に成長という名の変化を与えてくれるものである」（大﨑、二〇一〇）

調査研究と思索の結果は本人の文章にある。高い評価を得た本論には、大﨑の「からだで生きる」資質が満開に花開いて、言語領域もぐんぐんと音を立てて伸びた跡が見える。わたくしは大﨑を見ていて、人の幸せを思いながらいまを純粋に生きる情熱家は、しなやかな発想と幸福感に満たされてどこまでも伸びるのだと感じ入るのである。

おわりに

ある日の午後、ゼミ生全員で相互の「卒論の目次」を検討していた。そのとき、ひとりの学生の目次が明らかにバランスを欠いていた。だが、指導者のわたくしはそれを指摘しない。他の学生には指摘するのに。その学生は親が幾分支配的なために依存性が高く、卒論制作も教員の指示を必要とした。だがこの頃、本人が自分自身の依存に気づき、親から離脱しようともがいていることを皆が察していた。そんな彼女が生まれてはじめて自分で決めた目次である。したがって「バランスの悪さ」は、自立の「勲章」である。ゆえに、先生は指摘しないのだ、と皆が察する。皆が気づいたことをわたくしも感じる。当の本人も、「偏り」に気づくが「自分はこれでいいんだ」と意志固く思う。その思いも皆感ずる。誰も何も言わず、闘う者をやさしく見守る。おだやかでやさしい時間のなかに「気づき合い」のシンフォニーが流れる。だがこのやさしさ、この気づき合いは、三年生の当初、温室でのそこはかとない怯えを隠したやさしさとは違う。思いを闘わせて、話し合いを重ね、皆でひとつのことをやり遂げたあとに出てきた、仲間を信じるやさしさである。こうして「ひとりひとりの生命エネルギーに感応し、いのちの充実に寄り添うわざ」が、静寂の中でさり気なくゼミ生に受け継がれていく。皆のこのやさしさを引き出し、「わざ」が伝わる土壌を造ったのはゼミ長の大崎である。わたくしは「沈黙の質」で連帯感を見極めながら、つぎのエネルギーのうねりの夢を見る。月日は流れ木の葉が色づく頃には、資質が開花している者、つぼみが膨らみはじめた者、この一瞬にはじけた者、研究室に百花繚乱の香りが立ち込める。皆、時にためらいながら、しかし、それほど恐れず気を遣わず自己表現して対話になっている。

やがて桜のつぼみが薄紅色に色づく頃、ゼミ生たちは旅立っていった。[註1] そして、卒業後もその絆は強く結ばれ、それぞれの置かれた場所で試練を乗り越えて花を咲かせ続けているという。そして皆、もっともっと成長したいという。

「うん、それなら大﨑、そろそろ五から十にしない？」

註1　この年のゼミ生一〇名は、五名が公立小学校教諭、四名が民間企業人、そしてひとりが舞台女優としての未来に向かって学舎を後にした。

引用文献

井上信子・神田橋條治（対話）（二〇〇一）『対話の技：資質により添う心理援助』新曜社　iv、二二六頁
大﨑菜緒子（二〇一〇）自己実現の過程における一考察：資質開花を誘うリーダーシップとは．『日本女子大学教育学科卒業論文』五九、六〇頁
梶田叡一（一九八九）『内面性の人間教育を：真の自立を育む』金子書房　四〇頁
佐伯胖（二〇〇七）「補稿　なぜ、いま『わざ』か」生田久美子『「わざ」から知る（新装版）』東京大学出版会　一四五〜一四六頁
佐伯胖（二〇一一）「人が『わざキン』に感染するとき」『わざ言語：感覚の共有を通しての「学び」へ』慶応義塾大学出版会　一九五、一九六頁
髙楠順次郎（一九二四）「雑宝蔵経（七種施因縁）」『大蔵経』大正一切經刊行會　四七九頁
常盤義伸（編）（二〇一三）『禅八講：鈴木大拙　最終講義』角川選書　九二、九五頁
平田オリザ（一九九八）『演劇入門』講談社現代新書　一五一頁

第六章 「共鳴する力としての学び」（ラーニング・ポートフォリオ）

岩楯祐子

二〇一二年の二月中旬。特別支援教育について学ぶ大学院の自主ゼミ最終日、一年の学びの締めくくりとなる時間を、私はどこか長雨の過ぎ去った翌朝のような気分で迎えていた。

当初は数名の受講生から始まった講義であるが、回を重ねるにつれ希望者が増え、ついには研究室の椅子が足りなくなるほどの大所帯と化しながらも、そこに満ちるのは圧迫感ではなく常に和やかな調和であった。そんな暖かい空気を「仲間」と共有する日々への愛おしさ、幕引きを見送るに似た寂寥感も確かにあっただろう。けれどより個人的な感慨について述べるならば、この講義の区切りとなる場に居合わせることこそが、ちょうど一年前、入学したての私が抱いたささやかな一大決心の達成を意味していたためである。

忘れもしない、東日本大震災により一カ月近くも遅れてようやく迎えた入学式の日のことである。式典に先立ち、教授および大学院生がオリエンテーションのために集っていた部屋の中、配布資料の『教育発達心理学特論Ⅱ』そして『特別支援教育』という文字にふと目が留まった。が、すぐに受講を諦めかけた。もともと大学まで教育哲学・思想史を中心に学んでいた私にとって、特別支援教育という分野は未知なる森であり、それが大学院の講義ともなると極めて高度な知を要求されることは想像に難くない。

なにより専門的な討論どころか、既知の顔ぶればかりのゼミでただ意見を一言述べるだけで震えるほど動悸が激しくなる私には、よく存じ上げない教授と膝を詰めて言葉を交わす状況が恐ろしく、興味はあるが苦悩するのは明らかだ。およそ自分にはできまい、と言い聞かせるあまり上の空だった頭に、自己紹介のためマイクを司会者から差し出されたのは、そんな時だった。

同時にさっと集まる部屋中の注視は、極度の緊張家にとって不意打ちにも等しかった。早くも血の気が引いた手でマイクを受け取るあいだ、真っ白になった頭で必死に台詞を考えていたのを覚えている。失敗しないよう、だめな学生だと思われないよう……そうしてやっと絞り出した声だというのに、周囲を見渡す余裕などなかったというのに、口を開きかけた瞬間、私の視線はなぜか意識ごと一点に引き寄せられた。座っていた窓際からもっとも遠いドア側の、対角線で結ばれたひとつの教授席にて、咲くような微笑みが「私」を見守っている。ほんの数秒に満たない一拍の中、確かに両者のまなざしは合い、胸奥に流れ込む何かがあった。揺れていた声はいつしか平衡を取り戻し、気づけば自己紹介を終えて座席に沈む自分自身と、手を見えぬ手に握られ、支えられたかのような心地だけが残されていた。

目が合ったから、ただそれだけの理由でろくに知らない環境に踏み切る己を、かつての自分ならば諫めていたに違いない。帰宅後にシラバスを広げてやはり途方に暮れながら、しかし私の指はいち早く『教育発達心理学特論Ⅱ[註1]』を登録表に記していた。あの微笑みの主である井上先生の下で学ぶのだと、一切の迷いなく、まるで無意識に導かれるように。

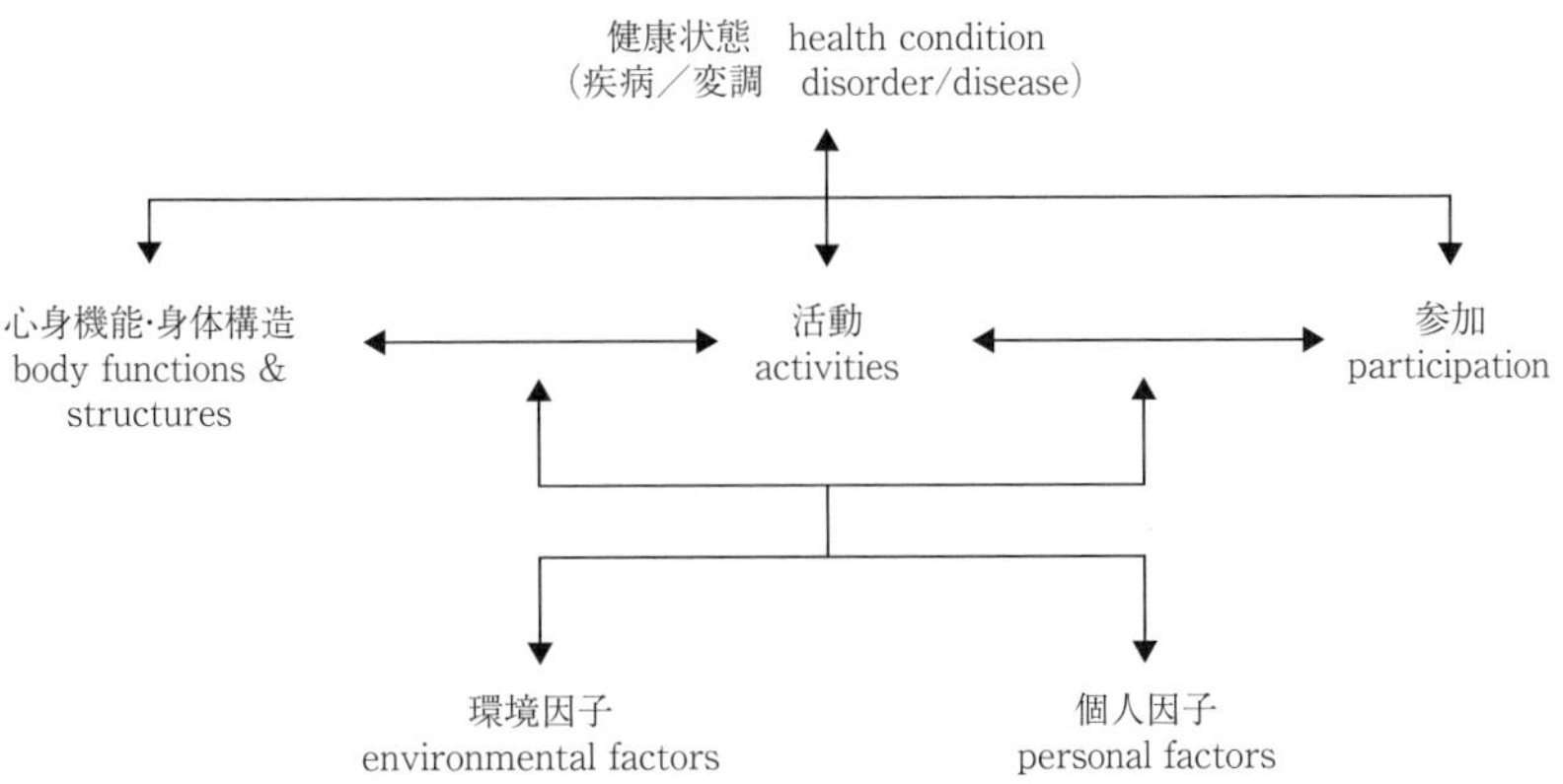

図６－１　国際生活機能分類（ICF）（特別支援教育士資格認定協会編、二〇〇七より）

学習の振り返り[註2]

この講義から何を学ぶことができたか

一連の学びを通して強く感じたのは、それぞれが生まれ持つバランスの不安定さゆえに、時に支え合い、時に衝突しながら、それでも人間は集団で生きてゆくために作られた存在なのでは、という思いである。発端となったのはテキスト（特別支援教育士資格認定協会編、二〇〇七）に掲載されたＩＣＦの構造図への感銘であるが、その思いをますます深めてくれた講義中の友人たちとの交流を含め、ＩＣＦについては具体的に後述したい。

どのような状態で（なぜ）学ぶことができたか

私は幼い頃から外に一歩踏み出すことが怖かった。それは文字通り家の玄関から世界へ、の意味であり、己の心の内側からといった意味でもある。真新しいランドセルを背負い、靴紐もきっちり結んだ準備万端の格好でありながら、朝の玄関先で「休みたい」と母に向かって何度泣いたことだろう。やや悪知恵の回る年齢になれば泣き落としは諦め、代わりに時々図書館に潜んで長い一日をやり過ごすことを覚えた。人目を避けて自習コーナーの片隅、物言わぬ本を相手にしている時だけ、普段抱えている重石から解放される気分になれた。私にとって扉一枚を隔てた世界とは、それほどまでに緊張に満ち溢れた舞台であった。

たとえば好意や評価を得たいと望む一方で、それを欲するあまり他者のプライベートな感情に土足で踏み込み、結果「あなたはしつこい」と相手にされなくなってしまう人間関係、または失敗すまいと意識するほど手足が硬直し、思うような成功が得られないチャレンジなどである。

教室でのおしゃべりから、国語の朗読・歌の独唱など学校生活の些細なテストに至るまで、日常のそこかしこに無数に散らばる「自分以外の誰か」のまなざしは、己が価値を測られる物差しであると同時に、成長するにつれて周囲に気に入られようと精一杯ふるまう自分の一挙一動を監視する、己の内なるまなざしともなってゆく。傷つくことも、傷つけることも過剰に恐れる脆い自我が、これら内外の視線にひたすら震えている間はまだいい。他者と出会って心を通わせる交流への渇望と、失敗のたび積もる苦痛がせめぎ合い、澱のような苦痛が胸の大部分を支配するようになった時期から、私は人目どころか他者との深いつながり自体を避ける性格へと育ってしまった。

そういった気質を抱えるまま大学院に進むにあたって『近代イギリスの家庭教育』という研究テーマを選んだことは、おそらく「社会」ないし「他人」に私が長年向け続けたネガティブなイメージと無関係ではない。紆余曲折はありつつも、卒業論文から継続して研究していた一八～二〇世紀英国の家庭教育、その論争の背後には多くが「家」を子どもの心理的・物理的な保護壁とみなし、対立軸には常に「社会」が彼らの無垢なる善性を損なう悪徳の温床として想定されていた。

「神は人間を群の中で育てられるようにではなく、家族の中で育てられるように作った」と述べるガスリー、「人間は凝り固まれば固まるほど堕落する」とし『エミール』を著したルソーなど、著名な教育学者の思想を学ぶ中、無理をして登校する必要がないなんて羨ましいなぁ、と単純な憧れを寄せていた傍ら、数百年前の人々もまた感じていた「社会」を生きることの苦しみ——誰しもが自分らしく在りたいと望みながらも、ありふれた日々の出来事にさえ我が身を削り取られるような痛みが、現代の私の中に今なお存在するならば、きっと今後も解決されることはないのだろうと、そう諦観を覚えていた。家庭教育が望めないならば極力人付き合いを避け、失敗の可能性から逃げることが、弱い自我にとって最善なのだと。

そんな認識を改めるきっかけとなったのが、今回の講義テキストに掲載されていたＩＣＦの分類である。

学習者として何をどのように学んだか

ＩＣＦ（International Classification of Functioning Disability and Health）とは二〇〇一年にＷＨＯがそれまでの国際障害分類（ＩＣＩＤＨ）の改訂版として発表した分類であり、その構造はまず「生活機能と障害」「背景因子」という二部門に分かれ、前者は「心身機能・身体構造」と「活動」と「参加」、後者は「環境因子」と「個人因子」から構成される。障害を有することで起きるさまざまな社会的状況を、当人の障害のみに要因を求めるのではなく、人間を取り巻くあらゆる要素を考察に加え、日常生活を送るうえでの制限や制約を多角的に理解しようとする視点、そして各々のニーズに応じた支援を可能とする分類である。

このＩＣＦの構造を図として表記すると、「活動」を中心に各要素がそれぞれ線と線で結ばれ、引き合う矢印がどこか天秤のように見えるだろう（図６―１）。私は最初にそれを目にした瞬間、ベビーベッドの上で揺れる吊り下げ飾りを思い出した。平衡となるようなバランスで重ねられた棒の先に、たくさんの花や星のモチーフが糸で結ばれた飾りである。絶妙な配置をもって均等を保つそれは、ちょんと親の指先が触れるだけで、赤ん坊の息の一吹きで、容易にバランスを崩してしまうが、同様に新たな力が加わっただけで再び安定を取り戻すこともできるのだ。

ゆらゆらと絶えず揺れる吊り下げ飾りに似たＩＣＦ構造図には、バランスを崩す原因を本人のみに還元せんとする意識は見当たらない。それは設備やサポート環境、本人の体調や特性など多様な構成要素が絡み合い、互いに影響を与えながらも、ふとした弾みに力加減が変わることでバランスの崩れた己自身のみならず、相手をも快い位置に引き戻せる可能性を持つ。

各々が儚い平衡を有しつつ、寄り添うことで安定を保ち生きている「社会」の構造を、講義を通して初めて学んだような感覚だった。


この講義は、他の講義の学習やこれからの人生にどのようにつながりがあったか

「人生」という言葉を考える際、思い返してみると過去の自分は「誰か」という存在を滅多に考慮していなかった気がする。他者と深いかかわりを持たずに暮らすということは、苦々しい自己嫌悪や挫折の場から逃れることが叶う一方、裏側にてＩＣＦの図でいう環境因子、すなわち「誰かの変革にとっての自分」という存在になれる可能性を捨て去っていたのではないだろうか。

学習への態度も自然とそのような生き方を反映し、知識は己が目標を達成するために蓄積されるべきものであり、多少人より得意な分野があったとしても、平均より劣る部分を逐一反省しては「私って『普通』じゃないんだ」と劣等感を養っていた。

その能力の凸凹、たとえば書き取りは好きだけれど暗算が苦手、やる気はあるのに計画性がない、といったアンバランスは、人間が生まれながらにして秘めた特性であり、かつて欠点と呼ばれた偏りですら、正しく認知することで己の肯定的な人生・資質の充実のため生かせる武器となりうるのだと感じた。

この講義を楽しむことができたか。それはどのような意味においてか

頑なに逸脱を恐れ、波風のない生き方にこだわり続けていた私にとって、自分自身の在りようと真正面から向き合う必要があった本講義はときに動揺を伴い、石を投げ込まれる水面のように今までの自己像を揺らされては苦悩することが度々あった。

しかし発達特性について理解を深め、テキストを介して己を客観視し、整理して捉え直す。その行為を徐々に楽しめるようになったのは、紛れもなくゼミに集った友人たちのおかげである。歓談に花を咲かせ、明るくも真摯に肩を並べて意見を交わせる空気に触れるたび、人間同士が相互に関係しあう「社会」という意味をようやく悟れた心地だった。

この講義をもう一度やり直すとしたら、学習を高めたり、向上したりするために何か違ったことをするか

『教育発達心理学特論Ⅱ』の講義および自主ゼミに臨んだ段階では、まだ教育者としての観点よりも自己を理解したいとの意欲が強かった。この先の人生を送るうえで、幾度となく立ち戻って振り返りたい分野だと思っているが、もし再び最初から学びをやり直すとすれば、今度こそ「他者」という生命のために何が自分にはできるのか、という視点から内容の理解を出発したい。

学ぶとは何か

己の手を引かれ、他者の手を引きながら、共にさらなる進歩のため高みを目指してゆく、人類全体の共鳴行為である。

おわりに

どうしてか気になって堪らないので話したい。そんな理屈抜きの感情だけでクラスへ飛び込んだ。不確かな動機ではあったけれど、ＩＣＦ構造図への感銘を中心として講義の思い出をたどるうち、オリエンテーションのさなか暖かな微笑みに心を吸い寄せられたこと、そして緊張していた心がその瞬間「支えられた」感覚に包まれたこと、それらを改めて顧みれば、人間同士が支え合う理念に基づく特別支援教育について、私が井上先生のもとで学ぼうと願い立ったのは単なる偶然ではない、必然だったと今にして確信している。

なぜなら不均衡・不安定さゆえにバランスを見失う時があったとしても、自分以外の誰かがふと手を引くことで、崩れかけた平衡を取り戻すことだってできる。意識下でずっと理解したいと希《ねが》っていた社会の姿、人と人とが寄り添うとは如何なることなのかという思いを喚起させ、同時にこの上ない実感として胸に刻んでくれたのが、あの入学式オリエンテーションにおける一瞬の交流、独り震えていた私を遠くから見守ってくれていた眼差しであったのだから。

註1　本講義は二〇一一年度に開講され、「響き合った仲間たち」（本書二八八～二九五頁）もこの時の受講者である。
註2　質問項目は、以下の文献による。土持ゲーリー法一（二〇〇九）「資料　ラーニング・ポートフォリオ（学習実践記録）学生サンプル」『ラーニング・ポートフォリオ：学習改善の秘訣』東信堂　二二三～二四七頁

●引用文献
上野一彦・竹田契一・下司昌一（監修）／特別支援教育士資格認定協会（編）（二〇〇七）『特別支援教育の理論と実践：Ｓ．Ｅ．Ｎ．Ｓ養成セミナー：Ⅰ　概論・アセスメント』金剛出版

［いわだて　ゆうこ　二〇一〇年度卒。現在、日本女子大学ティーチング・アシスタント］

岩楯さんとのかかわり

井上信子

岩楯さんの文章にふれた瞬間《とき》、幼いころから病みがちで、生への執着が薄いわたくしが、「生きなければならない」と思ったのです。こんなふうに思ってくれる学生さんがひとりでもいてくれるなら、生きなければならない、と。生まれてはじめてのことでした。

岩楯さんと、学友と、わたくしの大学院ゼミでの出会いは、良寛の詩のようであったと感じます。

花無心招蝶　　花は蝶《ちょう》を招くに心無く
蝶無心尋花　　蝶は花を尋《たず》ぬるに心無し。
花開時蝶来　　花開く時　蝶来《きた》り
蝶来時花開　　蝶来る時　花開く。
吾亦不知人　　吾《われ》も亦《また》　人を知らず
人亦不知吾　　人も亦　吾を知らず。
不知従帝則　　知らずとも　帝則《ていそく》[註1]に従う。

《意味》花に蝶を招き寄せる心があるのでもなく、蝶に花を尋ね廻る心があるのでもない。けれども、花の開くときは蝶が来るし、蝶が来るときに花は開いている。（同様に、私も相手を気にせぬままあるように対し、人もわたしにあわせることなくその人なりにふるまいながら、互いに人としての自然の道に従ってゆく）。

（東郷、一九五九。かっこ内は筆者による）

だがなぜ花は咲き、蝶は花を訪ねるのであろう。

この帝則、すなわち「大自然の理法」を思うとき、生かし生かされているつながりが浮き彫りにされる。他との関係性の意味が立ち現れてくる。すでにこのわたくしも関係性の網の目のなかにあることを感ずる。「響き合った仲間たち」のそれぞれの想いは、本書の後半に綴《つづ》られています（二八八～二九五頁）。いまひとつ、岩楯さんの文章はふと、杜甫の詩「春夜　好雨」（七六一、春）を思い起こさせてくれました。

春夜喜雨
好雨知時節
當春乃發生
随風潛入夜
潤物細無聲
野徑雲俱黑
江船火獨明

春夜《しゅんや》　雨《あめ》を喜《よろこ》ぶ
好雨《こうう》　時節《じせつ》を知り
春に当たりて乃《すなわ》ち発生《はっせい》す
風に随《したが》いて潜《ひそ》かに夜に入り
物を潤し細《こま》やかにして声無《こえな》し
野径《やけい》雲は倶《とも》に黒く
江船《こうせん》　火は独《ひと》り明らかなり

暁看紅濕處　暁《あかつき》に紅《くれない》の湿《しめ》れる処《ところ》を看《み》れば
花重錦官城[註2]　花は錦官城《きんかんじょう》に重《おも》からん

（興膳、二〇〇九より引用）

《和訳》

夕闇の中、音もなく
雨は降るべき時節を心得て、
春なればこそ降りだして万物をはぐくむ。
雨は風のまにまにしとしとと夜にしのびこみ
なべてのものをしっとりとぬらしながら音もたてぬ
野の小径は天の雨雲に覆われて暗く
江《かわ》に浮かぶ船の漁火《いさりび》だけが輝いている
夜が明けて紅の色に湿ったあたりを見やれば雨にぬれた花
錦官城にも重く咲き乱れているに違いない。

（興膳、二〇〇九：山口、二〇一一を一部改変）

だが、花もいかなる存在も関係性も移ろいの中にある。その果てに、抗うことのできない死がある。生々流転。限りがあり、かけがえのない「わたくし」のいのち。孤独を引き受けながら「春の雨」のように生きたいと思いました。いっしょに生きよう、岩楯さん。

追記

岩楯さんは哲学的思考と文学的な感受性を持ち合わせ、「ことばとともに生きる」才能を活かして、いまわたくしのゼミ生の指導を手伝ってくれている。

謝辞

浅学のわたくしが大学院の本講義を遂行できましたのは、ひとえに京都研修中、竹田契一先生（大阪教育大学名誉教授。大阪医科大学LDセンター顧問。特別支援教育士資格認定協会理事長）から最新で最適の「特別支援教育」を、一からご教授賜ることができたゆえでございます。ここに記して感謝いたします。

註1　帝則とは、大自然の理法のこと。
註2　錦官城は、「成都」（地名）の別称。錦官城は、成都が天子御用の錦の産地であったことから名づけられた。

引用文献

興膳宏（二〇〇九）『杜甫：憂愁の詩人を超えて』岩波書店　一八七〜一九〇頁
東郷豊治（編著）（一九五九）『良寛全集　上』東京創元社　三四八〜三四九頁
山口直樹（二〇一一）『李白　杜甫：詩仙、天衣無縫を詠い　詩聖、悲憤慷慨を詠う』学研パブリッシング　二〇八〜二一一頁

第七章　「資質を活かした自己実現――『学び』がもたらす自己治癒力」

山田安寿佐

春の知らせ

「わたくしの授業でTAの補助をなさらない？」

京都での一年間の研修を終えられた井上先生からお電話を頂いたのは、四年次の新学期だった。そのお誘いは、嬉しくもあり戸惑いもあった。なぜなら、それまで近寄ることさえできなかった先生からのご依頼で、同時に、「瞬間を生きる」先生への臨機応変な対応が求められることへの不安がよぎったからだった。しかし、井上ゼミに入ることを熱望していたにもかかわらず、複雑な事情で実現しなかったがゆえに頂けた機会だと受け取り、お引き受けした。

先生の『児童心理学』の講義を一年次で受講し、人に優しくなることができた。極端な話ではあるが、凶悪犯罪を起こした人に対して、確かに憎いし許せないけれど、そうせざるを得ない悲しみがあったのだろうと心を寄せられるようになった。同様に、いじめる子どもに対する理解も変わった。心理学と教育学がないまぜの学問と実践への憧れに加え、先生の人格や感性からにじみ出る魅力に惹かれていた。鈍感で頭でっかちな私だから、先生のように五感の鋭い豊かな感性を吸収したかった。だから、目標であった井上ゼミ所属が叶わなかったときから毎日が心細く、どんよりとした冬空であった。先生からのお電話は、そんな私の心をそっと包み込み、新しい世界へ導くような春の知らせであった。

間もなく不思議なことがあった。先生に「おばあちゃん子?」ときかれ、「小さい頃はよく預けられていたので、そうでした」と伝えると、先生は「あなたのそばにおばあさまのお姿があってね。情の深い方のようね」と言われた。その祖母の強靭さと賢さが、私を守っているように見えるとのことだった。[註1]最後に、「そこはかとない不安を抱えているようね」とも言われた。

心に響く授業

四年次の前期、『学校カウンセリング基礎論A』のTAの補助をした。私と井上先生から、私の所属ゼミの指導教授にお手伝いすることを伝え、ご承諾を得た。初めは資料の配布をするのみだったが、井上先生の指示で少しずつ仕事内容が加わった。まず、何度か教壇に立ち五分くらいで宿題の模範解答の解説をした。この時には、受講生の感想文に「山田さんはメモを読み上げているだけだったので改善したほうがいいと思う」という厳しいコメントがあった。次に二〇分間、私の卒論テーマである「愛着」の研究発表をした。この時には、「教育に大切なことは、小学校からだと思っていました。幼稚園での愛着形成が非常に大切なことを感じ、もう一度自分を見直すべきだと思いました」という感想文をもらった。彼女は幼稚園教諭を目指しているということだったので、私の発表が、自分を見つめ返し、より良い未来を模索するきっかけとなったことが嬉しかった。先生の授業が心に響く言葉で溢れているように、私も学生の心に「何か」響かせることができたのだと思う。発表を通して、「愛着」を伝えられたことに対する充実感を感じると同時に「愛着」の興味深さにいっそう魅了され、もっと追究したいと心から思った。

資質への気づき

前期の講義も終盤にさしかかったある日、早朝に先生の体調が悪化し、急に休講とせざるをえなくなった。先生から、休講に気づかず来学した学生の時間が無駄にならないように、学びになるように、私に研究発表を九〇分間行ってほしいという依頼を受けた。ただし、先生が後日補講をされるので出欠はとらず、学生の参加不参加は自由という条件だった。発表内容は『児童期における心理的離乳の学年比較』についての質問紙調査の概要である。途中退出する学生が続出するのではないかと不安だった。この時に限らず、先生からの高い期待と学生の見本でなければならないことへのプレッシャーを常に感じていた。そんなときはいつも「失敗してもいい！　失敗するくらいがちょうどいい」と言い聞かせて乗り越えてきた。けれど、最も根底にある「なんとかなる！」という無条件の自己信頼感がなによりも励みになった。

しかし、発表が始まると、学生とのやりとりが楽しくて仕方なかった。一方的に説明するのではなく、受講生に予想させたり意見を聞いたりしながら、板書も活用するように努めた。心の中で「研究することってこんなに楽しいんだよ。勉強って楽しいよ」と思いながら、マイクを握っていた。誰一人途中退出する者はいなかった。そればかりか、終わった時「調査論文を欲しい」という学生が一〇名ほど教卓に来てくれた。後日、それらを先生にご報告すると「それはあなたの発表に中身があったってことよ。よかったね。ありがとう」と笑顔でポンッと肩に手を置いてくださった。「授業をしている山田さんは楽しそうでした」という学生からの感想と、「教えることがあなたの資質に合っている」という先生の感想とが一致した。さらに、先生から「成長、めざましい。あなたもめきめきと音をたてて変容しています」とメールを頂き、初夏の緑樹の成長と自分が重なり合うような情景が浮かんだ。

前期の最終日の帰り道、先生は「この前期のうちに、おばあさま、恋人にその席を譲ったのね」とお茶目に話された。でも私は、この時はまだ、この言葉がなんとなく腑に落ちなかった。

自己内対話

後期は、『児童心理学』のTAの補助もした。この講義は、私も一年次に受講した思い出の授業だ。あの時、授業を受けただけで、自分の悩みを解決できたことと自己内対話が始まったことが非常に印象的で、井上ゼミを強く希望するきっかけとなった。

高校時代、私は友人関係が表面的になってしまい、自分の中にこもりがちだった。だから一年次の私は、大学時代に親友を作ろうと焦っていた。その頃授業で「青年前期」が友人関係を築く最も敏感な時期であると学び、つぎつぎと気づきが連鎖した。初めに思い出したのは、大親友から高校受験をきっかけに絶交されたことである。「あの絶交は、最も敏感な時期に起きたから、大きなトラウマになったんだ……。高校時代、親友ができなかったのは私が親友を作れない人間なのではなく、また絶交になることが怖くて、無意識が邪魔していたからなんだ。そういうことか！　じゃあ、もう大丈夫、失敗してもいいじゃないか。怖れずに心を開いていいいんだ」心の声が嬉しそうに躍った。そして、この興奮を授業後の感想文に（いや、先生に）ぶつけた。きっと、いつもの何倍も筆圧の強い文字だったに違いない。そして、大学生活において心を開き

「素《す》」の自分でいられる親友が何人もできた。

さらに、この講義にて、「資質」という言葉がいったい何を指すのかを感じ取ることができた。私の資質は何であるのか、資質を開花させたい、何か自分の殻を破りたい、今とは違う輝かしい自分が待っている気がする、そんな問いや期待がいつも心の中にあった。資質の糸口を探すため、母から私の幼少期の様子を聞き、好きなことを思い返してみた。いま振り返ると、この『児童心理学』は、私のこれまでの人生の中で、最もドラマティックな毎日となった学生生活の幕を開け、資質を問い、自分を問う、自己内対話の旅へと導く授業であった。そして、その旅には、先生の存在が必要不可欠であることを私は感じ取っていた。だから再びこの講義にTAの補助として参加することができて嬉しかった。

この講義では、ユニバーサルデザインの授業づくり[註2]を目指し、感想文に書かれた、たった一人の学生の声も大切にした。聴覚的作動記憶が弱く、ノートテイキングを不得意とする学生の支援も行っていた。夏休みの先生の大学院講義（発達障害、特別支援教育）で支援の背後にある知見を学んでいたが、このような授業づくりを目指す先生のそばで、授業の工夫を学び、実践的な経験を積むことができた。

成長への気づき

一〇月上旬、先生から「優れた弟子には抽象的な指導がいいんだ。（岡倉）天心はそれを心得ていた、優れた教育者だね」というメールが届いた。このメールを頂いた頃、教員採用試験に合格したこともあり、「あ、これから私は優れた教育者を目指さなければならないんだ」と次なる段階への学びを直感した。しかし、あえて先生を客観的に批判すると、その指導や指示の抽象性であると思う。それゆえ未熟な私は困惑し、先生の意図に沿わない解釈によって勘違いや連絡ミスがあったような気がする。もう少し、具体的なご指導やご指示も頂きたいなと思うことがあったのも事実である。

その頃、教員を目指す前はスクール・カウンセラーを志していたことを先生にお伝えするや、後輩たちにアドヴァイスをする機会が圧倒的に増え、コーディネートの仕事も頼まれるようになった。そんな日々が続いていた頃、先生からのメールに対して「受講生の反応を伺ってまた対応いたしましょう」と答えた。すると先生から「また対応いたしましょう、かぁ。自信がついたね、対等だね。うれしいなあ」と返信があった。私は、気づいていなかったが、着実に成長できていることをこの時はじめて認識することができた。

自分を見つめる――「つまずきを光り輝く財産に」

このように、成果が出てきているにもかかわらず、私は自分に自信を持つことができなかった。なんとなく不安感がつきまとい、多少の無理があっても何事にも必死に一生懸命取り組んでしまう。この不安感はどこから来ているのだろうか。

一〇月上旬には、本格的に卒業論文に取り掛かり始めた。この頃「愛着」に関係ある書籍として、先生は「これを読んでごらん」と、それ以上何も言わずに絵本『パパとママのたからもの』[註3]を貸してくださった。読んでみて最初に思ったことは「なぜ、こんな本を私に?」という、反発であった。まだ、自身のテーマに向き合うことができず、無意識が必死の抵抗をしているような感覚であったのだと思う。結局、一度読んだだけで絵本を開く気になれず、卒論を書き終わるまで読むことはなかった。

この反発感――心の声――を無視したせいか、愛着の定義を明確に打ち出さなければならないところで何度もつまずき、ようやく先生にご指導を請うことにした。

「そろそろ話す頃だね……、あなたがずっとこだわってきたもの、アタッチメント（愛着）にあなた自身の課題があるのかなぁ。聡明なあなたなのに、今回は定義でつまずいて、先へ進めていない。ここに課題があるから？　でも、つまずきは、意識化すれば光り輝く財産になるんだよ」。

その言葉に、私はただただ涙が流れ、やっとの思いでうなずくことしかできなかった。今までだったら、絵本を初めて読んだ時のように、反発や抵抗の気持ちになったと思う。でもこのときはなぜか、「素直に耳を傾けてみよう」と思えた。

「自分で愛着の病理を勉強したらわかるから。どんなに自分は愛されてきたか。子どもはね、勘違いしちゃうんだもん。でもね、こんなによく育って、かわいがられていないわけないから」。「今は、外からいろんなものを詰め込んで、とっちらかっているんだ。自分の外側の話なんだ。もっと内面に迫らなきゃ。少し、静寂の中で深めるといいよ。これまでのことを振り返って、一つひとつのことに『ありがとう』っていうの。『ありがとう』はね、許せない気持ちを解き放つから」と言うと、先生は瞑想の仕方を教えてくれた。

「キリストはいいことを言っているんだ。『汝の敵を愛せよ』って。それは生きていく武器になるから。憎んでる間は、自分が死んでるの。今を生きてないの。過去を生きてるの。そんなのさ〜、もったいないじゃん？　許せないような先生じゃさ、子どもは不安でついていけないんだよ。卒論をきっかけに、自分の問題に向き合ってみない？　これが私のゼミでやっている教育と心理臨床の出会いなんだぁ」。

私は、幼少期に親から充分な愛をもらえなかったのではないか、私より病気の兄がいつも一番で私は大事にされてないのではないか、どうして母と一緒にいたいのに父や祖父母とお留守番なのか、そんな気持ちがこの歳になってもずっと続いて寂しい思いばかりである。病気の子を取り上げるドラマやドキュメンタリーでは、どうしても病気の人にスポットライトが当たり、視聴者はそちらに感動する。私が「寂しい」って言うと母は決まって「お兄ちゃんは痛い思いしてるんだよ。あず（私）は痛くないでしょ」と答える。痛いのは体じゃない、心だった。私だって寂しいのに、苦しいのに、なんでそれを理解してくれないの？　そんなふうにずっと思ってきた。私が教わってきた学校の先生すら気づいてくれなかった。友人の心無い噂話に傷ついたこともある。

この思いを理解できる人はいなかったが、初めて、私と同じような思いを抱えている人を知ったのは、三年次に受講した他学科のある授業で配布された手記であった。担当の先生の朗読を聞きながら、大粒の涙が止まらなくなった。だが同じ経験をしている人の手記を読んでも解決せず、むしろ傷がえぐられ化膿した。どうしたら、克服できるのかと思い悩んだこともあったけれど、そんな術《すべ》もない私はただ思い出さないようにするしか方法がなかった。本当は、こんなふうに今まで生きてきたのだと先生に話したくて仕方がなかった。喉の奥まで込み上げるのに、なぜか言葉が出てこない。うなずくだけで精一杯だった。今まで私の悲しみをわかってくれる人もいなかった。むろん、この悲しみを財産にしよう、武器にしよう、と提案してくれる人もいなかった。もしくは、これまで私自身がそれらの人の声に耳を傾けられなかったのかもしれない。けれど、先生のおかげで、ここできちんとけりをつけようと強く思うことができた。

瞑想

こうして、秋の深まりと同様に、私自身も自己との対話が深まり始めた。そして、実際に真夜中、瞑想を行った。呼吸法をしながら四センチメートルほどの長さの蝋燭《ろうそく》の炎を見つめた。一本の蝋燭が、自分の視界を暖かいオレンジ色に染めた。最初は、じっくりと炎の揺らめきや蝋が溶ける様子を見つめた。次第に心が静まり返ったような感覚になり、先生に教えられたように、心に浮かぶ家族とのシーンすべてに「ありがとう」と言ってみた。どれも寂しい思い出なので、心を込めて「ありがとう」と言えないものもあった。だが、とにかく声に出してみることが大切だと思い、「ありがとう」とつぶやいた。思い出せるすべての、寂しい思い出、悲しい思い出、悔しい思い出に「ありがとう」を言うと、嬉しい思い出、幸せな思い出が浮かぶようになった。それらについても照れくさかったが「ありがとう」とつぶやいた。終始、ぼろぼろ涙がこぼれ、溶ける蝋と心のわだかまりが重なる気がした。

思い出すシーンは、幼い頃の自分の眼を通して見た場面のはずなのに、いつも必ず小さな自分の後姿が見える。その映像が正しいのかはわからない。自分が持っている物、立ち姿も鮮明に見える。自分を客観的にもう一人の自分が見ているのだ。けれども、この瞑想が終わる頃には、手に取るように鮮明に見えていたはずのその映像が、一枚のガラス越しに見ているような見え方になった。そこに立つ幼い自分は「今と同じ自分」だと思っていたが、「昔の自分」と思えるようになり、この感覚が大切なのかなと自分なりに納得できたような気がした。だから「ありがとう」も心の底から言えている気がして、頬を伝う涙がとても温かく感じ、ほっこりした気持ちで満たされた。炎が消えるときには、寂しいような気もしたが、達成感と充実感を得られたので、最後の最後まで炎を見つめていた。秋冬に木々が落葉し、新たな季節を迎える準備をするように、私の心にあるわだかまりが静かに剥がれていき、再スタートをする準備ができた。

この時期、卒業論文や自分自身の課題の探求と同時に、TA補助も続けていたが、私に対して「山田さんは、もっと自信を持ってもいいのにな、と思います」と一年生から感想文をもらったことがある。この学生は、私の自信のなさを見抜いている。この頃まさに、卒論を通して今一度、過去の自分自身と戦っている時であった。リセットすることができたと思いきや、時々思い出してみては、克服しきれない部分が疼《うず》き、涙がこぼれて仕方がなかった。卒論を書いたら本当に何かが変わるのか不安であった。けれど、その時はそれを信じることでしか克服できないと思っていた。その後、先生とこの件で語り合うことは一度もなく、一人、厳しい冬を乗り越えるような卒論製作の日々だった。そんな日々の中でも、井上先生の研究室で私を応援してくれている後輩や先輩と過ごす時間が原動力となった。ある日、先生が「あなたの先生からご本を頂いたよ」と指導教授の新刊書を見せてくださった。私は、まだ井上先生が読まれていないにもかかわらず、真っ先にお借りした。卒論完成のご褒美にしようと、自宅のメイン本棚に大事に飾り、励みにしていた。

課題への気づき

後期は、一年生の『教育学基礎演習』のアドヴァイザーも引き受けた。毎回、一年生と机をコの字に並べて虐待と発達障害に関する発表を聞いて学び、意見を述べた。そして、一二月には最も大きな試練が舞い込んだ。この演習の学生二四名に対してＷＩＳＣ－Ⅲの授業を指導計画の段階から任されたのである。やるからにはいい授業をしたい。卒論提出まであと一カ月にもかかわらず、私はこれに全力投球した。第一回目では、検査概要の説明、検査の体験、第二回目には、事例を用いてプロフィールの作り方、そして第三回目には、このプロフィールを用いて解釈や支援の手立てを考えるという内容であった。この授業を履修した学生たちが実際に教育現場に出たときに、保護者からのプロフィールに関する質問に答えられ、実際に支援できる水準の授業を目指した。

指導計画を立て、ワークシートや手作りの板書資料を作り、授業づくりを進める中で、私は「授業をつくることが好きなんだ、教えることが好きなんだ」と強く実感するようになっていた。実際の授業時には、前期に私が学部生ながら参加させて頂いた大学院ゼミのメンバーにも協力を募り、実演指導や机間支援を分担した。私は、長い時間を共にして学び合ったメンバーと一緒にやり遂げたいと思い、一緒にやることで、メンバーにとっても一年生にとっても学びが深まると感じたのである。私自身もメンバー全員に支えられ、一緒に作り上げた授業となった。先生は、気づくとすぐにその場で内容の補足と授業の方法についてのアドヴァイスをくださり、それも勉強になった。終了直後、先生から「とても素敵でした。もう、すっかり先生だね」とのお言葉を頂いた。

だが、研究室に戻っての反省会で、聞いている学生の内側に「声」が届かないという課題が見つかった。私のからだの正中線が定まらず、重心が高いと先生から指摘があり、重心を中心かつ下にストンと落とすこと、それとヴォイス・トレーニングなどが行われた。しかし、何度やってもできない、感覚すらも掴めない。焦燥感に苛《さいな》まれ、情けなさでいっぱいだった。その場で練習につき合ってくれた後輩たちに感謝しているが、後輩たちはできるので悔しさもあった。先生は、私の鈍っている五感を磨く方法やよい食べ物も教えてくださった。

自己治癒力

『児童心理学』の授業で、先生が絵本『ちいさいあなたへ[註4]』の読み聞かせをされた。一年次にも聴いた記憶があるが、その時はとくに何も感じなかった。しかし、四年次になり、この絵本が初めて心に深く沁みた。涙を堪えるのに必死だった。テーマと向き合うことができているんだな、と思いそれが嬉しかった。

そうして、「卒論としての愛着」と「私にとっての愛着」がシンクロしはじめた。卒論の出発点は、母性としての愛着であったが、次第に父性としての愛着の必要性が見えてきた。このことは、私自身が父親に何らかのこだわりがある現れだったのかもしれない。私は思春期の頃に父に父親らしく私を導くような力を求めていた。ペスタロッチのいう、「全体を秩序づけ、そこにあまねく父の力」(見藤・森川、二〇〇一)である。きっと、自分自身が父の力を欲していたからこそ、ペスタロッチが、母性と同様あるいはそれ以上に教育愛を成し活気づける力として父性を示していたことを、本質的に理解・共感できたのだと思う。それが掴めた時は、とても嬉しかった。自分自身と向き合うことができて本当によかったと思えた。これで、充分な気がしてきた。恋人が、自分と向き合う過程に寄り添い半歩前を先導してくれていたので、「父の力」に満たされたのも大きいと思う。

私が、教師として子どもたちにたくさんの愛を注ぎたいと心から思うこと自体、かつて、私の母親からたくさんの愛を受けてきた証なのだと思う。先生のおっしゃるように、子どもは勘違いしやすい。自分自身の勘違いが解けたことで、卒論の内容自体が成長し、自分自身への問いから、「教育愛」への問いへと飛躍できたと思う。おそらく、自分自身の問題が解決しなければ、教育愛には辿り着けなかったと思う。私が目指す「教育愛」は、母性と父性の双方を体現するところにある。そこに辿り着くことができた、それだけで、この家族に生まれてきてよかったと思えるようになっていた。

私は反応性愛着障害でもないし、他者を愛したいという思いは、学問的な観点から、私が健全な「愛着」を形成してきたことの現れだと、卒論を通して気づくことができた。そして、ずっと悩んでいた定義[註5]についても定めることができた。この過程、つまり学問的な学びが自己治癒になった。卒論製作を通して必死に自分自身の問題と向き合い、自分のテーマを原石に新たな問い(教育愛)を論じることができたのは、大きな成長の証だと思う。そう思えるようになった頃には安心して『パパとママのたからもの』を開くことができた。私が兄よりも母の愛情を独り占めできなかったのは、愛情の量ではない。ただ、手が掛からなかった、それだけのことであった。

けれど、まだ少し心にしこりが残っているような感じがする。考え始めたら、本稿を打つ手がしばらく止まってしまった。おそらく、私から母を奪った兄の存在だ。兄のことを羨《うらや》ましく思う自分が心の中で暴れている。今でも、母と兄が話しているとなぜか無性に不安になることがある。心に残るしこりの正体は、『児童心理学』の講義で学んだ「カイン・コンプレックス」（本書五五頁・註3）だろう。最も奥深くにある両親への「愛着」のテーマを克服できたからこそ、次の課題が見えてきたに違いない。「愛着」で不安感を克服し、安心できたからこそ、カイン・コンプレックスを抱えていても、不安感はほとんどない。何事も、解決すべき時には準備が必要なのだと思う。兄の思いや母の葛藤を理解し許すためには、自分が病気になったり子育てしたりする準備となる経験が必要なのだ。そんな余裕が、いま現在まだ残る心のしこりを和らげてくれている気がしてならない。その心の余裕さえ自己治癒力だと思う。

本稿執筆にあたり、再び卒論を読み返すと、自己のテーマが、愛されることより愛することに向かっていることに気がついた。両親の愛情を求めることよりも、大切な人たちやこれから出会う子どもたちを愛情で包みたいという想いが強い。エネルギーの流れが変わった。すごく生きやすくなった気がする。愛することで満たされる。不安はどこにもない。

学びの「共同体」を創り出す

卒論提出を終えた大学生活最後の春休み、先輩の大学院生とともに「特別支援教育」をテーマにした大学院自主ゼミを計画し、井上先生にご指導をお願いした。そこでは、みな真剣に取り組み、責任をもって章を分担発表した。

自主ゼミの日、研究室前の廊下でゼミの指導教授にお会いし、四月からの教員生活に向けて最後の最後まで勉強をしていることを応援して頂いた。自主ゼミの間も、井上先生から指導教授の、学生には見せない素敵なお顔を教えて頂き、いつも嬉しかった。そのような優れた先生からご指導を受けられることがいつも誇りであったし、その上品なふるまいを井上先生から伺い、指導教授への憧れの想いが深まっていた。私の学びたいことを最大限尊重し続けながら、的確な卒論指導をしてくださった指導教授のおかげで、卒業の間際まで、私は学内を自由に駆け回り学びを深めることができた。

大学院の自主ゼミからの帰り道は、同じく春から教員になる友人と特別支援教育が実践できるかの不安を共有し合い、できることから頑張ろうと励まし合った。毎時間の学びがほんものであった。

そのゼミが学びの「共同体」としてひとつになれたのは、章の割り振り方に秘訣があったからだと感じる。将来を見据えて、就きたい教育現場で主として使用される知能検査や指導法を担当したり、これまでの学びを活かせる章を担当したりするように、興味関心に応じた割り振りを行った。それが結果的に、各々の主体性を最大限に引き出し、有意義な発表につながった。また、全員が互いの資質と専門性を理解し、先生からの質問に答えられない時があれば、その専門の人を軸に休み時間も使って答えを導き出していった。力を合わせれば解決できるという手応えが全員の中にあった。高度で膨大な量を大変な思いをしながら全員でやり遂げたその瞬間、一気に学びの「共同体」が輝き、最終日にそれを記念写真に収めることができた。

「学ぶとは」「教えるとは」なにか

井上先生とのかかわりの中での学びは、意識できず無意識に蓄えられているほうが多いと思う。言語化できる限りにおいて、「学ぶとはなにか？」という問いに答えるなら、学ぶとは、「より良く生きるため、すなわち自己実現のための指針を得ること」である。授業を通して、あるいは個別的なかかわりを通して、すべて自分が生きやすくなることにつながった。そして、心に蓋をするもの（私の場合は、愛着不足による不安）がなくなることによって、自信を取り戻すことができると同時に、次の段階に踏み出すことができた。学んだことは、すべて自分自身の在り方や言動に活き、自己実現の指針になった。

この一年間、井上先生には本当にお世話になったが、別の専門領域において、所属ゼミの先生にも多大なご指導を頂いた。ゼミの先生からは、卒業を記念に「控えめで気配りの優等生だった山田さん。子どもたちにとって安心して『アタッチ』できる先生に！」と一言メッセージを頂いた。卒論を自身の生き方の指針にする。まさしく、学ぶとはそういうことであると実感した。

教える経験は大きく三回あり、それぞれ質が異なった。第一の「愛着」の研究発表は、芯から込み上げる発表者の思いへの受講生の共鳴により「自己内対話を誘発する授業」に近づいた。第二の質問紙調査による研究発表では、私は学びのポイントを体験的に感じており、教材の醍醐味を心得ている。そのため学生の「学習意欲を喚起させる授業」への第一条件となった。第三の心理検査の指導は、「知識伝達型の授業」であった。

「教えるとはなにか」に対する、今の私の答えは「学ぶこと」である。教えて初めて理解が深まり、新たな気づきの発見と学びを広げることができた。教えることは、教える行為に完結するものではなく、その限りない未来につながっている。教えることで、自らの学びが深まるうえに、次なる課題が見えてくる。

大空に羽ばたくとき

授業のTA補助のお誘いを頂いてから、はや一年が経ち、二度目の春がもうすぐそこまで来ている。今、一年間の自己の成長を振り返っている。春に始まり、急成長の夏、木の葉が綺麗に色づいたと思えば、それをさらなる成長の肥やしにする秋、厳しさを耐え抜く冬、四季の変化と重なり合いながら、私も成長している。「人間も自然の一部なんだなぁ」と改めて実感する。バウムテストにおいて樹木は無意識の自己像と考えられている。木々が成長するように私もこの一年間で一回り大きく成長できたと思う。

私の卒業に伴い、井上先生の仕事を引き継いでくれた後輩は「体で覚えます！」と溌剌《はつらつ》として、教えなくても私の姿を見て学んでくれている。彼女は、幼稚園教諭を志して発達障害に関心があり、大学院の集中講義を共にした、互いに尊敬し合い学び合える存在である。きっと、大学院講義のメンバーとは卒業後も縁が続くのだと思う。一緒に学び合い成長することができてよかった。そんな素敵な出会いを紡いでくださった先生は、やはりほんものだと思う。私も、これから出会う子どもたちにとって、ほんものであれるよう、これからも成長したい。

そして、先生は講義の中でも、研究室での雑談のなかでも、これから生きていけば、自身のキャリアと母親としての葛藤も経験するであろうし、病気になることだってある、耐え忍ばなければならない時もある、とさまざまな経験を聞かせてくださった。そんな時も先生のように、感情に流されず冷静に対応する力と、適切に信頼できる人に頼る力をつけていきたいと思う。きっと、先生から学んだことが、私の体を通して子どもたちに流れていくはずである。子どもの心に寄り添うほんものの先生になりたいと純粋に思う。

三月、赴任校が特別支援教育の拠点校に決まったことをお伝えするために、先生にメールをした。返信は「さよならではなく、またね、だね」「蝶が大空に羽ばたく　見届けさせてね」と結ばれていた。

卒業式の壇上に送り出してくださったお二人の先生。これからも、輝かしい大空を私らしく羽ばたいていきたい。

追記――教壇に立ってみて

教師になり特別に支援を要する児童と毎日かかわるようになった。その中で、なにより個性・特性に応じた対応やその子にとって安心できる環境づくりが本当に難しいことを実感した。なぜなら、家庭での出来事、その日の天気、昨日の出来事、授業内容、その他の児童の様子……あらゆる環境因子が定型発達の児童の何倍もダイレクトに影響するからだ。相乗効果により幾重にも状態がひどくなったり、よくなったり、一歩進んでは三歩下がる毎日の繰り返しだ。その子の学校生活のすべてを把握しうることが可能な担任だからこそできる支援を日々模索中である。

そして、支援には終わりもゴールもないことをひしひしと感じる。子どもは毎日のように成長しているから、昨日までうまくいっていた支援方法がいつまでも有効であるはずがない。きめ細やかな観察と考察から、毎日あの手この手で次の方策を講じていかなければならない。教卓の下が安心スポットであったかと思えば、教師用防災ヘルメットをかぶって落ち着いたり、掃除用具ロッカーの中に隠れていたりもする。その都度、支援の在り方を変えていかなければいけない。

しかし、その一方で、揺るがない支援も必要である。根気強くかかわることで、定着できたこともある。その時には、保護者の方とも連携して同じかかわりや声掛けをすることの必要性を改めて実感した。

学生時代に学んだ支援例はまさに「例」であって、実際には、背景理論をもとにその児童にとっての支援として作り上げていかなければならない。大学院ゼミで使用したテキストに立ち返ることが多々ある。理論をもとにかかわり方を工夫し、最善策を見つけていく。

最も効果が大きく理論を実感することができたのは、「応用行動分析」である。反応に取り合わない方法で、本人特有のこだわりに起因する授業妨害となってしまうような問題行動が消去されるか試したが、むしろ注意されないので増大していった。この児童の場合には、何か反応を返すとよいことがわかった。一方、同じように授業妨害となるような問題行動の目立つ別の児童は、こちらが反応すればするほど「強化」[註6]されてしまう。反応しないほうが適切な支援であるようだ。その背景には「構ってほしい」「気を引きたい」という気持ちがあるようで、適切な行動をした時に、十分に関心を向けることが大切だと実感した。このように、一見同じような行動であっても、その行動に至る「想い」や、一人ひとりの「特性」により、必要な「特別支援」は真逆にもなることを実感した。学生時代に特別支援を学んでいなければ、一人ひとりに適したかかわりの視点もないまま、無法地帯をただ漫然と一年間やり過ごすことになっていたように思う。支援を必要とする児童が複数いる中でも、学級の秩序が最低限保たれているのは、たとえわずかでも特別支援の視点による適切なかかわりの実践と、ともに生活をしている周りの児童への言葉掛けを忘れないでいるからだと思う。

また、授業のユニバーサルデザインは永遠の課題である。視覚支援としての板書はもちろんであるが、机間指導やノートへの朱書きは授業のユニバーサルデザインに欠かせない支援方法であることを実感している。また、どうしても学習が遅れがちな児童に目を向けてしまうが、学習意欲の高い児童にもより力をつける授業づくりの視点[註7]を学生時代に持つことができたので、学ぶ意欲の持続や自己有能感に寄与できているのではないかと思う。

今はまだ、支援を必要とする児童の反応を見てから困難のもとを取り除く毎日で、後を追いながら助けることしかできていない。少しでも先回りして児童の困難を取り除き、交通整備のできた道を子どもたちが歩いていけるような環境をつくれる教師を目指していきたい。（一年目の夏季休暇に記す）

＊＊＊　＊＊＊

そう心に誓っていても、現実は毎日が張り詰めた戦いだった。時に、ある子どもたちのことばは、鋭い牙《きば》のように私の心をえぐった。その子どもたちは私が言われて一番傷つくことが何か分かっているかのようだった。私の心の中は血みどろで、涙の渦《うず》だった。ある瞬間は、私はただ一度だけギロッと睨《にら》み、目で制した。そして、二度目の睨みで静まった。無言のうちに、人を傷つけるようなことを言っては絶対にいけない、言っていいことと悪いことがある、先生はあなたたちの言動を見ている・見逃さないと伝えたかった。賢い子たちであり、いけないことだとわかってやっているので、睨むだけでその場は十分だった。あくまでも冷静に対応した。絶対に感情的に怒らない。絶対に子どもたちの前では、泣かない。そう心に誓っていた。その信念を貫き通すことができたのは、井上先生の講義の教えだった。「子どもの挑発に乗せられるか、教師の静寂に巻き込むかの真剣勝負。教師が器を試されている」[註8]、それを知っていることは、武器であった。止むことなくしばらく繰り返される挑発の最中《さなか》、この教えを何度も反芻《はんすう》していた。意識で心をコントロールし、これでいいんだと自分に言い聞かせていたように思う。意識的なコントロールが始まるまでの数秒は反射的になんとか反応し、とにかく無我夢中だった。

　何度も「辞めたい」と思った。だが、担任が途中でいなくなることは子どもたちにとって「見捨てられ体験」になる。そのことで子どもたちの「愛着」に傷をつけたくなかった。どんなにつらくても、子どもたちに「捨てられた」と感じてほしくない。子どもたちの「愛着」に傷をつけたら、子どもたちの、自分自身や他者やこの世の中に対する信頼感が育たないのではないかと危機感を感じていた。学問が、生身の人間との関係のなかで、私を支えていてくれた。そして、その学年最終日、この子たちのひとりが、初めて照れくさそうに「大好きだよ」と言ってくれた。これまでの傷跡は一気に癒された。その子に認められたようでとても嬉しかった。この言葉を聞くために、今までがあったのだと感じた。「大好き」という言葉を言えるようになったなら、この子はもう大丈夫、安心して送り出せると思った。

　一方、うまく送り出せなかった子どももいる。その子の行動は常に、本人や周りの子どもの命や大怪我につながる危険性と隣り合わせになっていた。常に緊迫した緊張感とプレッシャーがのしかかっていた。毎日、毎時間のように、突然その危機は訪れる。そのたびに体当たりの真剣勝負だった。パニックに陥ったそのエネルギーはすさまじい。なんとしてでも全力で止める。その子は、私を振りほどこうと、泣き叫びながら、蹴る、噛む、殴る。私は全身あざと傷だらけだった。「噛まれるために先生になったわけじゃない!!」と物凄い悔しさや憤りを感じたこともあった。その子が我に返るまで、クールダウンを始める気持ちになるまで、ずっと抱きかかえていた。だが、いつのことだったろう。その子が私を蹴ろうとする瞬間に間《ま》をあけ、ためらう姿が見られるようになり、手加減するようになったのは。こんなふうに少しずつ怒りのコントロールを覚えるのか、本当に少しずつ成長するのだと、長い道のりを感じながらも希望が見えて安堵した。

また、あまり接点を求めないというか、心の交流それ自体を望んでいないかのように感じる子もいた。好きなゲームの話などはしたが、いつも何かを媒介としての交流だった。「我慢できた！」「できるようになった！」と思っても、また別の時には、同じことのはずなのにできなくなっていた。本当に、体調や周りの環境に左右されやすかった。その子が調子のいいある日、おんぶをせがんでくれた。周囲の子の真似かもしれないが、周りの先生がそれを見て驚き、「嬉しそうね」と声をかけてくれた。その子も心地良さそうだった。初めてそういうかかわりをもてたことで、その子の成長、それと私との関係性が成長したように感じて、温かく穏やかな気持ちになれた。

しかし、保護者のひとりから「力不足の先生」と言われていることを知った。悔しさと理不尽さを感じたが、改めて未熟さも感じた。

それでもなんとか次の学年に引き渡し、半年以上経つ今も消えない歯形が腕にある。それを見るたびに、あの子にはもっといい支援ができたはずと後悔の念に駆られる。けれども、あの凄まじい嵐の毎日で、クラス全員の命を守るには、ただ抱きかかえて止めることしかできなかった。あの時の無力感とただ耐え抜くしかできなかった未熟さが、しっかりと腕に刻まれている。苦い思い出の傷だが、どうか消えないでほしいと思う。知識や学問は、確かに支えてくれている。今、一番ほしいのは、教師としての経験と人間的な成長だ。今よりも、幾回りも大きく成長した時、「この傷が支えてくれた」と言える日がくるまで……。（二年目の夏季休暇に記す）

註1　この二年後、祖母が家を離れ別々に暮らすことになった。それがきっかけで家中の空気がとても軽くなったのを私や家族は感じた。この時、井上先生がおっしゃっていた祖母のエネルギーの大きさを実感することができた。

註2　受講者全員がわかる・力をつける授業のこと。一人の意見をも無駄にせず授業改善に取り組むこと。

註3　サム・マクブラットニィ（文）アニタ・ジェラーム（絵）／小川仁央（訳）（二〇〇四）『パパとママのたからもの』評論社。三匹のこぐまたちは、「せかいでいちばんかわいい、こぐまたち」とパパとママの愛情を受けて育つ。ある日、こぐまたちは、兄弟の中でいったい誰が一番かわいいんだろうと問う。そのパパとママの答えに、全員が愛されていることを感じたこぐまたちはうっとりする、という物語。

註4　アリスン・マギー（文）ピーター・レイノルズ（絵）／なかがわ　ちひろ（訳）（二〇〇八）『ちいさなあなたへ』主婦の友社。一人の女の子の誕生から成長そして母となる姿を、その子の母親の視点からさまざまな想いを語る物語。同時に、母親自身も年を重ねるごとに親の在り方が変容している。親から子へと人生周期がめぐる様子が描かれている。

註5　児童が、教師を内在化して「安全基地」として活用しうるために、教師が児童に持続性・一貫性を保ちつつ、集団あるいは個別の場面で受容し情緒的なケアをしていることで育まれる「相互信頼」を基盤とした「教育愛」であると定義した。

註6　ある行動が起こった直後に、その行動を増大・維持させてしまうような刺激を与えるかかわりをもつこと。

註7　大学院ゼミ『発達障害・特別支援教育』の講義内容。日本では、特別支援教育というと、障害や学力が低い児童への教育に目を向けがちだが、special education の視点に立てば、天才教育も必要不可欠ということ。

註8　『学校カウンセリング基礎論A』の講義内容。

引用文献

見藤尚美・森川直（二〇〇一）ペスタロッチー教育思想における理論=実践問題（3）：ペスタロッチーの教師論。『岡山大学教育学部研究集録』第117号　九五〜一〇三頁

［**やまだ　あずさ**　現在、小学校教員］

山田さんとのかかわり

井上信子

山田さんは二年次の冬に一度、わたくしの研究室を訪ねて小論文を見てほしいと手渡し、入ゼミ希望の思いを恥じらいながら語った。華奢なからだ、外柔内剛、意志強固な雰囲気が印象的であった。五分に満たない出会いであったがそのあいだじゅう、白髪のおばあさまの気配があり、ずっとそばにいて山田さんを守っているご様子だった。山田さんは「卒論のテーマは愛着です」と言った。その瞬間、おばあさまのご心痛は「愛着」、すなわち母と子の「絆」と察した。何かご事情があり、子（孫）にとってぬくもりの「安全基地」である愛着関係が、希薄あるいは不安定と案じていらっしゃるようであった。

そして、いま、山田さんの無意識が「愛着」を正面に据《す》えて解決すべき「時」が来たというメッセージを発し、意識がそれを捉えて卒業論文のテーマに選択した。しかし山田さんは「愛着」の苦しみの渦《うず》の中にいる。ゆえに、「愛着」と距離がとれず客観構築しえない。このままでは卒論を作成できない可能性がある。さらにこころの深層に横たわった「愛着」のわだかまりを解決するには、深い悲しみに直面しなければならない。「愛着」が根底的な課題と推察した。

つぎに、小論文を眺める限り山田さんは「言語」の資質と思われ、評価が厳しいわたくしの心理学講義でも高成績を修め、学年首席の成績だった。小学校教諭志望だが「頭でっかちで感覚や感性が鈍い」ので、わたくしから「鋭い感覚や感性を吸収したい」と言う。山田さんのいうところの「感覚が鈍い」の意味は「相手の意図を感じ取れない」、「すぐに考えてしまう」ことである。児童心理学を学んで児童期の子どもの特質について知っているだけでは教育実践はむずかしい。なぜなら学問は「一般性」を扱う「科学」であり、実践は「個別・特殊」に応ずる「技」だからである。教育実践は、子どもに接している瞬間々々、子どものこころを直覚して何を言い、また何をなしうるか、その都度、最適な教育的かかわりをもつための「感覚」を必要とする。わたくしはヘルバルト（Herbart, J.F.）[註1]の「教育的タクト」、すなわち実践における「すばやい判断と決定」（ヘルバルト／高久訳、一九七二）を連想した。そして「教育的タクト」の形成がもうひとつの課題と推察した。

だが、わたくしの研修と学科のルールにより、山田さんの入ゼミは不可能であった。[註2]わたくしは理由を説明して詫びた。しかし、一年後、研修先に再び入ゼミ希望の電話があり、一年前、わたくしが推察した課題は山田さんの「いのちの流れ」に即していることがわかった。山田さんは「学びたい」「変わりたい」思いの塊《かたまり》だった。そして教師の教えをこころから待ち望んでいた。このとき、わたくしはその思いに「教育と心理臨床の綯交《ないま》ぜになったかかわり」で応えることを決めた。「愛着」の雪解けには継続的な母性的ぬくもりがいる。感覚はことばでは教えられない。一緒にいて、山田さん自身がわたくしの感覚を自分のからだに写し取るしかない（小川、二〇一一）。しかしゼミ生にはなれない。そこでわたくしは四月に研修から戻るとすぐに「TA補助」[註3]という役割を作り、山田さんが長い時間、自然にわたくしのそばにいられるように環境を整えた。卒業まで残り一年だった。

山田さんの資質を見極め、資質が開花するように導き、全体の生きるエネルギーが高まるとその生命エネルギーが「愛着」の悲しみを自己治療し、苦手意識のある「感覚」も練磨し得る、と仮説を立ててかかわった。以下にその経過を記す。

「資質の開花」と「エネルギーの高揚」

四年生になった山田さんとの対話と観察から、「認識した後にからだが動く」、「そのため瞬間のタイミングを逃す」、「理屈が通れば収束する」と察した。さらに一年前の小論文から「言語」の資質で思考力に長けており、本人はまだ無自覚だが「教える」ことが好きである。また納得するのに「学問の香り」がいる、とさらに仮説を立てた。そして「愛着」と「感覚」の課題解決に言語などの資質を使い、同時にその資質が伸びることを図った。

方針の具体化として「言語の資質が開花し『教える』実践を豊饒化すること」を最重要に位置づけた。そのため山田さんにはわたくしの講義時間内に、教職志望の受講生に対して「宿題の答え合わせ」(毎回五分、四、五月)→「卒論概要(「愛着」)」発表(二〇分、六月)→「小論文(児童期における心理的離乳の学年比較)」発表(九〇分、七月:休講時)の内容を、教壇に立ち繰り返し実践する課題を与えた。どれも失敗が許されない本番であった。

実践後、ふたりで受講生(下級生)の感想文を読んだ。山田さんは毎回、指摘をまっすぐに受け止め自己修正して必ず次回に生かした。受講生たちも発表や授業を見る目が的確になっていった。まもなく、優秀な先輩の、絶え間ない変容の姿は受講生の「将来モデル」となりいっそうやる気を喚起した。前期が終わる七月の発表では、山田さんは「学生とのやりとりが楽しくて仕方なく」、発表がいつのまにか授業になり「教える」ことのうれしさがにじ滲み出てエネルギーが溢れた。わたくしは発表や授業と並行してふたつめの課題「教育的タクト」形成のために、矢継ぎ早にTA補助の仕事を与えて「考える暇」をなくし、かつ、突然頼む、直前に変更するなどにより臨機応変の対応も求めた。同時に、相談活動、助言、コーディネート、卒論支援など山田さんの実践領域を広げることを試みた。

失敗もあった。しかし山田さんはわたくしが叱ると素直に受け止め、詫びて二度と同じ失敗を繰り返さず、失敗からも学んだ。「好きこそものの上手なれ」や向上心、挑戦する意欲がエネルギーを高め、達成感や自尊心が高揚していったと推察する。

つぎには一〇月、山田さんの成長を阻んでいた「愛着」の課題解決に向けて、「時」が満ち、「機」が熟した瞬間を記す。

瞑想《めいそう》──瞬間の孵化《ふか》

わたくしは卒業した山田さんから原稿を受け取るまで、お兄さまの存在と事情を知らなかった。語られなかったからである。絵本『パパとママのたからもの』(マクブラットニィ文・ジェラーム絵/小川訳、二〇〇四)を山田さんに手渡したのは感応のなせるわざであった。本当に悲しいことは言葉にできない。心理臨床の目的は、クライエントがこころを開いて相談相手にすべてを打ち明けることではない。本人自身が課題や葛藤を抱える力、自己解決する力を育み強めることである。だから何も聴かず、ただ一緒にいた。

一〇月のある午後、山田さんは卒論の中心概念である「愛着」の定義ができず困り果てて来室した。対話しているうちに、山田さんの内界で自らこの課題に直面する準備が調《ととの》っていった。「機」が熟した、と感じた。愛着の課題は長い時を経て深層に刻まれた深い悲しみゆえ、わたくしは半ば無意識に直面化の方法として瞑想を選んだ。そしてふたりで語り合っていた「ある瞬間」、山田さんが蝋燭《ろうそく》を見つめて感謝の中で溶けていくイメージが浮かび、伝えた。それは「瞬間の孵化」であった。

結論がイメージの完成形で瞬間的に与えられ、しかもそれは体内から湧き上がった感覚があった。身心《しんじん》は不即不離《ふそくふり》と実感した。「ある瞬間」の直前、うっすらとわたくしの脳裏に浮かんで消えたのは、永平寺参禅で直覚した座禅の要諦《ようてい》、すなわち「呼吸法」と「言語・思考脳の機能停止」、そして「心を浄化する感謝」であった。

山田さんは瞑想した。そして、静寂ののち涙とともに感情が波立ち、蝋燭《ろうそく》が消える頃には「そこに立つ幼い自分は『今と同じ自分』だと思っていたが、『昔の自分』と思えるように」なった。つまり、「愛着」をめぐる課題は過去のものになり、歴史の一部となった。その後、山田さんは「心にあるわだかまりが少しずつ静かに剥がれていき再スタートをする準備ができ」た。

瞑想のあと、山田さんは過去から解き放たれて、徐々に「いまの自分」を生きられるようになった。だが、時折、悲しみに沈む様子が見られた。そんな日はわたくしのゼミの三年生とTAの大学院生が山田さんをやわらかな母性でほんわりと包んだ。山田さんはゼミ室と皆のこころを安全基地にして、幾度も生命エネルギーを回復し、自己探求が紬《つむぎ》だす卒論に向かっていった。それは、いつのまにかできていたささやかな愛着空間だった。

母の愛――逆照射

だが、もうひとつ工夫を要した。山田さんは自分には「愛着が形成されていないのではないか。どこか不完全なのではないか」、すなわち「母と子の『絆』が結ばれていないのではないか、どこか壊れているのではないか」というそこはかとない不安を抱いていた。不全の症状がないことを「学問」的に納得する必要があった。この年の後期、わたくしが担当する『教育学基礎演習Ⅱ』のテキストは『子ども虐待という第四の発達障害』であり、愛着不全を扱っていた。わたくしは山田さんに一年生と机を並べて分担発表を聞き、アドヴァイスする役割を提案した。ある日、一年生の「反応性愛着障害」(杉山、二〇〇七)の発表に対して、一言々々かみしめて理論的アドヴァイスをする山田さんの頬が紅潮し、面差《おもざ》しが光に包まれた。「自分に不全の障害はない」すなわち「母親に愛されていた」ことを、障害から逆照射して確かめえた瞬間だった。理屈でわかればわだかまりはすっと抜ける感受性である。学問の香りが喜びに花を添えた。

こうして根底的課題である「愛着」の夜は明けていった。その背景に山田さんの「自分探し」に伴走してくれる恋人の支えがあり、おばあさまの気配は前期の終わりには消えていた。

「教育的タクト」(ヘルバルト)

もうひとつの課題、すなわち教育的交流における「感覚」の課題解決は発表・授業実践などを工夫し、並行して行った。

一八〇二年、ヘルバルトはゲッティンゲン大学における最初の教育学講義において「理論と実践との関係」を論じ、両者の中間項として「タクト」を置いた。それは「心理学」(科学)と「教えること」(術)を実践者の「独創の力」(前田、一九七〇)で結ぶ、「すばやい判断と決定」(ヘルバルト/高久訳、一九七二)のことである。ヘルバルトはこの「教育的タクト」を「教育実践の最高の宝」と位置づけた(ヘルバルト/三枝訳、一九六〇)。そして「ひとがよい教育者であるか悪い教育者であるかはそのひとの中にかのタクトをどのように育成せられるか、科学がその広い普遍性において語る法則に忠実であるかどうか、ということにひとえに依存する」(前田、一九五八;ヘルバルト/高久訳、一九七二)といい、このタクトを「実践の直接の統治者である」(ヘルバルト/高久訳、一九七二)とした。

タクトについては一九~二〇世紀のドイツの教育哲学者をはじめとして、多くの研究者が論じている。[註4]たとえば前田(一九五八)によれば「すぐれた母親は子供に直接接触して一々の子供の反応を見極めながら子供を理解しその子供の扱い方をその都度に学びとり実施して」おり、ナトルプ(Natorp, P.)はそれを「自然の心理学」と呼び、この教育的タクトを「最も有効に助成しのばすような心理学が、教育者に適した心理学」であると考えた。またタクトは「相手の立場に身を置いたデリケートな、愛情に満ちた配慮を根底として」おり、ノール(Nohl, H.)は生活の気高さも美しさもすべて程合《ほどあ》いに基づき、タクトは「正しい程合いに対する繊細な感情」であるという。さらにそれは「真のヒューマニティの固有の特徴であり、幸福なデモクラシーの欠くことのできない条件」でもあると考えた。最後にこのタクトは「教育によって生徒に身につけさせるべきものであり、したがって教師がまずもって自ら身につけていなければならないものと考えられている」のである。

これらより「教育的タクト」はわたくしが実現を夢見てきた教師教育の主要な内容であると判断し、自らも修養しながらこの「教育的タクト」・「自然心理学」を洗練したいと願った。

ならば「教育的タクト」の形成はいかにして可能であろうか。ヘルバルト（一九七二）は「行為そのもののなかでだけ技術は学ばれ」、それが可能なのは「前もって思考によって学問を学び、これをわがものとし、これによって自身の情調を整え、そのようにして、経験が彼の心に彫《きざ》みつけるはずの将来の印象をあらかじめ規定することのできるような人間だけに限られる」という。さらに理想的なタクトの形成は「独創の力に頼らなければならない」し、「技術は、それが実行される間、どんな思弁にもふけってはならない」というのである。

前田（一九五八）によると、ナトルプはタクトの形成について「或る程度の天賦と有効な練習」が望ましいと考え、ケルシェンシュタイナー（Kerschensteiner, G.）は「観察と実践」を必要とするとした。わたくしは、ヘルバルトの教育的タクトの「すばやい判断と決定」には三つの側面があり、「すばやい」は反応速度の問題であり無意識化、自動化されることで実現し、「判断」は的確さの問題でその根拠を学問に置いた抽象概念の操作を必要とし、最後に「決定」は行為という運動である、と捉えた。さらに学問という綿密な論理の積み上げ、すなわち決まった道筋から逸脱できない論理の上に、瞬間の「ひらめき」や「創造」を期待するのにはどうしたらいいのだろうかと考えた。

そしてヘルバルトの教育的タクトに関する心覚え、わたくしが人育ての指針にしてきた「山本五十六《いそろく》」のことば[註5]、何より恩師たちからわたくしが受けた教育をもとに、山田さんが「教育的タクト」を形成するのを手伝うことから始めた。学問に命を吹き込む「教育的タクト」に、その段階でわたくしが必要と考えた力量は「『いま、ここ（here and now）』の瞬間をともに生きる力」、「『機』と『時』が交差する瞬間の察知力」、「未来の予測力」、「感応力」そして「受動力」である。ここで「機」とは仏教用語で、ある時、ある場でのこころの状態を意味している。

「教育的タクト」形成の方法（試案）

1 「心理的課題解決」

教職に就く以前に、青年期までの成長過程における発達の歪みやわだかまりを専門家の援助を得て解決する。心理的課題があると類似の現象に過敏・過剰反応してわれを失うからである。教師（対人援助職）は、タクトの「敏感と機才」（前田、一九五八）を発揮するための「平静の心」（オスラー／日野原・仁木訳、二〇〇三）[註6]を保つ必要があり、これはタクトの「人間と人間の交際の基本的な徳」（前田、一九五八）および「品性」を養う準備にもなると考えた。

山田さんの場合、「愛着」の課題が解決されていないと、同じ課題を持った子どもに自分の課題を投影し、無意識に特別扱いする、あるいは拒絶するなどの反応が起こる可能性がある。ゆえにわたくしは心理臨床的に支援し、本人が自ら課題解決した。心理的課題の解決は過去の囚われから解放され「いま、ここ」を生きるための要件にもなる。

2 「瞬間を生きる経験」

「いま、ここ」の瞬間を生きる「感覚」を掴む経験を繰り返す。「『思考』は『いま・ここ』から過去に遡《さかのぼ》る。『思う・考える』の場合、材料は過去。『感じる・味わう』は『いま・ここ』の瞬間という永遠を生きる。時間はおそらく大脳皮質で過去のものを並べかえることで作り上げられるものである」（玄侑・有田、二〇〇五。要約は筆者）。そこで、言語、思考機能を停止する、すなわちことばで考えるのを止めることで「身《しん》心一如《じんいちにょ》」の「感じる」だけの状態となる。その感じを繰り返し体感することで記憶し、身心の「不即不離」の状態に入りやすくなると仮説を立てた。

山田さんは、「言語」の資質であるため「すぐに考えてしまう」。そこで度々、「考える」暇を与えないようにつぎつぎに課題を与えた。また同じことばでも抽象言語からいのちに近い感覚言語に言い換え、「味わう」感覚を引き出すように試みた。たとえば、からだの感じを「疲労困憊《ひろうこんぱい》」ではなくて、ボディ・フィーリングを探り「もわーっ」「ふわーっ」「ぐったり」などを探した。瞑想、坐禅も「身心一如」に導くと思われるが今回は異なる方法をとった。

つぎの3～7は、「やってみせ　言って聞かせて　させてみて　ほめてやらねば人は動かじ」（『山本五十六資料館』）を応用した。

3「実体験」

「教育的タクト」を「本人自身」が受ける経験を繰り返す。「およそ教育過程というものは敏感と時宜にかなった処置とを必要とする瞬間の連続である」（前田、一九五八）。

山田さんは変容の契機になった「つまずきを光り輝く財産にしよう。武器にしよう」という対話と、「瞑想」を深く実感体験し強く記憶した。

4「観察学習」

教師が自然に行う「教育的タクト」の実践をそばで観て記憶する。

山田さんの場合は、前期、後期ともTA補助・アドヴァイザー・発表の振り返り・雑談など一年間で約二〇〇時間ほど一緒にいて、授業者、教育者、カウンセラーとしてのわたくしの姿を学生としてだけではなく、それぞれの立場として観るよう提案した。

5「模倣と試行錯誤」

「教育的タクト」を本人自身が最初は意識して（たとえば、行動の選択肢を考えて最適なかかわりを判断する）「模倣」の反復を重ね、やがて無意識化する。また単発だけでなくある程度の期間のある仕事を迷いの中で自ら工夫して組み立て、見通しをつけながら進み失敗しながら学ぶ。

山田さんは、わたくしのそばにいてわたくしの授業や相談活動の「わざ」を取り込み、雰囲気まで似ていると言われるようになった。「まねる」うちに、山田さんがわたくしの資質と自分の資質が合わず違和感を感じる瞬間を期待した。それは「守破離」の「破」への胎動だからである。だが、今回はそこまでいかなかった。また、小さいことから大きなことまで、「丸ごと」まかせて失敗から学ぶ機会を作った。

6「類推」

新たな状況において、過去の経験や記憶を検索して本質的な類似点を推し量り、応用する力をつける。

山田さんには、相談活動、アドヴァイザー、コーディネーター、卒論準備指導など、いずれも教師の専門性と関連する近接領域に実践範囲を広げ、発表や授業実践で学習した内容を類推して「創造性」を発揮するよう図った。

7「発表・授業実践と省察」

「話し合い　耳を傾け　承認し　任《まか》せてやらねば　人は育たず」（「山本五十六資料館」）を参考にした。四月より、発表と授業の終了後、山田さんとわたくしは毎回の受講生の感想文を一緒に読み、話し合い、山田さんの長所を認めて誉《ほ》め、批判された箇所はわたくしが山田さんのやった通りにして見せて、手本を示し、どこに問題があったのか、どうしたらいいのか山田さん自身が気づき修正する振り返りを重ねた。

一二月、山田さんは上記「1　心理的課題」を解決して存在が深まり、「2　いま、ここ」を生きられるようになった。また、振り返りの内容をもとに見通しを立てて動けるようになった。そこで山田さんを信じ、大学生対象の授業を三コマ計画段階から責任をもって授業することを任せた。そして「やっている　姿を感謝で見守って　信頼せねば　人は実らず」（「山本五十六資料館」）を胸に、わたくしは緊張で張り詰める山田さんのそばで授業を観察し、終了後、省察を聞き、語り合った。これらの内容は後述する。

8「仲間との対話」

仲間との対話は、相手という鏡に自己を映して観察、内観、自照が起こって自己理解が深まり、かつ知識獲得、安心感、切磋琢磨が起こり、相互に豊饒化して、かつひとりよがりを防ぐ手立てとなる。

山田さんには、研究室でのゼミの後輩たちとの対話、大学院仲間との話し合いや教え合い、呼びかけのレッスン、そして安らぐお茶会などの環境を整えた。

9「類型論を学ぶ」

類型的見方を学ぶ。得意な資質に関する「言語」、「筋肉運動」、「感性」。視覚型、聴覚型。発達段階。男性と女性など、類型の網の目の交差するところで個性を捉える。「類型は、一般と特殊との中間に位置し、個性の理解に対する手引きとなり得る」（前田、一九五八）のである。前田によれば、ナトルプも「『所与の個性というよりはむしろ可能な個性の類型的全体像――それは類型的なものとして当然絶対的な意味において個的ではあり得ないが、しかしそれでも個的なものへ一歩近づいている――を描く』差異心理学的研究が疑いもなく教育学にとって大きな意義をもつ」と考えたのである。

山田さんは、これらの類型論を学部一年、二年次のわたくしの講義、および大学院ゼミ（学部生としての参加）で学習した。

なお、山田さんの文中にわたくしの講義に関する記述があるので簡潔に特徴を述べる。一、二年次の講義では、学問としての心理学を理論と事例研究の往復で行う。個々の心理学的知識を別々に教えるのではなく、それらを「人が生きる」文脈に乗せて伝えることで、さまざまな状況に知識を応用できるようにするためである。それは、学生の「自己内対話」「自己探求」を触発し、その過程を支える資料を提供し、学生たちの議論は講義内で収まらないという（井上、二〇一〇）。同時に、わたくし自身も講義しながら探求し、さらに、それは学生が講義室に入室したときから退室するまでに「減る」変化をもたらす特徴がある。[註7]

10「教師イメージの形成」

人は自己イメージのような人になるゆえに、教師志望学生に「教師」という自己イメージの形成を援助する。

わたくしは山田さんを「山田先生」と呼び、すでに一人前の先生であるかのように成長に一歩先んじて現在完了形で待遇した。

以上の工夫は、わたくしの中で渾然《こんぜん》一体となり、山田さんのエネルギーの動きと感受性に感応しながら、瞬間々々に山田さんのいのちが充実するようにかかわった。

「資質の開花」と「感覚の変容」

ここでは山田先生の①「授業」と②「教育的指導」の省察内容をもとに、「言語」の資質の開花・思考力の伸び、そして「教育的タクト」における「感覚」の変容を検討する。[註8]

大学四年次――「心理検査」の授業における「教育的タクト」

《授業実践概要》

授業対象　「教育学基礎演習Ⅱ」（教育学科一年生二四名、教職志望）山田先生はアドヴァイザーとして、この学生たちと一〇～一一月の二カ月間、一緒に机を並べて『子ども虐待という第四の発達障害』を学んで意見を伝え、学生の名前もおよそ把握していた。他方、学生たちには山田先生（先輩）への憧れがみられた。

実施期間　二〇一二年一二月（週一コマ、三週連続授業）

授業形態　二人ペア×三組＝一グループ六名、全四グループ。各グループと教卓に「心理検査：WISC―Ⅲ」[註9]各一台を置き、大学院ゼミ受講の仲間四名が各グループに一人ずつ入り、学生の心理検査体験を支援した。また、この四名は調査実施時の様子を先生と子どもの役になってモデル実演し、「手づくり資料」を適宜黒板に掲示した。また山田先生作成の簡潔で優れたレジュメを配布し、それに従って進めた。

授業目的　特別支援教育のための基本的心理検査について実習し、知識を得て個別プロフィールを解釈して子どもの知能の強み、弱みを知って生かし、プロフィールに関する親からの質問に見当をつけられるようになること。

授業内容 「心理検査：ＷＩＳＣ－Ⅲ」の実習と解釈および支援方法の説明。

・第一週 二〇一二年一二月二日（金曜日、二限）ＷＩＳＣ－Ⅲの概要（特徴、全体構成など）を説明し、学生自らがペアを組んで先生と子どもの役になり、検査を実施する。

・第二週 二〇一二年一二月九日（金曜日、二限）事例を取り上げ、学生各自が検査結果を数値化、グラフ化したプロフィールを書く。

・第三週 二〇一二年一二月一六日（金曜日、二限）完成したプロフィールをもとに解釈し、「個別支援」の手立てを計画する。

以下、山田先生の実践後の振り返りと、わたくしのことば、〈 〉内にわたくしの思いを示した。また、山田先生の発話記録中、便宜上、感覚の表現に波線、思考の表現に傍線を施した。わたくしは授業研究者ではないゆえ、自らの授業体験からしか語ることができない。ご容赦願いたい。

《準備段階》

山田 （ＷＩＳＣ－Ⅲを）「習得」してほしい、させなければ、という思いが非常に強く、資料作りから、「習得」できるありとあらゆる手立てを考えたり、工夫しました。

井上 何のための検査？〈山田さんは四月から教員。目前に迫る発達障害児への対応の不安と、この授業への責任で緊張度が高いため、詰め込みになりがち〉

《第1週》

山田　余裕がなく一方的で、実践しながら自分を省みることはできませんでした。次回は紙を見て話さない、相手の様子も見る、自信をもって言いたいと思います。

井上　うん。声以外はばっちり。教材そのままでなく、授業仕様に変えたらよかった。緊張が高くて全身が浮いているから丹田呼吸、それと粘りを出して根っこを生《は》やすのに根菜類、とくに山芋を摂《と》るといいよ。

〈受講生（一年次学生）が見えていない。自分がどう教えるかで精一杯〉

《第2週》

山田　教えながら、ほんの少し学生を見られました。でも机間支援はできず、前で話しているだけでした。だけど、時々学生の反応を見て、学生に考えさせたり、予想をもたせたりできました。予想と異なる結果が得られた時に、雰囲気が湧く感じがしたので、主体性を持たせる良さを学びました。（井上）先生がわたしのことを学生の前で山田先生と呼んでくださったのがうれしかった。

井上　うん。山田先生は一度、学生のつぶやきを拾い「ありがとう」と言った。その瞬間、クラス全体が受容的な雰囲気になった。その直後の発問で予想のせめぎ合いが起こり、一人ひとりが立ち現われた。育ち合いの小さな芽ぶきだね。〈少し受講生が見えてきた。学生の主体性の発露が鍵〉

《第3週》

この日、わたくしは山田先生が蛹《さなぎ》から蝶に生まれ変わった瞬間に立ち会った。これまでの二回の授業と異なり、なめらかに教えながら机間支援を行い、瞬間々々学生にしなやかに対応し、山田先生は春風に乗って花から花へ舞う可憐な黄色い蝶のようだった。山田先生はこの日の授業をこう省察した。

山田　学生との距離感も近く、「あ、わかってないな、伝わってないな」というのが、瞬時に感じ取れた気がしました。説明で伝わらなければ、繰り返す、話すスピードを遅くする、強調する、別の言葉で言い換える、具体的に言う、実演する……などの方法から、適切なものを選びとろうとしました。……（学生の）表情が不安気で困っていないか、指示後にスムースに活動できているか、間違ったことをしていないか、は視覚的なものが頼りでした。でも、わかってない時にはなんとも言えない重苦しい雰囲気を感じました。……全体として、これは何割程度のペアができていれば大丈夫、これくらいできていれば次の活動で追いつく、何問程度経験できたからこのくらいでいいだろう、とすべてのペアに同じ条件は求めず、その程度の差を意識しながら指示のタイミングを考えました。……次の活動の前段階（練習課題、下位検査のヒエラルキーなど）となるものは、先に進みたくても、まずきちんと押さえてから進むことが後の混乱を防ぐと考えて、活動内容の組み立てやつながりと系統性を考慮できました。……割合でいうと八割のペアの理解で先に進んでも大丈夫な基準でした。一、二組なら、全体を止めずに個別にフォローできると思いました。全体指示でできないぶん、机間支援しながら指導するとしたら、何組回れるかを考えながらしました。それと、教えることは「学び合うこと」であると感じました。誰か一人（教師）が一方的に教えるのではなく、人と人、人と物や課題（心理検査器具やワークシート）とのかかわりなんだなぁと感じました。院ゼミメンバーのサポートが力強く、彼女たちがいてくれたから学習を高めることができました。……いままで教えることは、一方的な教授のイメージで、指導したら、あとは吸収するのも何か考えるのも相手に委ねるもののようなイメージでした。でも、教えることは「学びを調整すること」と思いました。院ゼミメンバーのサポートの配置や要請、ワークシートの内容、学習スタイル、あらゆる要素を組み合わせたり生み出したりすることと思いました。確実に自分自身の中で「教える」という価値は高まり、楽しさややりがいも高まりました。

学生たちも「こんな授業を受けられて幸せ」「自分も四年になったらこんな授業ができるようになりたい」と思いの丈《たけ》を認《したた》めていた。

わたくしは授業観察している最中に二点気がついた。山田先生は実践中に柔軟に方略を変え、学生に瞬時に対応できている。また、状況全体（クラス）と部分（グループ）と点（個人）への焦点の移動が自在にできている。前の二回と比べて大きく変容した理由をきくと、つぎのように振り返った。

山田　学生が学生に教えることにためらいがありました。でも、感想文を見たり、教えながらの修正ができたりして、その場でなんとかできる手応えができてきて自信もつき、学生とも打ち解けることができて慣れてきました。授業内容も明確で好きな内容（個別の支援）でした。

井上　うん。とても素敵でした。もうすっかり先生だね。机間支援のとき学生の声によく耳を傾けていた。そのときよくできている学生たちにも目配りして、最後に高い到達度の内容を発表してもらい授業を「締める」ともっとよかった。共感的雰囲気のクラスだから競争的にならず、高さが共有されるように思う。ただ「声」が学生に届いていないかな。声には呼吸が反映していいのちのありようが現れる。だから声が学生に届くのは物理的なことではなく「他者のいのちと出会うこと」。以前、「愛着」（六月）の発表のとき山田先生は「こころを震わせる」授業をしたいと言ったね。声が届けば、意識的に相手のこころを「震わせる」のではなく、いつのまにかいのちといのちが「響き合う」よ。〈受講生がよく見えていた。好きな授業内容だか

ら実感と確信をもって教えられた。学生に関する「見方の転換」が起こった。鍵は机間支援〉

山田先生の授業および省察に関しては、以下四点を特筆すべきであろう。

1 「思考様式モードの転換」

机間支援ができるようになったので、受講生の情報が取れるようになり、また、受講生の反応も出やすくなった。そして自分が何を教えるかではなくて、「受講生が何を学んでいるか」、「受講生から考えたらどうか」、「受講生がわかるようにするにはどうしたらいいか」のように「受講生から」に見る視点が移り、かつ思考様式モードの転換が起こっている。そして、学生の学習状況をもっと見なくてはいけない、見ることができた、もっと見る、の連鎖で実践中の省察が深まっていった。さらに、自分から能動的にかかわって学生の情報を引き出すこともできていた。

2 「『教授』から『教授―学習』へ」

山田先生はこの授業実践をするまで「教えることを一方的な教授のイメージで、指導したら、あとは吸収するのも何か考えるのも相手に委ねるもの」と思っていた。ここには山田先生がそのときまでに受けてきた素朴な「教授」の授業観がある。だが、それは授業中の省察の中で「教えることは学び合うこと」「教えることは学びを調整すること」、すなわち「教授―学習」へと変容した。

3「集団差」

「すべてのペアに同じ条件は求めず、その程度の差を意識して」指示のタイミングを計った。ショーン（Schon, D.A.）は「教師がひとつのクラスでどうして三〇人の生徒のひとりひとりの声に耳を傾けられるのか、省察的実践を実現させるのにはクラスサイズの縮小が必要である」（ショーン／柳沢・三輪監訳、二〇〇七。要約は筆者）と述べている。それは確かで理想だが、山田先生は集団の「差異」の視点を入れることにより、与えられた条件、すなわち二四名の学生の活動を調整しうる可能性を示した。

4「見通し」

「一、二組なら、全体を止めずに個別にフォローできる」「全体指示でできないぶん、机間支援しながら指導するとしたら、何組回れるかを考えながらしました」とあるように、短期的ではあるが先を見越していまの行動を決定していた。

三週にわたる授業の過程で、山田先生の三回目の省察における言語表現は巧みで面目躍如である。また実践しながら「教えるとは学び合うこと」「教えることは学びを調整すること」など、抽象概念の操作がなされていたこと、さらに「後の混乱を防ぐと考えて、活動内容の組み立てやつながりと系統性を考慮できました」から論理的思考が実践で生きていたことがわかる。では、「感覚」はどうであろうか？　山田先生は、三回目の授業で机間支援ができるようになり、受講生の様子を「瞬時に感じ取れた」と省察している。これは受講生が「見えてきた」ことを意味する。つぎに視覚に焦点を当てて考察する。

ヘルバルトは一九世紀の人である。二一世紀のわれわれは脳科学の研究成果を手にすることが可能になった。脳はまだ神秘の領域であると断ったうえで、脳科学研究のホーキンス（Hawkins, J.）の仮説を用いて、大胆に現象の説明を試みてみる。まず、ホーキンスの仮説は以下である。「大脳新皮質は、六層で形成されており、入力情報は、視覚、聴覚、触覚を問わず、ぞれぞれの部位からの電気信号として、まず最下層に到達する。その（感覚）刺激は、各層間をつなぐシナプスを通じて、上位層へと伝達される。未経験の情報は、蓄積されている情報と比較され、新しい情報として第六層に保存される。繰り返し同じ情報が入ってくると、保存されている情報は精度を増して、第六層より下位の層で記憶されるようになる。下位の層は、繰り返される詳細情報を記憶し、上位層ほど抽象概念を処理するようになる」（ホーキンス、ブレイクスリー／伊藤訳、二〇〇五。要約は筆者）[註10]。

つぎに山田先生の三回の省察をこの仮説から検討する。山田先生は、一回目は感覚器官から入力される目の前の情報を処理するのが精一杯で受講生の様子は見れども見えずであった。しかし、山田先生には受講生が見えていない自覚があり、見なければならないことを知識として理解していた。受講生は山田先生が二カ月間、発表のアドヴァイスをしてきた学生たちで、かつ、この授業は心理検査の実習のために座席をほぼ固定していた。よって、授業二回目では、少し受講生を見ることができ、また学生のひとりごとを拾えている。三回目にもなると、山田先生には席ごとの学生の顔や様子が繰り返し入力されて電気信号パターンとして大脳新皮質の下位層に記憶され、考えずにすばやく処理されるようになったと考えられる。つまり、授業をしながら、学生一人ひとりの反応（表情や雰囲気の変化）を第四層以下で瞬時に捉えることができるようになる。第六層には普段との違いが伝わるようになり、違いの詳細を分析したり、全体としての反応の変化を分析できるようになる。このように、下位層で処理できることが多くなると、上位層に時間的余裕が生まれ、しかも第六層は分析脳であるため抽象概念が操作されて、「視覚」情報の中から、「見るべきもの（予測に必要な情報）」を見られるようになり、「思考モードの転換」が可能になった、と説明できる。しかしまだロマンの領域を出ない。

三回目は好きな授業内容であったこと、「見える」ようになったこと自体が自信となり、瞬間々の決定をしなやかにできるようになったと推察できる。また、わたくしが二回目に受講生の前で「山田先生」と呼んだことで、役割が明確になり、本人が授業の責任主体を覚悟して行動したことも十分考えられる。ヘルバルトの「すばやい」「判断」そして「決定」を、脳科学で厳密に説明できる日が早くくることを祈りたい。

以上より、山田さんは四年次一二月の授業実践において、「言語」の資質が伸びやかに開花し、思考力も飛躍的に伸び、また感覚的な自動処理もすばやくできるようになり、それらすべてが「教える」営みを洗練したと見てよいであろう。三回目の授業後、山田先生は恥をかくとわかりながら遅くまで後輩の前で懸命にヴォイス・トレーニングを繰り返した。わたくしは「いのちへの感応」を感じてほしいと思い「呼びかけのレッスン」[註11]をそっと滑りこませた。「教育的タクトの育成、或いはひろく教師としての成長を助成するためには、当人の側に、批判的自己省察に裏づけられた厳しい自己訓練・自己形成の意志が働いているのでなければならない」（前田、一九七〇）のである。

つぎに、山田先生の教員初年度の人間づくりにおいて「教育的タクト」がどのように展開しているか検討する。

小学校教諭一年目後期の「教育的指導」における「教育的タクト」

わたくしは山田さんが卒業するとき「さようならではなくて、またね、だね」と伝えた。教育現場で苦悩することが目に見えていたからである。ほどなく相談があった。わたくしの教えとは真逆の、指示に従えない子どもたちを「恐怖心により抑え込む」指導が入ったという。具体的な状況を聞き、わたくしは山田先生が苦労するのを承知で「血が流れる、時間もかかる。それでも静寂に引き込み、愛で包む。どなってはならない」と答えた。だが、わたくしは「山田さんはつぶれないだろうか?」と不安で内臓を絞り上げられるように苦しく、眠れぬ夜が続いた。

わたくしは大学の講義でこう教えた。人のこころを抉《えぐ》る言葉を発するのは被虐待児であることが多い。彼らは通常、家で大声でどなりつけられている。したがって教師はどなり声で彼らを抑えようとするなら家人より大きなどなり声でなければ効き目がない。だが大声を出すと被虐待児はフラッシュバックを起こす可能性が高い。そうなれば教室はたちまち混乱に陥る。それに何より、彼らは自分たちが興奮しているにもかかわらず、われわれ教育者には(大人には)冷静であることを望んでいる。ゆえに、わたくしは講義で、彼らのこの「こころの法則」を教え、「挑発に乗せられない」という教師の指導の在り方を示した。

つぎに山田先生の教育的指導に関する省察を見ていく。

山田先生はまずこの知識を前提にした。そしてある瞬間、「ギロッと睨んで二度目で制し」、子どもたちと場を収めて「人を傷つけることばを言ってはいけないこと」を、ことばのない世界で教えた。山田先生は「この一瞬、他の選択肢は浮かんでいませんでした。賢い子たちで、判っているはずだと判断して一瞥《いちべつ》、さらに一瞥して対応しました」と省察した。「停滞を許さない教育的行為の流れにあっては、……このような教育的敏感、『具体的な事態にとって教育的に適したものを感じとるこの感覚』がまさしく決定的」なのである(前田、一九五八)。再び睨《にら》むと、この子どもたちは静かに授業に戻った。注目すべきは、山田先生のかかわりの尖端が認識を介さず「反射的」に「無我夢中」のうちに決定されていることである。認識を介すると手遅れになる。この二年ほど前、山田先生は「感覚が鈍い」と言い、その内容は「考えてから動くから反応が遅いこと」「相手の意図を感じ取れないこと」であった。その山田先生が一年弱の彼らとの日々のかかわりの経験から、瞬時に「すばやく」かつ「的確に子どものその瞬間の主観の世界」を感じ取り、教育的タクトで対応できている。しかも、睨むことで静かになると先が読めている。つまり、ある方略をとるとつぎに相手がどう反応するかがわかっている。

再びホーキンスによれば、「類推によって予測をたてる能力」、すなわち「つぎに何が起こるべきかの普遍的な記憶を呼び覚まし、現時点に特有の詳細と組み合わせることによって」未来を予測する能力が「知能の本質」である。創造とはこの能力を指し、わたくしたちは日々、未来を創造しているのである。予測の抽象度が上がり日常的でない類推を使って日常的でない予測を立てるとき、人間の創造性が改めて認識されるのだという（ホーキンス、ブレイクスリー／伊藤訳、二〇〇五。要約は筆者）。

教育においては子どもの「現在の顧慮と尊重、未来への配慮」を忘れてはならない（前田、一九七〇）。そうであるなら、わたくしたち教師は、日常的に子どもの未来を予測する能力を必要とし、われわれは子どもとともに一瞬々々子どもの未来を創造し続けていくのである。ここで見逃してはならないことがある。山田先生が睨む方略を取ったとき「わかっているよ。あなたたちのことを見ているよ」「人を傷つけることを言ってはいけない」というメッセージを厳しいまなざしの中に込めていたことである。ここには子どもの中に品性を育もうとする毅然とした愛がある。その愛に気づいたのであろうか。やがて、その子どもたちのひとりが「大好きだよ」ということばを山田先生に贈ってくれたのである。

もうひとつ、山田先生は暴れる子どもに瞬間的に覆《おお》いかぶさり、クールダウンを辛抱強く待った。クラス全員の子どもたちの無事を守るため、この段階では他にいかなる方法があっただろう。その子に蹴飛ばされ、噛みつかれる痛みのなかで、その子が蹴るのをためらい、手加減するのに気づき山田先生は「こんなふうに少しずつ怒りのコントロールを覚えるのか、本当に少しずつ成長するのだ」と、わずかな変容を見逃さずその子の行く末を思っている。ここには、行為し観察しながら同時に子どもと一体化して、根底に痛みを分かち合う愛がある。愛があるから子どものこころが手に取るようにわかる。山田先生は初年度の後期にはひとりひとりの子どもたちを見ることができていた[註13]。

山田先生は教室で子どもたちに絵本の読み聞かせをするのが習慣になっているという。生活の中の「自然の心理学」で子どもたちとふれ合いながら、「言語」の資質を生かした高いレベルで「理論の普遍を実践の特殊へ具体化」すること、かつ「実践の特殊を理論の普遍へ高め」ることも期待したい。「タクトが『理論と実践との中間項』であるとはその意味でもある」（前田、一九五八）からである。

つまずきを光り輝く財産に

わたくしが瞑想に先立って山田先生に伝えた「『汝の敵を愛せよ』が武器になる」の意味は次のようである。敵を憎んでいるとき、人は敵に支配されている。だが相手を「許す」と、相手の支配から「自由」になる。さらに「愛する」ことでかけがえのない人生に愛の時間が増していく。「時間の使い方は、そのままいのちの使い方になる」（渡辺、二〇一二）からである。すなわち、憎しみの相手を「許し」「愛する」ことが、「自由」と「愛」と「人生」を勝ち取る自らの闘いの武器になる。

山田先生は、愛着の受苦を越えた。苦しみに直面したがゆえに、悲しみも愛も知るこころの襞《ひだ》が濃《こま》やかな人になった。だからたいていは人を避ける子どもが、山田先生にはおんぶしてほしくなりその背で安らげたのではないだろうか。そればかりか、歯形の痛みは噛んだ子どものこころの痛みだと、からだでわかる人になった。そして、痛みを抱えながら、こころ痛む子どもとともに生きようとしている。ここに小さなペスタロッチが息づいている。「幼少期に親から充分な愛をもらえなかったのではないか」という、成長を止めていたつまずきの石は山田先生と子どもたちの「光り輝く財産」になった。それだけではない。ペスタロッチは愛して止まなかった孤児たちに幾度も裏切られたが、その都度、孤児たちを許し、また別の孤児たちとのあいだに「愛着」関係を築こうとした。山田先生も「許そう」としている。それは「痛む愛」である。痛み苦しみもがき泣き、死んで甦《よみがえ》る痛みの愛である。時を経て「許し」が起こったとき、山田先生の「教育的タクト」に「気高さ」が宿るように思う。

「気高さ」「崇高さ」はマズロー（Maslow, A.）が人間のうちにあると信じ、証明したいと思ってきた能力（シュルツ／上田監訳、一九八二）である。そして、最高・最善の人間性に至る自己実現欲求に梯子を架けるには、それ以前の四段階の欲求、すなわち「1生理的欲求、2安全欲求、3所属と愛情の欲求、4尊重の欲求」（シュルツ／上田監訳、一九八二）が満たされていなければならない。第3段階「愛情の欲求」で足踏みしていた山田先生は、母と子の絆を確かめえたことで、いまや自己実現への梯子を上りつつある。

教育と心理臨床における「人間観察力」

教育も心理臨床も自己実現、すなわち「すべての資質や力量の発揮」（シュルツ／上田監訳、一九八二）そして「汝、自身たること」（マズロー／小口訳、一九八七）への援助である。「教育的交渉にはタクトが必要である。カウンセリング、心理治療の交渉はタクトなしには不可能」（前田、一九七〇）である。両者に共通するのは「深い人間観察力」であろう。そして師・神田橋は無意識の読みを含めてこの人間洞察力が天才的であり、その読みで「精神療法と教育とが綯交ぜになったかかわり」をもつ。註14 これこそが、わたくしが直覚した師のかかわりの神髄である。そして師は、出会ってまもない頃、レベルは異なるがこの資質をわたくしの中にも見出された（井上・神田橋、二〇〇一：本書終章二六八頁）。そしてその資質を開花に導き、教育現場でその力量を発揮することを願ってくださる。わたくしもまた、山田先生の中に「教育的タクト」がずっと息づいてくれることを願ってやまない。

おわりに

これが山田さんとわたくしの一年間の記録である。山田さんは総代で卒業の晴れの日を迎えた。前田は自身の『教育本質論』（一九五八）に、レブレ（Reble, A.）の「初歩の教師に、この教育的タクトと人格的な教育力とを発達させること——これが教職教養の固有中心的な関心事なのである」という言葉を引用している。わたくしも少しはそのお手伝いができたであろうか。

瑞穂《みずほ》の国、日本は古来より、人の育ちを稲の育ちになぞらえてきた。稲はどれほど高価な肥料を与えようと、名水を与えようと「時」至らねば実らない。だが、ただ時さえ与えられればいい実がなるわけでもない。土壌、地質、気候風土、気温、雨量、湿度などを考慮して、水や肥料を遣《や》る「時」期を考えねばならない。そして時と機（田のありよう）を感じ取るために賢治は教え子たちに、「田ごとに終日向き合って話し、一枚ごとに肥料設計をする」（畑山、一九八八）ことを教えた。人も稲も、対話と観察により、豊かな実りを導くのは種（資質）の見極めと、時（教育・開花の時期）と機（ある時のこころのありよう）の察知であろう。教師・宮澤賢治の祈りを添える。

あすこの田はねぇ

あすこの田はねぇ
あの種類では窒素があんまり多すぎるから
もうきっぱりと灌水《みず》を切ってね
三番除草はしないんだ
……一《いっ》しんに畔《あぜ》を走って来て
　青田のなかに汗拭《あせふ》くその子……
燐酸《りんさん》がまだ残ってゐない？
みんな使った？
それではもしもこの天候が
これから五日続いたら
あの枝垂れ葉をねえ
斬ういふ風な枝垂れ葉をねえ
むしってとってしまふんだ
……せはしくうなづき汗拭くその子
　冬講習に来たときは
　一年はたらいたあととは云へ
まだかゞやかな　果のわらひをもってゐた
いまはもう日と汗に焼け

幾夜の不眠にやつれてゐる……
それからい、かい
今月末にあの稲が
君の胸より延びたらねえ
ちゃうどシャッツの上のぼたんを定規にしてねえ
葉尖を刈ってしまふんだ
……汗だけでない
　泪《なみだ》も拭いてゐるんだな……
君が自分でかんがへた
あの田もすっかり見て来たよ
陸羽132号のはうね
あれはずゐぶん上手に行った
肥えも少しもむらがないし
いかにも強く育ってゐる
硫安だってきみが自分で播いたろう
みんながいろいろ云ふだらうが
あっちは少しも心配ない
反当三石二斗なら
もうきまったと云ってい、

しっかりやるんだよ
これからの本当の勉強はねえ
　テニスをしながら商売の先生から
　義理で教はることでないんだ
きみのやうにさ
　吹雪やわづかの仕事のひまで
泣きながら
からだに刻んで行く勉強が
まもなくぐんぐん強い芽を噴いて
どこまでのびるかわからない
それがこれからのあたらしい学問のはじまりなんだ
ではさやうなら
……雲からも風からも
透明な力が
そのこどもに
うつれ……

人と人との交流は「二つの生きた主体の生命の流れのかかわり」（前田、一九七〇）であるから、相手の生命の主体性を最も尊重するかかわり方は、かかわりを相手から「引き出される」（神田橋、X年）仕方であろう。したがって「タクト」に最も期待されるのは感応力である。果たして感応力は育成できるのか。これがわたくしのつぎの課題となる。

付　記——お詫びふたつ

山田さんに指示の仕方が抽象的だという指摘を受けた。創造性やひらめきを引き出すような教育の場合、体系的な積み上げ型教育はそぐわないと感じ、岡倉天心が画家や彫刻家たちにした暗示的、比喩的、象徴的教育方法に憧れ、触発されて試みた（平櫛、一九八二）。憧れにつき合わせて、すみませんでした。また「キリストはいいことを言ってるんだ」（本書一七一頁）と偉大な存在を評価しました。ごめんなさい。

謝　辞

畏友、浅田匡教授（早稲田大学人間科学学術院）に「授業研究」に関する貴重なご示唆を頂きました。記して感謝いたします。

註1　ヘルバルト（一七七六〜一八四一）：ドイツの教育哲学者。ヘルバルトの「教育的タクト」は、「存在と生成、理論と実践を統合する美的判断力」（教育思想史学会編、二〇〇〇）を意味する。わたくしはその哲学を理解しえていない。また、自分以上のことはできない。したがって、本稿では、山田さんの感覚の練磨という枠の中で、わたくしも身につけ、教師志望の学生たちに形成したいと考えて試みた「教育的タクト」の内容を示す。

註2　ゼミ所属は三年次から二年間だが、山田さんが三年次にわたくしは長期研修のため不在になる。かつ研修から帰任した年は四年ゼミを担当できないルールがあり、結局、山田さんの入ゼミは不可能であった。四年ゼミ生が他にいなかったから山田さんに「ひとりっ子」体験と豊富な授業実践を用意できたのである。「ひとりっ子」体験の必要性は感応力によった。

註3　ＴＡ（Teaching Assistant）は大学院生のより深い学びのための授業補助と位置づけられており、学部生はそれを担当できない。そ

こでそのTAの手伝いをする役割を作った。そして一つひとつに責任を持たせた。責任は人を育てると考えるからである。

註4 「教育的タクト」に関して理論展開した主なドイツの研究者たちは、哲学者ナトルプ、哲学者ノール（**H. Nohl**）、教育者ケルシェンシュタイナー（**G. Kerschensteiner**）（廣松ほか編、一九九八：教育思想史学会編、二〇〇〇）。

註5 「やってみせ　言って聞かせて　させてみて　ほめてやらねば　人は動かじ」「話し合い　耳を傾け　承認し　任《まか》せてやらねば　人は育たず」「やっている　姿を感謝で見守って　信頼せねば　人は実らず」――「山本五十六資料館」（新潟市）によれば、上記は山本五十六のことばとして流布しているが、氏の周囲にいた者が聴いたとして残ったもので、ほかの人の言葉が混ざっている可能性があり、氏自身の言葉か否か不明である、とのことである。資料館では、わずかにお土産用の「うちわ」にこのことばを残している。

註6 オスラー博士は『平静の心』の冒頭にマルクス・アウレリウスのつぎのことばを掲げている。「汝、海に屹《きつ》立する崖《がけ》になれかし、波は絶えず打ち砕けようとも、崖は静かに聳《そび》え立ち、まわりの逆巻く波も穏やかに静まりぬ」。

註7 「教師たるものは、自分の教室の生徒が、入ってきたときから退出するまでの間に変化するように努めるべきである。その変化とは、要するに、生徒の内部に何かが増えた、あるいは減ったという変化である」――二〇年ほど前、ロンドンで、『小グループの教師のための手引き』という小冊子にこの文章を見つけ、ひどく共鳴した。パデル先生の毎週のスーパーヴィジョンで、変化して退室する自分を実感していたからである。それどころか、先生との対話の最中に、地震のような体感を伴って、内部に変化が起こるのを知った。変化のほとんどは、増える変化ではなく、減る変化であった。自分の上に覆い被さっていた暗雲がちぎれて、光が射してくる思いがあった。**en-lightenment** とはこの事かと連想したりした（神田橋、一九九二）。

註8 三週にわたる授業実践を行うまでに、山田さんは教育実習（三年次：小学校一年生に四週間）、教育ボランティア（大学一年次春休みから四年次卒業まで、一年生から五年生対象：学習支援・支援級支援など）、塾講師三年（小学校一年生から中学校三年生を対象に、各教科の個別指導）の授業および支援経験がある。

註9 一九四九年（初版）に米国の心理学者ウェクスラー（**Wechsler, D.**）によって作成された知能検査。その特徴は知能を多種の知的能力の総体と捉え、それぞれの能力の強弱（個人内差）を測定できることにある。発達障害児は著しい個人内差があるため本検査が有効とみられている。検査の構成は大きく「言語性」（言語で問題が提示され言語で回答する）と「動作性」（視覚的に問題が提示され動作で回答する）に分かれ、さらにそれぞれに下位検査（全13領域）が設定されて、言語理解力・注意力・集中力・ワーキングメモリ・視覚認知力・処理速度力などが測定できる。結果を得点化して折れ線グラフなどにまとめてプロフィールを作成することにより被検査者の能力における「強弱の箇所」が明示される。それをもとに強みを伸ばし、弱みを補助する、教師の日常の具体的な支援の手がかりを得て指導に生かすことができる。さらに近年、この検査を児童相談所などで行い、プロフィールを持参して教師に問い合わせる保護者が増えており、教師と保護者が手を携えて子どもを支援するために、また保護者の信頼を得るためにも教師志望者が学ぶべき内容と判

断している。なお、二〇一三年に第Ⅳ版が出された（いずれも日本文化科学社）。

註10　大脳皮質が六層構造からなっていることは大脳生理学の分野では事実として取り扱われている。なお、わかりやすく入手が容易な文献として、一九九九年八月二二日～二六日に実施された　神経情報科学サマースクールＮＩＳＳ＊99（http://www.jnns.org/niss/1999）において、二五日に発表された、金子武嗣「大脳皮質の神経回路」京都大学大学院医学研究科高次脳形態学（http://www.jnns.org/niss/1999/text/Kaneko.sjis）がある。

註11　大学院生時代に、大学で開催された竹内敏晴氏のワークショップにてご指導頂いたものである。何列かに並んで座っている人の後ろから、そのうちの誰かを決めて、ひとりが声をかけ、自分が言われたと思ったら振り向くというレッスンである。実際やってみると、なかなか声が決めた相手に届かず苦労した人が多かった。

註12　山田先生が「一瞥」以外に取りえた選択肢には、静かに言って聞かせる、頭を横に振る、唇に人差し指を縦に当てる、指さすなどがあると考えられる。しかし、この段階ではもう山田先生は選択肢を認識せず、選択行動は自動化されていた。

註13　山田先生は自らの追記の中で、教員一年目を振り返り「前期は大学時代の学び合いを試したので一般技術的表現になり、後期は、前期に試して良かった方法を用いてその子なりの方法にアレンジした」という。教職一年目から「一人ひとりに」目をかけることができていた。「子どもにとっては唯一の時間で、再び繰り返すことのできない貴重な授業時間なんだから、昨日先生になった人でも、十年前からやっている先生と同じようにやってもらわなければならない」（大村、一九七三。要約は筆者）。これは大村はまが尊敬してやまない三村安治校長のことばである。山田先生は、三村校長の期待にいくばくか応えたのかもしれないと思うのである。

註14　この部分は神田橋のスーパーヴィジョンにより、以下のように否定された。「ボクの感じではそうではない。深い人間的洞察力に至ろうとするロマンが、このふたつの営みを同時並行するという作業をやむないものとさせている。『人間この謎なるもの』に少しでも近づいていきたいというロマンが、このふたつをないまぜにした形の方法論が、どうしてもそちらを目指して進むのに最も適切な道の選択であろうと思わせるのである」。

◎引用文献

井上信子（二〇一〇）「学び」と「自己探索」：大学「心理学」講義の感想文分析。『日本女子大学大学院　人間社会研究科紀要』16　二四頁

井上信子・神田橋條治（対話）（二〇〇一）『対話の技：資質により添う心理援助』新曜社　二六九頁

大村はま（一九七三）『教えるということ』共文社　一六～一八頁

小川三夫／塩野米松（聞き書き）（二〇一一）『棟梁：技を伝え、人を育てる』文藝春秋　四一頁

オスラー・W／日野原重明・仁木久恵（訳）（二〇〇三）『平静の心：オスラー博士講演集（新訂増補版）』医学書院　六頁
神田橋條治（一九九二）「まえがき」『対話するふたり（治療のこころ第1巻）』花クリニック神田橋研究会　三頁
神田橋條治（X年）診察室での対話
教育思想史学会（編）（二〇〇〇）『教育思想事典』勁草書房　六三六頁
玄侑宗久・有田秀穂（二〇〇五）『禅と脳：「禅的生活」が脳と身体にいい理由』大和書房　一〇八〜一二三、一九八頁
サム・マクブラッドニィ（文）アニタ・ジェラーム（絵）／小川仁央（訳）（二〇〇四）『パパとママのたからもの』評論社
シュルツ・D／上田吉一（監訳）（一九八二）『健康な人格：人間の可能性と七つのモデル』川島書店　一〇六、一〇九、一三三頁
ショーン・D．A／柳沢昌一・三輪建二（監訳）（二〇〇七）『省察的実践とは何か：プロフェッショナルの行為と思考』鳳書房　三五〇頁
杉山登志郎（二〇〇七）『子ども虐待という第四の発達障害』学研　二四〜三六頁
畑山博（一九八八）『教師　宮沢賢治のしごと』小学館　二一一頁
平櫛田中（一九八二）「岡倉先生」橋川文三（編）『岡倉天心　人と思想』平凡社　※一六〇〜一〇七頁
廣松渉ほか（編）（一九九八）『岩波哲学・思想事典』岩波書店　二五〇〜二五二、五五三、一二〇一頁
ヘルバルト・J．F／三枝孝弘（訳）（一九六〇）『一般教育学』明治図書出版　六九頁
ヘルバルト・J．F／高久清吉（訳）（一九七二）『世界の美的表現：教育の中心任務としての』明治図書出版　九六、九八〜一〇一頁
ホーキンス・J、ブレイクスリー・S／伊藤文英（訳）（二〇〇五）『考える脳　考えるコンピューター』ランダムハウス講談社　一八二、二〇〇〜二〇二頁
前田博（一九五八）『教育本質論：教職教養の基本問題』朝倉書店　一一三〜一五〇頁
前田博（一九七〇）『教育基礎論』明治図書出版　四五、九六、九七、一〇〇、一四四〜一四五頁
マズロー・A．H／小口忠彦（訳）（一九八七）『人間性の心理学：モチベーションとパーソナリティ』産業能率大学出版部　二二三頁
宮沢賢治（一九八六）「あすこの田はねえ」『宮沢賢治全集2』ちくま文庫　一一六〜一一八頁
渡辺和子（二〇一二）『置かれた場所で咲きなさい』幻冬舎　七九頁

第八章 「一《ひと》つづきのいのち」

折口眞子（仮名）

在学中、創立者、成瀬仁蔵先生[註1]が死を目前にして行った、先生の最後のご講演「我が継承者に告ぐ」を知り、揺さぶられ、問いを抱きました。私はその夏、自らの「青い意」を定めました。

卒業の時、論文に長い謝辞を載せました。そのなかにある三行は、井上先生に宛てたことばでした。そこにはゼミ生でない一学生の私にくださった思い出を綴りました。

先生と再会し、信州善光寺にて、ダライ・ラマ法王一四世ご開眼の「チベット砂曼荼羅」を観ました。一粒の内に滲む、色の様を眺めていたら、曼荼羅のいのちはこの一粒にあると感じました。

月日はめぐり、いま、つぎの手紙をここに遺します。

いのちへの手紙

瑞々しくいのちが芽吹く時、そこには冷たい枯れ草が溶け込んでいます。眠る枯れ草の夢は、新芽のいのちとなって再び踊ります。新芽の胎動を感じる刹那、いのちが私のいのちに流れてゆきます。いのちの出会い。その時、私のいのちは私でありながら、私だけのものでないのです。私の先を生きた人、名も存じ上げない先人の祈りすら含んで生きていると感じます。だから受け継ぎ、私の後ろを歩んでくるはずのいのちに託してゆきます。私の祈りもまた、次のいのちに紡がれるのでしょう。いのちは重なり、めぐり合います。

井上先生にお会いしたのは、私にも思いがけない出会いでした。ぼろ雑巾のように体を引きずりながら這うように歩く先生も、いのちの躍動のなかで眩しいほど美しく舞う先生も、私に見せてくださるのは、いのちを生きるということ。ほんの小さないのちが生きる、生命そのものの体現に、私の中のおなじ小さないのちが共鳴したのだと思っています。

いのちといのちが出会う時、新しい風が吹いてきます。時には心地よい穏やかさで、時にはなぎ倒されるほど厳しく、その風は私を揺らします。いのちの出会いが心を震わせるのは、余白が生まれるからです。希望とも呼ばれるそれが根を張るまで、私がそうされたように、新芽の傍で手を当てていたいと思っています。

いのちを育むのは、名のない、いのちです。陽は陽と言わずに降り注ぎ、風は風と言わずに揺らぎ、土は土と言わずに香ります。目の前に広がる情景、そのどれもが重なりながら静かです。それらは穏やかに「いる」のみで、流れるいのちの中、目をつむると全ては溶けていくようです。そして、そこには瞬く時を生きようとする私のいのちもありました。私だけのものではない、でも私のいのちです。

いま再び思うのは、問いを刻み続けようという決意。この世にはふしぎがあちこちありますが、それをさほどふしぎとせずに生きられることも人のふしぎのひとつです。いのちまるごと生きよう、と私のいのちがささやいています。

註1　成瀬仁蔵（一八五八〜一九一九）は、日本における女子高等教育の先覚者であり、日本女子大学の創設者である。女子の高等教育を不用とする時代、「信念」を根本におく人格を重視し、生涯にわたる人間教育をめざし、自らもそう生きた。「女子を人として、婦人として、国民として」教育するとし、品格を培うことを教育の目的とした。終生知を求め、生きた経験を積み、向上するよう説いている。これらの教育理念は、三大綱領「信念徹底」「自発創生」「共同奉仕」に集約されている。私は未熟ながら、先生を「生命」の実践者と理解している。

〔**おりぐち　まこ**（仮名）　現在、小学校教員〕

眞子さん（仮名）とのかかわり

井上信子

ねがいごと　　たんぽぽはるか

あいたくて
あいたくて
あいたくて
あいたくて
……
きょうも
わたげを
とばします

（工藤直子〔一九八七〕『のはらうたⅢ』三二～三三頁より）

白いレースのワンピースに麦わら帽子、野原で妖精《ようせい》と戯《たわむ》れるどこか人恋しい「女の子」。そんな雰囲気の眞子さんは、入ゼミは叶いませんでしたが、よく研究室に遊びに来てみんなで楽しい時を過ごしました。ですが眞子さんは、ひとたび深甚《しんじん》な「対話」になると「老賢者」のごとき明察力が際立ち、怜悧《れいり》で、その手になる文章には文才が光るのでした。そういう眞子さんの、わたくしのゼミ集団への参加は毎回、創造的な嵐と少しの不協和を巻き起こしたものでした。それを察した眞子さんは、時に研究室が静まってから来室し、わたくしとふたり、森に星が降り注ぐ頃まで語り合った日もありました。眞子さんはそんな日は決まってお話をせがみ、静かに聴き入り、その真実を胸深くに刻むのでした。打てば響く学生でした。その眞子さんが、卒業後ゆえあって母校に戻り再びお話を求めてくれました。本章は「先生のことばを残してほしい」と言う眞子さんの想いを受け入れる形になりました。わたくしのことばは「自己の物語」を綴《つづ》る眞子さんの友であったようなのです。

「どうしてわかったのですか？」

眞子さんはある大企業に就職しました。一年余りの長きにわたる闘いの果ての、意に沿わない職業選択でした。わたくしはふと気がかりな瞬間《とき》があり、眞子さんの携帯に二度ほど連絡を入れました。そのたびに眞子さんは、「わたしが先生とお話ししたいと思っていることがどうしてわかったのですか？」と、驚いた高い声で聞くのです。その驚きがあまりに真剣だったからでしょうか、かつて師から指摘された、わたくしの「患者の患部が『写し絵のように移る』資質」（井上・神田橋、二〇〇一）が思い出されました。

わたくしの静謐《せいひつ》な内空間に湖が広がっています。湖面は生命《いのち》の揺らぎに微《かす》かに揺れています。相手のいのちが揺らぐと、わたくしの湖面にさざ波が立ちます。そうして寄せては返し、浮いては沈みながらふたつの生命が流れてゆきます。そんなふうに眞子さんに伝えると、「小さな傷にも気づく」と、か細い声が返ってきました。

大企業といっても、その末端はちょうど大本山の末寺に似た侘《わび》しさがあり、職務内容も眞子さんには納得がいかず、誇り高い眞子さんは乾《かわ》いた心をひきずるように出社していたのです。

眞子さんの好きなキャンパスの森に、春先の小さな薄氷が張る頃のことでした。

「実存的苦悩」と「生命エネルギー」

眞子さんは休職することになり、電話の声からは、不安、脳の疲労、生命エネルギーの低下が察せられました。聞けば、眞子さんは入社して数年で担当部門のトップセールスマンになりました。しかし、表彰されたのち気持ちが晴れなくなり、とうとう会社に行けなくなりました。企業の「利潤追求と方法」に適応できずマニュアルを外れて顧客に誠心誠意対応したこと、職場に顕《あら》わな競争や嫉妬があり「対人関係」に苦しんだことが語られました。腹痛や微熱などの身体症状が断続的にあるので、念のため神田橋医師に電話で相談すると「千里を走る馬が競走馬として走らされ、もともと千里を走る力があるのでトップになった。だが、自分にとっての『走る意味は何なのか?』と問わずにいられない、すなわち、『実存的鬱《うつ》』ではないか?」との見立てでした。会社の眞子さんへの対応は、産業医の診察と産業カウンセラーの面接が月に一度ずつでした。しかし眞子さんは当該医療を受け入れることができず、わたくしはその医療の邪魔にならないよう、神田橋の見立てを仮説として祈る思いでかかわることになりました。

眞子さんの身体症状に医学的な問題はありませんでした。そうであれば内面の心理的葛藤が身体症状に転化していると考えるのが妥当であり、その症状は眞子さんの内にある何かが動き始めている証拠と考えられました。何と何が葛藤しているのか、葛藤の根源は何なのか、それを問うことはとりも直さず「自分とは何か」を問う自己探究なのです。そしてその答えは眞子さんの中にあります。ですが、生命エネルギーが低いと直感も思考も十分に機能しません。そこで、わたくしはまず、資質や才能の開花を図ることで生命エネルギーが満ち、自己治癒力が高まるように図りました（井上・神田橋、二〇〇一）。

そして「お話ししたい」という眞子さんの思いに応えて、わたくしたちは電話でよく語り合いました。同時に、眞子さんの「文才」が発揮されることを願って、わたくしの次の編著原稿の「校閲」を提案しました。すると眞子さんは歓喜して、文章に感激しつつ精読し、文中に執筆者たちの行き詰った表現を見つけると、気遣いに満ちた粘り強いやりとりをかわして「『声』を奪わずに『言葉』にする」（清水・すたんどばいみー編、二〇〇九）営みに寄り添ってくれました。さらに紹介した編集者から校閲のコツを教わると、眞子さんはいっそうやり甲斐を感じて、声に張りと勢いがでて生命エネルギーが上がってきた様子でした。眞子さんの「言葉にこだわる」資質が校閲という新しい分野で花開いたようです。そこで、本書に「書いてみますか」と声をかけると、眞子さんはほどなく「いのちへの手紙」（本書二二一〜二二三頁）を書き上げました。

一読《いちどく》すると、「いのち」が「ひろがり、つながり、流れて」ゆき、「草の葉の一つ一つに宿る白露にも、『いのち』の躍動と美を見出す」（谷、一九七一）日本文化の根底を流れる美意識がかよってきました。わたくしはそう伝えて、美文を称《たた》えました。ただ、在学中から眞子さんに感じていた「はかなさ」が文章の背後にもあるようで心にかかり、さらに「いのちを生きる」ということばの裡《うち》に体験が受肉することが課題と感じました。また、手紙の最後の「いのちまるごと生きようとささやいている」という文章に、「どこが生きられていないのであろうか」という問いを抱き、ふと、資質を手がかりに認め合える仲間ができるといいと思いました。そこで本書の執筆者の幾人かと、メール上で文章の感想を語り合うのはどうかと提案しました。するととても喜んで皆とつながり、それは「この本を学校の先生たちに読んでほしい」という思いを寄せ合う小さな集まりになっていきました。

その頃、森にはそよ風がわたり、シロツメ草が背伸びして、眞子さんの来学を待ち望んでいるかのようでした。

「成瀬先生への思慕」と「永遠の生命」

わたくしは眞子さんが在学中に、本学の創立者、成瀬仁蔵への敬愛の思いを聴いていました。かつて、眞子さんは学内の成瀬記念館で「わが継承者に告ぐ」と題された一葉《いちよう》の写真を見て激しく揺さぶられ、そこに立ち尽くしたのです。それは、肝臓がんでもう立ち上がることが困難な成瀬が、講堂中央の安楽椅子に腰かけ、在学生、卒業生、教職員、評議員たちを前に、厳粛な空気の中「告別の辞」を述べている光景の写真です。そして、眞子さんと成瀬の対話は眞子さんの内的世界で折に触れて続いていったのでした。

電話の向こうで学生時代の自分をなつかしむように眞子さんは言いました。二〇歳のその頃、幸せに満ち溢《あふ》れていたけれど、「どこかで自分だけが幸せでいいのだろうか、他の人たちの幸せを考えなくていいのだろうか、という不安を抱えて」いた。そんなとき「死を目前にしてまで、わたしのはるか昔の先輩たちに何事かを伝えていこうとされる先生の愛の深さと、ご自分のおっしゃることをみなが信じると、信じ切ることのできる強さに打たれ」、「先輩たちへの愛にいのちを賭《と》してくださった。その場所に、いる。先生に会いたかったな。ありがとうって言いたいけれど、それはおかしいから今のわたしのことをお伝えしたい、とそう思ってパネルの前で祈りました」。わたくしは、眞子さんが心震えた「信じ切る強さ」と「愛の深さ」を銘《めい》記《き》しました。

　思い返すと、わたくしが眞子さんと初めて話したのもその頃でした。本学の校訓である三大綱領《こうりょう》「信念徹底」「自発創生」「共同奉仕」の意味について、眞子さんから「なんとなくしかわからなくて、教えて頂けますか」と請われたのでした。わたくしは「『信念徹底』は、あなたの根底にある『自発的精神』を徹底して発展させること。それには、自分は何者で、いかに生きるかを追求し、その理想を貫くこと。これが人格形成の根本。『自発創生』は、人格の価値は個々の個性や才能・資質の主体的発現によって自己創造すること。『共同奉仕』は、自他の人格尊重の上に相互献身的な共同社会をめざすこと。そして成瀬の言う『信念』は、根底的には宗教宗派を超えた宗教的精神のことです」と話しました。さらに「信念の滋養は瞑想《めいそう》により実現する」（成瀬仁蔵著作集委員会編、一九八一a）と先生は考えられた。しかし、わたくしにはこれらは到底理解が及ばず、それを重々恥じて、それ以上触れずに『いまを生きる成瀬仁蔵』（青木、二〇〇一）を紹介したのでした。

　ただ、そのとき眞子さんに繊細な感受性を感じたのでひとつだけつけ加えました。「（成瀬）先生は生涯を女子教育に捧げた方で、『私は呼吸のつづく限り、……この学校の精神教育の基礎を養い育ててゆくために、奮闘いたします』が最後のお言葉でした」（青木、二〇〇一）と。眞子さんは息を呑んでことばを失っていました。

　卒業後も眞子さんの成瀬への思いは変わっていませんでした。再び前述の写真の話題になり、わたくしは、一九一九年のその日その場で成瀬が語った「告別の辞」[註1]を、電話の向こうの眞子さんに向けて読むことにしました。

……私にとっては、生の問題と死の問題とは全く同一でありますから、今日の場合にも何の不安も何の疑惑も、何の暗黒面もありません。われわれはこうしている瞬間々々死んでいるが、また同時に生きているのであります。すなわち、生があるから死があり、死があるから生があるのであります。これはよく研究を遂げたならば、実に相離れることのできない関係であることが解ります。実に生死のリズムは毎日の生活の音律となって、流れているのであります。この肉体の死はただこの波動の中の少し大きい波であるというだけで、何の違いもないのであります。

なるほど私は致命症の病気に罹っているに違いない。私の肝臓は今はずっとこの臍の所まで板のように固くなり、所々岩石のようにかさばって圧迫を感じるのであります。また時々は痛みもするのであります。けれどもこの体躯は、私が腕につけるカフスや眼にかけている眼鏡と同じようなものであります。これは私の本当の身体ではない。直ぐに脱ぎ捨てて終《しま》う衣服である。私の真実の身体というのは、この中にある霊体である。しかしてこの霊体は私の品格であります。すなわち私の肉体はここに朽ちるが、わたしが六十年かかって畢生《ひっせい》の努力を持って築き上げた私の霊体、すなわち私の品格は、霊の宮は永久に亡びないのであります。われわれの生命には死滅ということはない。消滅ということはないと私は確信します。ゆえに何の恐れることがありましょうか。また何を悲しむことがありましょうか。

（原文は『家庭週報』一九一九、現代語訳は「わが継承者に告ぐ」『成瀬仁蔵先生語録』一九八〇）

沈黙ののち、眞子さんから「その時のお言葉を初めて聞きました。そんな偉大な方が創られた大学に入れたことを誇りに思います」という声が聴こえてきました。

そのとき、なぜかわたくしは眞子さんに「永遠のいのち」について語りたい思いに駆られ、手元の資料を引用しつつ伝えました。先生は「永遠不朽の生命とは畢竟《ひっきょう》価値の永続保存に外ならぬ」（成瀬仁蔵著作集委員会編、一九七六a）と言われ、人格の発現・研究による美の発揮・科学による真理の発見などによって価値を探し、価値を育てているとやがて宇宙の価値に出会う。その時、価値を育ててきた「個人の意志」と「宇宙の意志」とが融合する。すると、それは時と所を超越して無限の意志と価値となる。たとえば、キリストの説く真理、すなわち仁愛、釈尊の説く大慈悲は永遠無窮《むきゅう》であり、われわれは二千餘年《よねん》経たいまも尚生きているキリストと釈尊の人格に接する感がある（成瀬仁蔵著作集委員会編、一九七六a。要約は筆者）。「これが成瀬の『無限の意志』であり『無限の生命』であり愛だと思います」とそう伝えながら、いままさにこの瞬間、生涯を賭《と》して女子教育の価値を追求した成瀬の生命が、およそ百年の時を超えて、「崇高なるもの」をまっすぐにまなざすひとりの卒業生と感応交流している、人格が触れあっていると感じ、電話の向こうで震撼《しんかん》している眞子さんと、不思議なしじまの中でただ一緒にいたのです。そしてこのとき、わたくしは眞子さんに透明な「霊的感性」を感じたのでした。

後日届いた眞子さんからの便りは「成瀬先生がいのちを賭《と》してお伝えくださった愛。脈々と流れているこの瑞々《みずみず》しいものを継ぐことができるのだろうか、私はじぶんを眼差した途端」で筆が置かれていました。「崇高なるもの」「善なるもの」に感応し、また志向する眞子さんの心情が、森の木漏《こ も》れび日のように揺れているのでした。

再会

遠路、眞子さんが母校の学舎《まなびや》を訪ねてくれました。少し痩《や》せ、やはりこの世のものでないような「はかなさ」でした。しかし身体症状は薄れていて、わたくしは少しだけ安堵しました。

いのちと曼荼羅《まんだら》

研究室で「いのちへの手紙」について語り合っていると、眞子さんが「生命を嫉妬や悪意に使って本当のいのちを生きていない人たちがいる」と憤《いきどお》りをぶつけてきました。すさまじいエネルギーの集中です。「いのちを生きる」は眞子さんの手になる「いのちへの手紙」の主題です。「本人がいま一番エネルギーをかけているところにテーマが隠されている」(神田橋、一九XX)のです。眞子さんの休職には、職業吟味を通した「自分探し」のもうひとつ奥に、「本当のいのちを生きるとはどういうことか」という問いがあるのでした。

この問いにわたくしが連想したのは、なぜか「曼荼羅《まんだら》」と、成瀬の言う宗教宗派を超えた「霊的生命」でした。[註2]そこで「曼荼羅[註3]を観て、感想を聞かせて。曼荼羅の中に宇宙いっぱいのいのちのありようも描かれていると思う」と伝え、そのあとチベット密教のダライ・ラマ法王一四世の日本講演のお言葉に触れました。[註4]『愛と慈悲』:愛とは、相手の幸せを願うこころ、幸せを得られるように自らが責任をもって行うこと。慈悲とは、相手が苦しみから離れることを願うこころ、苦しみから解かれるよう自らが責任をもって行うこと」の、「責任」と「行うこと」に感銘を受けたと話しました。

すると、眞子さんは「先生は気づいてないと思うので、言います。それが、先生のゼミの卒業生たち(本書の執筆者)が激務に追われながらも、ひたすら原稿を書く理由なんです」と断じました。その気迫に押され、わたくしはやっと「えっ、あー、それは有り難いけれど、わたくしはいつもいっぱいいっぱいで」とおたおたしていると、「先生は名がないんです。先生には『わたし』がないからなんです。それは凄いことなんです」と言い切るのでした。眞子さんとのやりとりは、時折、教師と学生の立場が入れ替わるのが醍醐味で、在学中も眞子さんはその鋭敏な人間観察力で、この世を生きるのが不器用なわたくしに精一杯意見をしてくれました。この日も眞子さんから「みんな世俗の欲望にまみれて生きているんです。先生にはそれが見えてない。うちのお母さんと同じなんです」と叱られたのでした。わたくしは指摘に対して心から礼を言い、「眞子さんは、大人のごとくなの？　大人なの？」と聞き、「『直感力と知恵と深情《ふかなさけ》で人を支える』のも眞子さんの優れた資質だね」とつけ加えました。すると、眞子さんは「はっ」として、自己認識が揺れたり、変容したりしているようでした。

天職に生きる

やがて眞子さんが「先生の資質は教育者ですね」と呟《つぶや》きました。わたくしは自らの天職についての理想と苦悩を語りました。そのきっかけはかつて見た学内ポスターの一文でした。眞子さんと一緒に、剥《は》がされたあと頂いておいたポスターを眺めました。

天職に生きる

吾目的は吾天職を終るにあり。
吾天職は婦人を高め徳に進ませ、力と知識錬達を与え、
アイデアルホームを造らせ人情を敦し、国を富し、
家を富し、人を幸せにし、病より貧より掬《すく》ひ、
永遠の生命を得させ、

罪を亡ぼし、理想的社会を造るにあり。

（「成瀬仁蔵日記より」ポスターの文そのまま。原文は『成瀬仁蔵著作集　第一巻』一九七四）

ある日、わたくしは講義室から戻る途中、廊下のポスターの一文「永遠の生命を得させ」に釘づけになった。「婦人（学生）に永遠の生命を得させる?」「教育によって?」「それを天職と定めた?」の問いが渦巻いて、わたくしはそのまま廊下に立ち尽くしてしまった。これは、女子高等教育の先駆者から「教師はあなたの天職か?」「あなたに女子学生を高き徳に、『永遠の生命』に導く感化力があるか?」という、内臓を鷲《わし》掴《づか》みにされるような「懊悩《おうのう》の問い」を突きつけられたということ。しかも、婦人（学生）の徳を高める目的は、婦人自身の自己実現でもありながら、家庭生活を豊かに営み、理想的社会や国家を建設することにも尽力するという遠大な理想で、その日から今日まで煩悶《はんもん》は続いている。

癌を病み、壮麗な石造りの礼拝堂で「光の神秘体験」（本書二七三頁）に遭っていなければ、見過ごしていた一行であったかもしれない、そう話したのでした。

眞子さんは深い息をして虚空《こくう》を見つめていました。

「天心《てんしん》自《じ》念《ねん》心《しん》身《しん》盈《にみつ》」

わたくしはふと思い立って、眞子さんを誘い、図書館の横にある階段状の花壇に向かいました。花壇の壁面に成瀬の漢詩の一行目が書かれてあるのです。眞子さんは図書館を通り過ぎるとき、「先生、わたし、（本の）頁と頁のあいだをかすかに移ろう空気を、肺いっぱいに吸い込むのが好きでした」と、詩人の顔を覗かせました。

天心自念心身盈
天命感応創新生
天真爛漫自流露
天賦人格竟熟成

天心自念《てんしんじねん》　心身《しんしん》に盈《み》つ
天命感応《てんめいかんのう》　新生《しんせい》を創《つく》る
（「永生《えいせい》を養う」という説もある）
天真爛漫《てんしんらんまん》　自《みずか》ら流露《りゅうろ》す
天賦人格《てんぷのじんかく》　竟《ついに》 熟成《じゅくせい》す

（富山はつ江「序」『成瀬仁蔵先生語録』一九八〇）

一行目の七文字を記憶し、白と薄紫の紫陽花《あじさい》の中庭をゆっくりと歩みながら眞子さんに詩のおおよその意味を伝え、研究室でともに味わいました。

「自念生活（祈りの生活）をしていると神の愛が心身に満ちて充実感を覚え、この時、私情が消えて大生命の調和に生き、この生命体が最高の状態で機能する。／天（大生命・神）の秩序・法則に生きる人は愛の自念に満ち、大生命の一環としての新生命を創る。純心な者はつねに神の摂理をみる。（大生命と一体になって生きる永遠の生命を養う）／自分の魂の促しによって行動する。愛することも、施しも、神の促しは自分の促しになってせずにはいられない。／人格の基礎はこの調和に満ちた自念生活であり、自念・生命こそが不朽の力であり、人は永遠の生命を得るのである」。

（富山はつ江「序」『成瀬仁蔵先生語録』一九八〇。要約は筆者）

帰り道、わたくしたちは森の小径に凛《りん》と立つ菖蒲《あやめ》に「さようなら」を告げて正門を後にし、久しぶりに夕食を一緒にとってなつかしい話に花が咲きました。このとき、眞子さんは再び「先生は気づいてないと思うので、言います」と話してくれました。「わたしたちはわかっていたんです。先生が学生のために白い虎のようになって闘い、そして、何度も疲労困憊《ひろうこんぱい》で研究室に戻っていらしたこと。先生が何も言わなくても、みんなわかっていたんです。先生のゼミの歴代ゼミ長は『きょう、先生、お疲れだからわたしたちが支えなくちゃ』って先生のことずっと待っていたんです」と。たしかに、研究室に戻るとゼミ生たちは慈愛に満ちた雰囲気で、お茶を淹れ、肩を叩き、重い鞄を持ってくれました。四葉のクローバーを摘んで、そっと机に置いてくれた時もありました。うかつにも気づかなかったのは、わたくしの余裕のなさもありながら、ゼミ生たちがいつも深々とやさしいからなのでした。愚かにも自分が学生を守っているつもりだったわたくしは、情けなく申し訳なくありがたく、学生（卒業生）の前で初めて涙したのでした。その後、食事はほとんど喉を通りませんでした。しかし、その夜もともに食することは何より心を通わせるのでした。

チベット砂曼荼羅

数日後、眞子さんは感激さめやらぬ様子で、信州善光寺の砂曼荼羅について語ってくれました。わたくしと曼荼羅の話をした後まもなく、どうしても善光寺に行かねばならない用事ができ、行ってみると「チベット砂曼荼羅」があり、しかもそれはダライ・ラマ法王一四世のご開眼でした。眞子さんは不思議な一致に包まれながら、母校を訪ねたこともわたくしとの再会もすべて「成瀬先生の護りの中で起こっている」とわかったこと、「曼荼羅のいのちはこの一粒にある」と掴んだことを教えてくれました。

いのちの実相

わたくしたちには「いのちを嫉妬や悪意に使う人たちは、本当のいのちを生きていない」というテーマが残されていました。

わたくしは空海上人が、民衆を救うためにその偉大な霊力をいかに用いられたかを物語ってから、蝉《せみ》しぐれの高野山「奥の院」、空海上人の御廟《みびょう》（お墓）での出来事を話しました。御廟の真正面の石畳の上を這《は》っていた数匹のカナブンが、団体の参拝者に踏みつけられ、靴の底に貼りついて途中ではがされて四方に飛ばされていた。わたくしは御廟に対面する長椅子から動けなくなり、カナブンのいのちが奪われるたびに、ひっ、ひっ、と悲鳴をあげる自らのいのちを抱えながら、カナブンを逃がすことなくその一部始終を凝視していた。「いのちが終わるとはどういうことか？」を知りたい欲望のために、わたくしはカナブンを見殺しにした。人間の赤ん坊ならすぐ抱き上げていたと思う。「いのちに差をつける」こころもわたくしの中にあった。そこまで話すと、眞子さんから囁《ささや》くような「はい」という声が聴こえてきました。

「ついさっきまで動いていたカナブンのいのちはどこにいったのですか？」と空海上人にきいていた。気づくと、いつのまにかからだの中で、生死の無常を超えたあの「生れ生れ生れて生《しょう》の始めに暗く　死に死に死に死んで死の終りに冥《くら》し」（弘法大師空海全集編輯委員会編、一九八三）がこだましていた。

人の内奥《ないおう》にある「慈悲の種」が悟りに向けて育まれるさまを描いた「大悲胎蔵曼荼羅《たいひたいぞうまんだら》」（古田ほか監修、一九八八：越智、二〇〇五）がある。その最も外側に、人の精気や血や肉を食らう餓鬼《がき》たちが描かれている。誰のこころにも「闇」があり、誰のこころにも「仏性」の光がある。「いのちの実相」は重層多元にして無量、愛憎も慈悲も嫉妬も悪意も殺意もあると思う。そしてその頃、わたくしが越えられずにいた憎しみや、自らの弱さや愚かさも話したのでした。沈黙のあと、電話の向こうで息をこらして聴いていた眞子さんの、孤独の渕《ふち》から込み上げるような「ありがとうございました」が響いてきました。わたくしは眞子さんが、自らの内界の餓鬼に直面してくれるだろうか、そう思いながら受話器を置いたのでした。

職業の模索

眞子さんは会社を「辞める」決心をしました。そして、つぎの職業を模索し始めたので、わたくしたちはそのことについて何日か語り合いました。校閲のプロである編集者は眞子さんが憧れる職業ですが、非常に狭き門だとわかりました。つぎに大学教員を考えました。学業成績も群を抜いている眞子さんは、かつて大学院への進学を勧められたのです。眞子さんは大学在学中、教員に関して、「講義の質の高さ」、「学生とともに成長しているか」、「学生の自己実現を援助しているか」の観点から冷静に観察して本物か偽物かを判断していました。そしてこの時、職業として教師を吟味するにあたりとりわけ「成長し続けていない大学教員」を厳しく批判しました。わたくしは、眞子さんがある伝統芸道の稽古《けいこ》を長年続けていることを思い出して「多くの教師は学生に既知の権威ある知識を『教える人』になっている。でも、芸道の師匠は弟子とともに永遠性に向かって『精進《しょうじん》している人』だものね」と、その違いを対比しました。すると眞子さんは「はっ」として「あー、永遠。そうです。そうです。それです」と興奮し、やがて腑に落ちた様子でした。つぎに心理学の研究者を検討し「学問とは何ですか」ときくので、わたくしは私見と断ったうえで「学問は世界の法則を論理的に理解し説明しようとする試み。心理学も科学的発想が跳梁《ちょうりょう》していて、いわゆる鍵括《かぎかっ》弧付《こつき》の客観的事実を積み上げて概念を構成し、さらにそれを組み上げて理論化する。同一事象が法則的に反復するとそれを『不変の真理』とみなす。認識自体が時代の制約を超えられないのだけれど。そして、それらの過程で、全体が要素に分解され、時間と空間が分断される」とそこまで答えると、眞子さんは「ミヒャエル・エンデの灰色の中みたい、苦しい」と拒絶しました。わたくしは「うん。近代科学は輝かしい成果をあげたけれど、その枠外の現象にどう取り組むか。たとえば『流れ』そのものである現実の『自己』は、心理学の彼方にある。でも、そうか、そうだねぇ、あなたは学問というより、刻々と変容する世界全体を共感的に味わって、ことばの多義性が交響し合うのを表現するのに長けているものね、詩人かなぁ」と言うと、「ああ、わたし谷川俊太郎さんの会に彼と一緒に行ったんです。詩人は一生だけど……」と、詩人は夢だが職業にできるほどの才能はない、という諦《あきら》めが混じった返事が返ってきました。そこでわたくしは農民芸術を詩《うた》った賢治の「詩人は苦痛をも享楽する。永久の未完成これ完成である」（宮澤賢治全集、一九九五）という詩の一節を贈りました。

　ほかにもいくつか職業を吟味しましたが、なかなかしっくりくる仕事がみつかりません。そこでわたくしは、わたくしの知り合いで眞子さんと同じ「霊的感性」を対人援助に生かして尊敬を受けている変革者たちの話をしました。すると、眞子さんは内界から突き上げる自己探求の思いに突き動かされて、はるばる飛行機を乗り継いで彼らに会いに行き、深い感化を受けて帰ってきたのでした。最終的に、わたくしは眞子さんに「自分は、本当はどうしたいのか。本当は？本当は？と自分に聞いてごらん。自分の内界深くに降り立って、自身でみつけるしかないよ」と話しました。

　この職業探索の過程でわたくしが心に留めたことがありました。それは、眞子さんからふと漏《も》れる「わたしはもっと評価されていい」「みんなわたしの価値がわかっていない」という自己特別視でした。

「いのちの移し替え」

ある日の電話で、わたくしはひとりの老婦人の生き方を話しました。

その人、佐藤初女《はつめ》さんは、青森県・岩木山の麓《ふもと》にある、人々の寄付によって建てられた「森のイスキア」という小さな建物（佐藤、二〇〇〇）で、哀しみに満ちて訪ねて来る人々をおむすびや美味しいお食事でもてなしている。そして、来訪者の「いま」にただ耳を傾けていると彼らは自ら甦っていく。

わたくしたち人間の抱える恐るべき問題に「生命は生命を食べて生きている」（松岡、二〇〇五）がある。壮大な食物連鎖の「生命の矛盾」の中で、賢治の「よだか」[註5]は食べないで餓えて死のうとする。しかしながら、その人は、食材、すなわち「もの」の生命の「声」を聴き「対話」しながら、その自然の恵みを最大限に生かそうとする。野菜を茹《ゆ》でているとき、野菜の茎が「透き通る」瞬間があり、その瞬間《とき》に頂くと最高に美味しいと言う。その人はそのことを「野菜のいのちが私たちのいのちとひとつになるために生まれ変わる瞬間」、すなわち「いのちの移し替えの瞬間」（佐藤、二〇〇〇）と名づけた。

その人が、質素な台所でくる日もくる日も、わずかの無駄もなく食材の皮を剥《む》く姿は厳しい修行僧の「無心」[註6]そのもので、道元禅師が「食は修行」とのお考えから重職とした「典座《てんぞ》」の姿とはこのことかと思ってみた。その品格の高さはどこから来るのかと思い、聞くと、夜中の見知らぬ来訪者も心を尽くしてもてなすと言う。「見知らぬ人を家に入れるのは怖くないか」と問うと、その人は、「怖くない。相手の中にも、自分の中にも神さまがいるから。でもカトリックの信仰なしにはできない」「限界だと思った時、もう一歩出て、さらなる新しい限界を超えてきた」と言われた。

わたくしは、その人のご自宅の台所で、その人に習いながら作ったお味噌汁を頂いたとき涙が止まらなくなった。海の中でのわかめと煮干しの「生の歴史」が、それも何千年前からのいのちのつながりが一瞬にして体内に流れ込み、いま、わたくしはこのわかめや煮干しとともに生きている、そしていままでも生きてきたと実感した。生まれて初めての思いがけない感覚で、その人は、その一部始終を黙して語らず見守ってくださった。

それは、大自然の中でみなが「生かされている」と思う心が、食物連鎖の網の目の中でさまざまな生命と自らの生命がつながっていることを悟らせてくれる、わたくしたちが生命を長らえるために犠牲になった生命への尊厳と感応と祈りを生むのだと、からだでわかった瞬間だった。

祈りには、沈思する「静的」祈りと、手を差し伸べる「動的」祈りの二種類があるとその人は言い（佐藤、二〇〇〇）、わたくしにはその人の生活のすべてが「祈り」のように思えた。

そしてその人は「もの」の透明な瞬間を見つけてから「たまらなく透明が好きで、今は人の透明に憧れています」と言われた。ある日、わたくしがその人の隣に座っていた瞬間《とき》、野の花の香りがかよってきた。わたくしは「ああ、これは初女さんの大いなるいのちの香り」と感じた。

と、そこまで眞子さんに伝えた瞬間、わたくしの内界で、桜霞《さくらがすみ》に染まる比叡の稜線、永平寺川の清らなせせらぎと小鳥のさえずり、道元禅師の和歌「峰のいろ谷のひびきも皆《みな》ながらわが釈迦牟尼《しゃかむに》の声と姿と」（松本、二〇〇五）[註7]、三井寺《みいでら》（大津市）の苔《こけ》の碧《みどり》、そして天心のことば「美が宇宙に遍在する根本枢要の原理であった——それは、星の光の中に、花の紅の中に、行く雲の動きの中に、流れる水の運びの中に、そのきらめきを見せた。宇宙の大霊が人にも自然にも一様にいきわたり、宇宙生命を観想することによって、それはわれわれの前に展開した」（岡倉、一九八六）がつぎつぎに溢れてやまず、ややあってから「死ぬときに野の花の香りを遺《のこ》せたらいいな。それ以外にないと思ったよ」とそっと伝えたのでした。

　すると、眞子さんは「ええ、どうしよう。先生覚えてくださっていますか。卒業式の日、先生の研究室のポストにお手紙を入れました。その中に、『わたしは野の花になります』と書いたんです。どうしよう。どうしよう」ととまどい、不思議な符合にわれを失うのでした。そして「不思議なとき、私は私を見守ってくださる方々を感じる心持ちがします。琴線が震えるのがわかると、私はここで大丈夫と思います」と続けました。そして眞子さんは幼い頃から「大いなるいのち」や「見えないものの力」を感じていたけれど、人に理解されず、人に知られるのを恐れて長いあいだ封印してきたと、打ち明けてくれました。

　この頃、わたくしとの関係を読者に示すために眞子さんは「いのちへの手紙」に短い文章をつけることになりました。送られてきた題名は「一《ひと》つづきのいのち」（本書二二一頁）でした。眞子さんは「小さな集まり」で絆を深め、ひとりの聡明な先輩が直感的に眞子さんの想いを捉えて、資質まるごとを受け止めてくれました。それがうれしくて、うれしくて、ふんわり舞い降りた「たんぽぽのわたげ」のような声でこの出来事を話してくれたのでした。

師との「日常」

瑠璃色《るりいろ》のつゆ草が森の小径を覆《おお》う頃、眞子さんがわたくしと師・神田橋とのふだんの様子をきくので、つぎのような話をしました。伊敷病院での治療陪席は、とにかく、師の、あまりに「さり気ない」芸術的な治療（井上・神田橋、二〇〇一）を、ひとつも見逃すまい、聞き漏《も》らすまいと、ほかの弟子たちとともに病棟、外来どこでも師にくっついて歩いた。診察室では陪席しながら、カルテを運び、紹介状をコピーし、触診用のベッドを調《ととの》え、漢方薬を勉強した。そして患者さんがくれた泥つきの野菜や果物を頂き、患者さんに処方する、師が漬けた「酢漬けのらっきょう」の味見もした。

それからほぼ三日に一度の割合で師が産みだす「養生のコツ」選定のために、「ちょっと死んでみる」や「金魚運動」の被験者になり（神田橋、一九九九）、「（多くの薬のサンプルから）この患者さんにあう薬を選びなさい。それだけ光っているから」と「気」の力を試され、初診の患者さんに会う前に名前と保険証の情報だけで病名を探ったが、それらは難しいものだった。でも、気の治療の手伝いをするようになると、ときに師が気づかない患者さんの患部を見つけて師に伝え、患者さんが先生に言いづらいことや生い立ちの哀しさを診察後に代弁させて頂いたこともあった。

一緒に陪席をした弟子たちとお酒を頂きながら師匠や「わざ」について語り合い、桜島の温泉に一緒に浸《つ》かり、兄弟子たちが主催する研修会で学びを深め、兄弟子には師匠にきけないような基本的なことを教えてもらい、天才的な師の理解不能な行動について説明を受けて修行を支えて頂いた。

師は、生活すべてが「わざ」の修行とのお考えから、師の世界に誘ってくださった。そして「わたくしが臨床修行を始めて四年経った頃、『空中の眼』[註8]という至難の技ができたことをご報告したら、『これだけ呑み込みがいいと教えたくなるなぁ』って言ってくださった。ちょっとは師匠孝行できたかな」（井上・神田橋『対話の技』第一〇章：『対話の世界』第七章など）と伝えたのでした。

すると眞子さんはケラケラ笑い、「うーん、空中の眼」とうなっていました。「でもご苦労をおかけしたみたい。けれど『人は人に迷惑や苦労をかけないと大きくなれないんだ』と言ってくださった。だから、まっ、いっか」と言うと眞子さんは「うん。いい」と茶目っ気で返しました。

そのわずか数十分後、眞子さんは、わたくしの「わざ」体得の背景に、師とわたくしの膨大な「日常」があることに気がつきました。そして眞子さんは「うれしいです先生。うれしいです。わたしは学問もせず、負い目がありました。でも、どんなに凄《すご》いこともたくさんの日常に支えられているのだとわかりました」と、電話の向こうでいまにも叫びだしそうなのでした。

復職の決意、そして天職

まもなく、眞子さんは「会社に戻る」という答えを出し、元気溌剌《はつらつ》で旅行にでかけました。わたくしは「もう大丈夫」と判断して、次の本の校閲の仕事は眞子さんの生命エネルギーを上げるために作りだした仕事なので「特別扱いはここまで」と伝えました。するとしばらく眞子さんからの連絡が途絶《とだ》えました。やがて「不安定な時を支えて頂きありがとうございました」、さらに後日、「先生とのお電話で『日常』に気がつき、そのお電話を切った後、私は私の日常を置き去りにしているように感じました。そして、求めすぎて、大事なものをないがしろにしているかもしれないと反省しました。日常のある場所に感謝し、いつもの日々を生きることが私には必要だと思いました。まず、職場に戻ろう、それで歩きだそうと考えました」というメールが届きました。

眞子さんが自分に向き合い、日常のある場所への「感謝」が生まれたので成瀬の天職への想いを話すことにしました。成瀬は、教育とは知識を詰め込み、試験を通り、学位という肩書を得て社会で地位を高めるという虚栄心のためのものではない。本学の教育は、「人間たる立派な品性を養う」ためであり、それは個人として、国民として、社会の一員として、家庭の主婦としての個人であり、自己中心ではなく、全体中心（成瀬仁蔵著作集委員会編、一九七六b。要約は筆者）である。また天職[註9]については、「天職を知ってそれに全心全力を注いで全うすれば、それで人生の目的は達せられる。それがたとえ婢《はしため》であるとしても、その本務を忠実に尽くせば成功の手がかりをつかんだといえる」と成瀬のことばを意訳して伝えました。さらに「この『婢』は、教育者ペスタロッチ家の下女ベリーのことを指していると思う。ペスタロッチの父親が亡くなるとき下女のベリーに、自分の亡きあと一家を支えてほしいという遺言を遺し、ベリーはそれを守って自分が働き手となり一生涯を賭けて家族を守った。成瀬は、このベリーの無償の愛や犠牲が、ペスタロッチに流れ込んで、彼は無私、無我の愛の教育者となった。またそのことが、幾多の偉業の成就となったかわからない、と分析している」と伝えたのでした（成瀬仁蔵著作集委員会編、一九七六c。要約は筆者）。

「集団参加」と「対人的技術」

復職を決意したあと、眞子さんは当初の課題であった企業の「利潤追求と方法」の承認に関しては、「いまだにこれでいいのかなと考えていて、配属が異動する予定ですが考え続けて働こうと思い」、対人関係については「すごく怖い」と不安を顕《あら》わにしました。

わたくしは眞子さんの在学中を振り返って、対人関係についてふたつ課題がありそうだと推察していました。ひとつは集団への参加の仕方です。大学での研究室集団は、通常、教員を中心に古参の四年ゼミ生、新参の三年ゼミ生で構成されています。そして新参の三年生は四年生に導かれながら係や行事活動をするうちに徐々に「ゼミの成員」となっていき、教員との距離も近づいていきます。眞子さんは他ゼミの三年生です。

ですが眞子さんは来室すると、持ち前の知恵と当意即妙《とういそくみょう》で、皆をうならせわたくしを感心させることで、三年四年のゼミ生を飛び越えていきなり目には見えないわたくしの隣の席に位置するのでした。四年のゼミ長は早々にこの状況を察し、「井上ゼミは誰に対しても開かれている」という雰囲気を強化し、眞子さんを自分の三年ゼミ生と分け隔てなくかわいがり、時に役割を与え、同時に眞子さんの異質で優れた発言や提案を取り込んでゼミを豊かに発展させようと努力しました。ゼミ生たちは受容と嫉妬の葛藤を抱えながら、眞子さんの存在を自己成長の契機にしようと闘っていました。ゼミ生たちは皆、純粋で賢明で感性豊かなのでした。わたくしは眞子さんに在学中のこの事情を話し、職場で同じことを繰り返していないかと問うと、眞子さんは多々思い当たるようでした。そして職場の同僚はかつてのゼミ生のように寛容に拓かれていく人たちではなかったのです。

　ふたつは、眞子さんは「対人的対処」の手立てを持たないのではないか、という問いでした。これも眞子さんは大いに思い当たるようでした。眞子さんにとりそれは丸腰で荒野を行くようなものでした。わたくしは眞子さんらしい対人的かかわりを考え始めると、再び「品性を養う入口は、感情の浄化、純化であり、品性は進化して希望を得る」[註10]という成瀬の言葉が甦り、浄化や純化の手立てとしての「祈り」が浮かびました。眞子さんは在学中、成瀬の写真の前に立ち思わず祈ったのでした。

　眞子さんの「対人的対処」が「祈り」なら、第一に、眞子さんの内的世界で中心的と思われる「霊的感性」を守り育てることができ、第二に、現実社会を生き抜く方法ともなり、第三に、それは第一と第二を「品性の養成」に向けてつなぐものであり、第四に、これまでの生活の延長線上にあるもので、第五に、本人にしっくりきて使いこなすことができるものである、とわたくしは自らの直感を了解しました。さらに「祈り」とは、人間の次元を超えた「大いなるいのち」、あるいは八百万《やおよろず》の神々、また連綿《れんめん》と連なる過去の

「いのち」たちとの対話であり、ゆえに、「小さなお願い」「日々の守り」「清浄への願い」、そして「大いなるいのち」との「感応交流」という多種多様な祈りが考えられます。そのひとつに、人が困難に巻き込まれて感情が波うつ時、祈ることで感情を浄化し統制して、「渦中《かちゅう》」から抜け出して距離を保ち、全体を見渡して品位ある行動をとることを可能にする祈りもあるのです。つまり「祈り」は、「大いなるいのち」へと通ずる方法でもあり、日々の社会生活を「平静の心」（オスラー／日野原・仁木訳、二〇〇三）で送る方法でもあり、両者をつなぐ方法でもあると考えました。

これらを眞子さんに伝え、さまざまな感情が渦巻く「生の対人場面」で、別の接客部署への配置を考慮して、つぎつぎに人と対話しながら意識的に「祈り」続ける実践を提案しました。実践レベルでは、からだに刻み込まないと実際に使えないからであり、休職中にせめてその感触を掴んでおく必要があると判断したのが理由です。このときわたくしが眞子さんの「はかない」雰囲気を心配すると、眞子さんは、祖母が「はかなげ」な雰囲気の自分を「夭折《ようせつ》の子」「かぐや姫」のようと案じ、毎朝夕、「いのちを守ってください」「月からお迎えが来ませんように」と拝んでいたと話してくれました。そして「わたしは祈らずにいられないのです。やってみたいです」と心揺さぶられた声が返ってきたので、実行に移すことになりました。

「祈り」の実践

実践は、わたくしの助手として一〇日おきに三回、一日約六名、計一八名の老若男女に心理教育的な対話をする方法で行いました。後日、対話者全員から感想文を頂いたので、それらへの反応も含めた眞子さんの想いを原文のまま以下に示します。

一回目は、「何ができるか不安に思っていたところ、成瀬先生のお力を借りてごらんと（井上）先生から教えて頂いて、助けて頂いてできました。代わるがわる人と話せたことは自信になりました。たいへん勉強になりますが、負荷が物凄《ものすご》くかかり帰宅して動けなくなりました。でも、嫌な感じではないので、もう一度試してみたい。手探りですが、祈りの感触が掴みたいです」と言うので継続にしました。

二回目の眞子さんの感想は「たぶん『祈り』は私に合っていると思います。これまでも自然にそうしてきたから、なじみが良いのだと感じます。コントロールしたり、〈「祈り」をする〉ということを初めてこんなに意識しましたが、難しかったです。これまでよりも『祈る』その思いが強まり、『祈り』ではない状態の時にも微かな気配を漂わせていたように思います。それは相手まで届けられないほど小さなものでありつつ、『あ、私、この瞬間、祈っていない』というような内省的な時を促し、自身を自覚する感覚を持ちました。それにも拘わらず、ふと気がつくと『祈り』をしていたのは、ひたむきに生きようとするみなさんがわたくしに祈らせてくれました。感謝しております。内側から滲む『祈り』の香りを嗅いだ（ように感じた）時、私は自分の未熟さや傲慢さを恥じました。どれほどつらく苦しい道を歩んできたのかと抱きしめ、ここまで生きてきたひたむきさへ敬意を示したい。しかし現実、身を守ろうとして固くなったことを思うと、申し訳ないです。感想文を送って頂きましたが、そこに私のしたことが率直に書かれていました。私の体感とずれていなかったのに驚きました。『つい祈っていた』方は私の心の内を知ってくれていましたし、終了後『ごめんなさい』と思った方は閉じていました。映された現実をみる機会をいただき、ありがとうございます」とありました。

眞子さんに対人関係への安心感がほの観《み》えたので、眞子さんが過去に、そして現在《いま》、敵対している人々との関係をイメージし、あと一歩進んで、少しずつ「相手の幸せを祈る」実践を提案しました。しかし「自分の制限を越えること、自己の頑迷《がんめい》な城郭《じょうかく》を破ること」（富山、一九八〇）により「品性を養う」この課題は、「言うは易く行うは難し」ゆえ、「祈り続けていると相手も自分も変わることを信じられるようになるよ」と祈る思いで言い添えました。すると眞子さんは、そういう対象にも少しずつ祈り始めたのです。

そして三回目です。「祈りの視点は、静けさを取り戻し、保つために良いと思います。この気配を感じることで、私の目、対面する方の目、の他に、三つめの……何かの……感覚をもてる気がします。三つ目の……気配があるのに、それを見ようとする私の目では視界が暗くてだめでした。（この経験から「空中の眼」がもの凄いことだということがより感じられました。以前からすごいと思っていましたが、〈凄さ〉をぞくっと感じました。）私が心乱されてしまう方々へ少しずつ「祈り」をしてみるようにとのことですが、やってみようと思います。今まで、この方たちに対してしてきたのは、固くなる、ということです。申し訳ないのですが、癖になっているから、今回もそう反射しかけて、そうしてしまいました。今回、『祈り』は私のその部分を緩めてくれるかもしれないと思いましたので、やってみます」と書かれていました。

眞子さんはこの実践で、内側から滲む「祈り」の香りを嗅ぎ（嗅いだように感じ）、「自己感覚」を得て、その自分が傲慢であることに気づき、かつ「他者」への愛と敬意が芽生えたようでした。

眞子さんは自らが心乱されてしまう相手に対して、これまで「固まる」という対処法を取ってきました。それが成功だったか不成功だったかを聞くと（井上・神田橋、二〇〇一）、「いままではそれで凌《しの》いでいるうちに事態が過ぎて行きました」と言い、「固まる」という手立ては、慣れていてそれなりに使えるので捨てず、「『祈り』は自分に合っているので新たな対処法として加えて、思い出すと『流す』『かわす』『よける』も成功しているのでとっておく」ことにしました。こうして意識的に使える対人関係の手立て、対処法を増やしました。

また眞子さんに優れた「教師の資質」があることが、対話者たち全員の感想文に浮き彫りにされました。対話者たちから「自分が何をしたいのか、わかりました」「自分の知らない自分に気がつきました」「どうしてそこまでわかるのか不思議だった」「自分のことばを持ちたいと思った」「こんな先生だったら、もっと勉強したのにと思った」などの感想が寄せられたのです。

眞子さんは嬉しそうに「先生のここ一連の教育的指導は心憎いばかりです」と言い、その声には、くっきりとした輪郭をもつ「自己」が感じられたのです。

「別れ」、そして「復職」

しばらく後、眞子さんはまじめに頑張りすぎるので「養生のコツ」[註11]を送りました。そして「わたくしができることはここまで。これからは『大いなるいのち』を感じながら、自分でやっていきなさい」と言い、一応の区切りとしました。

「自分でやっていきなさい」ということばを、眞子さんは「叱られた」とも「別れ」とも受け取って泣き、泣きながらわたくしにこう言いました。「先生はときどきこころで泣くんです。先生がわたしのことを切って、背中を押してくれる人で本当によかった。そうじゃなかったら、少しでも後ろ髪を引く人だったら、『離れていくのか』っていう人だったら、わたしはまた先生のところに戻って先生の周りをぐるぐる回っていたと思う。いまわたしは先生から離れていく。先生に何かあってもすぐ飛んでこれなくなっちゃう。それでもそうしてくれたんだとわかってうれしかった。わたしを叱ってくれる人はずっとこころの中でわたしと居てくれる人です。先生が年をとって、先生じゃなくなったとしても、私は、『井上信子さんはどうしてるかな？　泣いてないかな？』って時々、思い出します。思い出すんです」と言うのでした。

最後に、わたくしが「わたくしのことなら大丈夫。成瀬先生が護ってくださっていると感じるから」と伝えると、眞子さんは「内在化です」と威厳に満ちて返答しました。

眞子さんが「有り難さが身に染みるような復職」を果たしたのは、初時雨《はつしぐれ》の頃のことでした。

考　察

「成瀬の波動とまったく異なる場所に行き、苦しくなって戻ってきた卒業生に母校の教員として何ができるだろうか」。わたくしはこの問いを問い続けながら、眞子さんとかかわりました。眞子さんはごく自然に成瀬の世界、それも生命を育む「神聖な空間」に迎えられている、と感じてくれました。そこで、わたくしもそっと眞子さんの隣に座して節目々々に甦る成瀬のことばを辿りながら、心理臨床と教育が綯交ぜになったかかわりを持ちました。眞子さんの手になる「いのちへの手紙」の最後には、この世の不思議とともに「いのちまるごと生きよう、と私のいのちがささやいています」とありました。こうして眞子さんの「いのちの旅」が始まったのです。

自己存在の揺らぎ

眞子さんの祖母は「はかなげ」な風情の孫を「夭折の子」「かぐや姫」のようと案じ、「月から迎えがきませんように」と毎朝夕、拝んだといいます。この愛情深く不安気な情景は幼い眞子さんの潜在意識に刻み込まれ、「自分というものは、この世の中にいま存在しているけれども、じつは別の国から啓示を受ける特別の人間かもしれない、この世の人間とはちょっとちがう人間かもしれないという、そういう存在の不安感に揺れる感覚を身につけた」（永井、一九九四）可能性がありました。

「不思議なとき、私は私を見守ってくださる方々を感じる心持ちがします。琴線が震えるのがわかると、私はここで大丈夫と思います」という眞子さんのことばが、この不安感を物語っているようです。

眞子さんはこの不安感とともにある「霊的感性」を他者から理解されず、長年にわたり封印してきました。しかし、成瀬は崇高な霊的世界に感応する人でした。そのため眞子さんは大学時代、封印してきたその資質を学祖に向けて解き放つことができ、いきいきと自分らしく居ることができたのです。しかし、社会に出て、再びその資質を閉ざし、受苦した末に母校に戻り、ほどなく生命力が吹き返し、今度は成瀬の「告別の辞」の写真の前で感じた「自分の言うことをみなが信じると、信じられる強さ」をわがものにしたい、そして人を「深く愛したい」と願うのでした。

自己探索――「他者存在」の発見と出会い

存在の不安感は、眞子さんの群を抜いた感性とともに他者関係を揺らしていました。大学時代の研究室でも職場でも眞子さんは嫉妬を避けられず、そのアイデンティティは揺れていました。心理臨床とは「来談した人が自らのアイデンティティを探求していくのを助けること」であり、それは「『自分の物語』の創造と同義語」（河合、二〇〇二）なのです。わたくしに求められているのは、その伴走のようでした。

本章を執筆するにあたり、わたくしは在学中から眞子さんのイメージと重なっていた「ねがいごと」（工藤、一九八七）の詩を冒頭に載せることを伝えました。すると、眞子さんは驚いて「わたしその詩が大好きで暗記しているんです。もう、先生は！」とはしゃぐのでした。この詩は人恋しさに溢れています。つまり他者への思いに満ちているのに、思いが実現しにくいのです。わたくしは「たんぽぽのわたげ」が眞子さんにも届けられることを祈って「集団参加」の方法を示唆し、「対人対処法」獲得の工夫をしました。

①「集団参加」への示唆　在学中、眞子さんがわたくしの研究室を訪れ、その資質や才能によってゼミ集団の階層構造をいきなり飛び越えて中心に位置することにより、集団に緊張感と受容と嫉妬の葛藤が生じました。そしてそれと同じことが職場でも繰り返されていたのです。所属集団全体への心配りは優れた人の義務です。そこでは自分の美質を示すのではなく、むしろ他の人たちの良さを引き出すことで、目配りのできる人間になる必要があります。それは結局、自らの資質を伸ばすことになるのです。

そのモデルとして四年ゼミ長がいました。観点を変えれば、四年ゼミ長を優れたリーダーに育てたのは、眞子さんのこの集団参加の特徴的な軌道でした。さらに、それは集団の知を深め、受容の度量を大きくしたのです。これは「状況的学習論」（レイヴ、エティエンヌ／佐伯訳、一九九三）で説明するとわかりやすいかもしれません。すなわち、「知」を高め深める大学ゼミの営みにおいて、眞子さんの行為はとても重要な、周辺的だが正統的十全参加でした。つまり、教育と心理臨床が綯交ぜのかかわりの中で自己実現を達成せんとするゼミで、眞子さんの「霊的感性」の資質を内包した真摯な自己探求のありようは本学における教育実践の中枢にかかわるものでした（正統的十全性）。ここで「霊的感性」とは、崇高なものを感じる感応力と志向力のことです。さらに、眞子さんの「特別な自己」（自発的精神）の可能性の追求という独自の接近により（参加の深まり）、平和主義の気遣い集団に自己を創造し主張するという変革をもたらしたのです（周辺性）。それればかりではありません。その過程で、ゼミ生たちは嫉妬を超えて感情を浄化し自己を高めようと努めることで、自らの品性を練磨していました。さらに四年ゼミ長は眞子さんを生かすことで自分をリーダーとして育てていました。わたくしはここに学生たちの聡明さを観て、大いなるものに深く感謝しながら黙してそばにいたのでした。

しかし、この眞子さんの創造性こそが嫉妬と連動しているのです。眞子さんは職場の担当部署でもトップになりました。そこに眞子さんの特別なちからが花開いているはずです。それはマニュアルの内容に同意せず、人として誠実に顧客の相談にのったことです。つまりマニュアルを無視し、マニュアルを破壊するちからです。「創造性」の根底には「攻撃性」があります。創造性は攻撃性の最も昇華されたものです。共振れして攻撃性が攻撃性を呼んだのです。愛は愛を呼び、攻撃性は攻撃性を呼んだということです。そうして、攻撃性が具現化している世界が生じてしまったと考えられるのです。

②「祈りの実践」　眞子さんは職場の対人関係に恐怖心を覚えていました。他者とは？　どう接したらいいのか？「知るとは行為すること、行為するとは知ること」（鈴木、二〇一三）です。そこで「祈りの実践」を提案しました。すると眞子さんは真剣に取り組み、その実践の中で他者と容赦なく対峙する状況に置かれ、苦悩を生きる「他者」をからだで感じる体験を通して「自分の輪郭」を掴み、さらに「傲慢な」自分に気づきました。そして眞子さんは、「祈り」という自分の「感性」に合った方法を通して、呼びかけたい、親身になりたい、抱きしめたい「他者」を発見し、他者への共感と尊重の気持ちが湧き、他者たちと出会っていったのでした。

自己実現――「霊的感性」の開花

「霊的感性」は眞子さんの「自己定義」と「生きてきた物語」の中心にある力量です。

「祈りの実践」を始めると、眞子さんの中で分離していた、この世を生きていくための「偽りの自己（False Self）」と、「大いなるいのち」に感応する「本当の自己（True Self）」がつながり始めました（ウィニコット／牛島訳、一九七七）。眞子さんの感想（二回目）にはこうあります。「……というような内省的な時を促し、自身を自覚する感覚をもちました。……内側から滲む『祈り』の香りを嗅いだ（ように感じた）時、私は自分の未熟さや傲慢さを恥じました。……どれほどつらく苦しい道を歩んできたのかと抱きしめ、ここまで生きてきたひたむきさへ敬意を示したい」「今回、『祈り』は私のその部分（心乱れる人々に対して固まる）を緩めてくれるかもしれないと思いましたので、やってみます」（本書二四九頁）。これらの表現から、眞子さんに「自己感覚」が生じ、「大いなるいのち」への感応という眞子さんの「本当の自己」の資質が「偽りの自己」に浸み込んでいく、あるいは「偽りの自己」が「本当の自己」を汲み上げていく様子を窺《うかが》い知ることができます。そして、そうなればなるほど資質や才能の最大限の発揮につながり、眞子さんらしい生き方、すなわち「汝自身であれ」の存在様式となり、自己実現する可能性が高くなると考えられるのです。

さらに「祈りの実践」後の対話者の感想、すなわち「自分の知らない自分に気がついた」「どうしてそこまでわかるのか不思議だった」こそ、眞子さんが成瀬の力を借りながら、「霊的感性」と鋭敏な人間観察力を発揮してかかわり、それが他者の役に立ち、驚きを秘めた賞賛を得た瞬間でした。それは眞子さんが切望した「自分の言うことを人が信じてくれると、信じ切る強さ」を得るための序章と言える出来事であり、信念徹底への確かな一歩だったのです。すなわち「すべての人の特別を見出して大切にすることが心理療法の要諦」なのです（神田橋、一九ＸＸ）。

曼荼羅のいのち

眞子さんは信州善光寺の砂曼荼羅を見て「曼荼羅のいのちはこの一粒にある」（本書二二一頁）と直感しました。さらにいのちの実相は重層多元無量と知り、やがて「一つづきのいのち」へと深まり、また「祈り」の実践の中で「傲慢さ」に気づいて「感謝」と「他者愛」が芽生えたのでした。

わたくしはこれらの眞子さんの変容に、空海上人の「重重帝網名即身《じゅうじゅうたいもうみょうそくしん》」（弘法大師空海全集編輯委員会編、一九八三）の萌芽《ほうが》を思いました。帝網とは帝釈天《たいしゃくてん》が宇宙に投げかけた網のことです。帝網は幾重にも重なり合い、それぞれの網目についている宝珠《ほうじゅ》が互いに鏡映し合う。空海上人はそのさまを「即身《そくしん》」に譬《たと》えました（弘法大師空海全集編輯委員会編、一九八三）。つまり本来の大生命は、一即一切《いっそくいっさい》を映し出している真実そのままのあらわれで、言い換えれば、わたくしたちひとりひとりは大日如来《だいにちにょらい》も餓鬼も映す「曼荼羅」です。餓鬼も映すが本来は仏として宝珠のごとく光り輝き、他と光を放ち合い、その全体がまた「曼荼羅」です。すなわち、個が全体を反映しているのです。そして、それぞれがダイナミックにかかわり合いながら、刻々と変化しつつ輝いているのが「仏の世界」のあらわれであり、すべてつながっているがゆえに、浄化してわれが光を放てば暗いものも輝きだすのです。そしてこのことに気づくのが「成仏《じょうぶつ》」です。

眞子さんには、「祈り」の実践の中で、他者に向ける光、つまり「他者愛」の発現がみられ、やがて光源《こうげん》がわが内にあると気づきました。そして「自己の城郭を砕いて」（日本女子大学カウンセリングセンター編、一九八〇）内なる光を他者と互いに放ち合えば、それ自体が「即身《そくしん》」と考えられるのです。

わたくしが浅学をも顧みず「即身成仏」をここに書くのは、成瀬は生きているうちに、われわれ一人ひとりがイエスや仏陀のような「至高の人格」に到達することができる、そのことを自らの生きざまを通して学生たちに伝えたかったのだと思うからです。

さらに成瀬は愛による融合を説きました。「我々は完《まった》き愛を求めて、自分と人と、自分と社會と、自分と神とが一つに融合して、その間に自他の差別のないようにならねばならぬ、この域に達すれば死は死ではない」（成瀬仁蔵著作集委員会編、一九七六ａ）。

わたくしはこの「自他の差別のない」という成瀬の言葉にふれると、母親がわが子のために自分を忘れることを思います。女性は、体内に赤ん坊を宿すと自分の欲望よりただただ赤ん坊が元気で生まれてくることを願い、陣痛の苦しみに耐えて生命を産みだし、ろくに眠らずひたすらお乳をやり、この子が泣かないようにと心を砕《くだ》き、子どもが変になると自分も変になり、この時、母親に自他の意識はありません。この愛を、女性は実現する能力があり、その姿はすでに菩薩《ぼさつ》であること、そして、その生命活動そのものが営まれる家庭生活の尊さを、成瀬は女子教育の礎《いしずえ》においたのではないかと連想が溢れます。

おわりに

眞子さんは、いつのまにか身体症状も消えて、精神科の投薬を服用することもなく「まず職場に戻ろう。そして歩きだそう」と決め、会社に復職していきました。「まず」「そして歩きだそう」の表現からは、天職への小さな一歩が想像できるようです。

生い立ちと、並外れた知的能力、鋭敏な感性、そして透明な「霊的感性」をもち、「崇高なるもの」に心《こころ》惹《ひ》かれる眞子さんには、企業の「利潤追求と方法」を「自己の物語」に組み込むことができず、心身症状がでて休職に至りました。しかし、眞子さんを心配した恋人、家族、周囲の人々の支え、眞子さん自身の「学び」や「祈りの実践」の中で「自己感覚」を掴み、自己特別視が変容し、「偽りの自己」と「本当の自己」

がつながり始め、他者存在と出会い、愛をもってかかわり、さらに「日常」に希望を抱くきっかけを得ました。これらは眞子さんにとって、自己に関する新しい発見であり、新たな視点の獲得でした。「その上で、全体をなるほどと見渡すことができ、自分の人生を『物語る』ことが可能となる。そのときには、その症状は消え去っている」(河合、二〇〇二)のです。

ただ、今回の「物語の創出」はまだ途上のように思われます。眞子さんが本当にしたいことは、文化的に高い水準の「凄いもの」を現出する「日常」にわが身を置くことと思えるからです。「わざ」が埋め込まれている「日常」に気づいたときの、眞子さんの叫びだしそうな興奮がその根拠です。師・神田橋とわたくしの「日常」には、「芸術的な治療」と「絶え間のない創造」、そして「教えない教育」があり、師弟双方の「時と機」がぴしりと交差する「永遠の呼吸」が埋もれています。このことは終章で述べることになりますが、教師の資質のある眞子さんには、いつの日かこの師弟教育や学びの方法が役立つのかもしれません。そればかりか眞子さんは、その「日常」を自ら作りだす力量があるとわたくしは考えています。

森羅万象、生命あるものには「生命に固有のリズム」があります。植物には四季の生命の移り変わりがあり、春に芽を吹き出し、夏に「成長繁茂」の季節を迎え、秋に「開花結実」し、やがて枯れしだれて土に還るのです。そして生命は、春から夏至までが「個体の維持」、そこからは「種族の保存」に向かって位相を変えていきます(三木、一九九五。要約は筆者)。蟻や蝶や小鳥、森の生き物たち、そして女子学生たちのすべての生命に固有のリズムがあり、それぞれの生命が自然のままのリズムを刻むとき、その生命は最高に伸びやかに花開くのです。森は、きょうも生命のリズムが幾重にも響き合って、とけ合って、さまざまな生命を育んでいます。

これが半年間で織りなした眞子さんとわたくしの「自己の物語」です。これからもそれぞれの物語が紡《つむ》がれていくことでしょう。悠久のいのちの祈りや夢が、眞子さんの「新芽のいのちとなってふたたび踊る」（「いのちへの手紙」、本書二二二頁）日を、祈りとともに待ちたいと思います。

付記

後悔がひとつある。「自分でやっていきなさい」と伝えるタイミングが早すぎたことである。眞子さんには物語を新たに展開させるいのちの胎動があった。それを眞子さんだけの手で完成することが自信につながると考え、そのときまで一緒にいてはいけないと思った。しかし、別れのときに眞子さんが作った物語（本書二五〇～二五一頁）は、別れから立ち直るために即座に構築した物語のため、眞子さんは創造性の持ち主であるのにその内容が平凡になっている。「いのちへの手紙」や「祈りの実践」の感想文の内容と比較するとそれは如実である。眞子さんがもうわたくしを必要としなくなり、自然に巣立つまで待つべきであった。すなわち眞子さんのいのちの流れに感応しつつ添うべきであった。「『本当の自己』は自発であり、『本当の自己』だけが創造的」（ウィニコット／牛島訳、一九七七）なのであり、「教育的努力の根本は、此の先天の自発的動力を開発培養するより大なるはなし」（成瀬仁蔵著作集委員会編、一九八一b）なのである。未熟を恥じる。

追記――一

春雷の頃、眞子さんは会社を辞めて、教師の道を歩み始めました。「霊的感性」はそこはかとなく教育実践に流れ、寒露の頃には周囲から「驚嘆」の評価を得ていました。[註12]

わたくしは眞子さんに本稿を送ると、眞子さんはつぎのように返信してくれました。

「読み終わり、うつむきました。思いが爪の先までいっぱいで、少しでも動いたら溢れてきそうでした。じっとしたまましばらくいました。ありがたくて、申し訳なくて、やっぱりありがたかったです。読んでいるときは眞子を、誰かとともに抱いているような感覚になりました。誰だろう?と思ったけど、それは誰でもよかった気がしてふっと気を緩めたらその人は溶けてしまいました。でもさみしくはありません」「今は日々地に足をつけ、志高く学んでいきたいと思っています。あの半年は、青春時代の最後に起こった大きな出来事でした。あの時しか見えなかったものがあった気がします。それなら今には今しかわからないことがあるはずなので、この時を精いっぱい生きていきたいです」。

追　記――二

そして大寒の頃、眞子さんはつぎの詩を寄せてくれました。

いのちの詩《うた》　　　　折口眞子

凍てつく朝が訪れても、道端の花は灰色の詩を奏でます。群青の夜には、春待つ木々が沈黙の詩を鳴らします。白い月の下、川面をなでる風からは太古の詩が聴こえます。時を超え、いのちの輪郭を飛び越えて、交差する詩があります。いのちは、出会う。そして、やっと響き合う。いのちの、いのちまるごとの詩です。

註1　二〇〇二年に『教養特別講義I』という新一年生が本学の歴史、創立者成瀬仁蔵、その教育理念について学ぶ講義を統括する委員会に属し、自らのキャンパスの同教育に責任を負った。その折、成瀬記念館の協力を得て、記念館蔵のすべてのビデオと成瀬の主たる蔵書に目を通した。眞子さんとの対話では、その折の記憶と手元の資料から、流れの瞬間々々に甦る成瀬の言葉を道標《みちしるべ》としてかかわりを進めた。本章作成にあたり、文献で再度確認して細部を正確に表記した。

註2　成瀬仁蔵はキリスト教の宣教師であったが、あらゆる宗教を研究し、それらの根底にある「霊的生命」に着目した。成瀬自らは「霊的生命」の崇高さを生涯まなざし、信仰を深め、「霊的生命」とひとつになり（帰一）、品性を高め、至高の人格に至るよう生きた。同時に、成瀬は永遠に世界人類の平和を増進するために、その思想を世界的に広めた。まずは、日本で、渋沢栄一、森村市左衛門など当代一流の学者、宗教家、実業家、政治家とともに「帰一協会」を設立して盛んに思想の交換を行い、その後、外遊して、アメリカではハーバード大学名誉総長チャールズ・W・エリオットが成瀬に賛同して The Association Concordia（帰一協会の英文名）の成立をはかり、さらに成瀬はその思想をイギリス・フランス・ドイツへと広げていった（青木、二〇〇一。要約は筆者）。

註3　曼荼羅は、空海が唐の長安「青竜寺」にて師の恵果《けいか》から授かった、真言密教の根本経典である『大日経』と『金剛頂経』に基づき、密教の世界観を図示したものである（田中、二〇〇四）。

註4　高野山大学創立一二五周年記念　大阪特別講演　二〇一一年一〇月三〇日　大阪舞洲アリーナ。ご講演題目は「般若心経を語る――空から慈悲へ」「人生の困難を生きぬく力」であった。

註5　「あゝ、かぶとむしや、たくさんの羽虫《はむし》が　毎晩僕に殺される。そしてそのたゞ一つの僕がこんどは鷹に殺される。それがこんなにつらいのだ。あゝ、つらい、つらい。僕はもう虫をたべないで餓ゑて死なう。いやその前にもう鷹が僕を殺すだらう。いや、その前に、僕は遠くの遠くの空の向ふに行ってしまはう。」――宮沢賢治「よだかの星」（『宮沢賢治全集5』、一九八六）

註6　道元『典座教訓』。典座職が重責なのは「純一無蔵《じゅんいつむぞう》（全身心をそれにうちこんで三昧になる）の仏道修行だからである」（富山、一九八七）。

註7　道元禅師の和歌。「峰のいろ谷のひびきも皆ながらわが釈迦牟尼の声と姿と」。道元禅師が山の気色、谷のひびきに釈迦を体感して、仏菩薩と共鳴融合する状態、すなわち「感応道交」している歌である（松本、二〇〇五）。

註8　「空中の眼」とは「実際に患者を目の前にして面接しているとき、自分の意識の一部、主として観察する自己が一種の離魂現象を起こして空中に舞いあがり、面接室の天井近く、自分の斜め上方から見おろしている、とイメージする。馴れるに従って、長時間そのイメージを保つことができるようになり、ついで、空中の眼というか意識が、次第に薄くなりながら拡がってくる。そしてついに、面接している自分にまで届いて、両者が融合してしまうことがある。そのときおそらく、『関与しながらの観察』が成就したのであろう」（神田橋、一九八四）。

註9　天職。「吾人は各自の當《まさ》に盡《つく》すべき天職を知り之を完《まっと》ふすれば則ち終生の目的は達せられたるなり。假令《たとえ》吾人は婢《はしため》となるも、婢たるべき本務を忠實に盡すことを得たらんには是れ既に成功の端緒を開く者と謂《い》ふべし。若し諸子にして、各自の本務天職を重じ、之を完ふすることに全心全力を注ぎ、本務を盡すに必要なる條件を具備せんとするには、須《すべか》らく凡ての虚僞を廢し、虚飾を廢し、そが實質を取るべきなり」（成瀬仁蔵著作集委員会編、一九七六d）。

註10　品性の養成。「品性は静止するものにあらずして、常に新しき品性を加えつゝ進化するものなり。新しき品性を得ることは、新しき力を得、新しき活動と希望とをうるに至る」（成瀬仁蔵著作集委員会編、一九七六e）。

註11　眞子さんのようにまじめな頑張り屋さんは擦り切れないようにする予防が肝要である。「養生のコツ」としてつぎの内容を送信した。①丹田呼吸、②半身浴、③生命エネルギーを維持するため資質が向いている好きなことを生活に計画的に組み込むこと、④『成瀬仁蔵語録』を読むこと。また、周りに「①ほとんどのことに興味を失い、いままで好きだったことも楽しいと思えなくなる、②食欲（低下、増加）／体重（減少、増加）、③睡眠の障害（中途覚醒とその後も眠れないを含む）」を教えて、該当したらすぐ教えてくれるように頼んでおき、教えられたらすみやかに薬あわせが丁寧な良医を訪ねること」を送信した。国内なら名医を紹介できるが、眞子さんの場合は海外で活躍する才能と可能性があるので、医者を嫌わないように伝えておく必要があった。

註12　教師、眞子さん。思いがけぬご縁を頂いて、眞子さんの勤務校の校長先生にお出会いした。先生は眞子さんの教育力の高さに驚嘆され、幾分、不思議がられながらも大いなる期待を寄せてくださっていた。有難く、涙を禁じえなかった。

引用文献

青木生子（二〇〇一）『いまを生きる成瀬仁蔵：女子教育のパイオニア』講談社　二四三〜二四六、二九一頁

井上信子・神田橋條治（対話）（二〇〇一）『対話の技：資質により添う心理援助』新曜社　一四、一五、五三、二七〇、二七三頁

ウィニコット・D. W／牛島定信（訳）（一九七七）『情緒発達の精神分析理論：自我の芽ばえと母なるもの』岩崎学術出版社　一七〇、一八一、一八七頁

岡倉天心（一九八六）『東洋の理想』講談社学術文庫　一五〇頁

オスラー・W／日野原重明・仁木久恵（訳）（二〇〇三）『平静の心：オスラー博士講演集（新訂増補版）』医学書院　六頁

越智淳仁（二〇〇五）『図説・マンダラの基礎知識：密教宇宙の構造と儀礼』大法輪閣　一七五〜一七六頁

河合隼雄（二〇〇二）『物語を生きる：今は昔、昔は今』小学館　一一〜一二頁

神田橋條治（一九XX）診察室での対話

神田橋條治（一九八四）『精神科診断面接のコツ』岩崎学術出版社　六四〜六五頁

神田橋條治（一九九九）『精神科養生のコツ』岩崎学術出版社　五五、九九頁

工藤直子（一九八七）『のはらうた　Ⅲ』童話屋　三二〜三三頁

弘法大師空海全集編輯委員会（編）（一九八三）『弘法大師空海全集　第二巻　思想篇二』筑摩書房　六、二二五、二四六〜二四七頁

佐藤初女（二〇〇〇）『こころ咲かせて』サンマーク出版　二二、二三、二五頁

清水睦美・すたんどばいみー（編著）（二〇〇九）『外国人の子どもたちの挑戦：いちょう団地発！』岩波書店　二〇二頁
鈴木大拙（二〇一三）『禅八講：鈴木大拙最終講義』角川選書　九四～九五頁
田中公明（二〇〇四）『両界曼荼羅の誕生』春秋社　ⅰ頁
谷省吾（一九七一）『神道原論』皇学館大学出版部　二三六頁
富山はつ江（一九八〇）「序」日本女子大学カウンセリングセンター（編）『成瀬仁蔵先生語録』日本女子大学カウンセリングセンター　七～九、二七頁
富山はつ江（一九八七）『典座教訓解釈』山喜房佛書林　七七頁
永井和子（一九九四）「寝覚物語：永遠の美少女の苦悩」河合隼雄『物語をものがたる：河合隼雄対談集』小学館　一六一頁
成瀬仁蔵（一九一九）「我が継承者に告ぐ」『家庭週報』第502号（二月五日発行）日本女子大学校桜楓会　三頁
日本女子大学カウンセリングセンター（編）（一九八〇）『成瀬仁蔵先生語録（現代語訳）』日本女子大学カウンセリングセンター　六、二七頁
日本女子大学創立七十周年記念出版分科会　成瀬仁蔵著作集委員会（編）（一九七四）「吾生涯＝可成事」『成瀬仁蔵著作集　第一巻』日本女子大学　五〇四頁
日本女子大学創立七十周年記念出版分科会　成瀬仁蔵著作集委員会（編）（一九七六ａ）「進歩と教育：死の問題」『成瀬仁蔵著作集　第二巻』日本女子大学　三七～四〇頁
日本女子大学創立七十周年記念出版分科会　成瀬仁蔵著作集委員会（編）（一九七六ｂ）「明治三十九年度：豊明幼稚園・小學校開校式ならびに本校第五回記念式に於て」『成瀬仁蔵著作集　第二巻』日本女子大学　六六〇～六六二頁
日本女子大学創立七十周年記念出版分科会　成瀬仁蔵著作集委員会（編）（一九七六ｃ）「明治三十八年度：ペスタロッヂ先生を懐ふ」『成瀬仁蔵著作集　第二巻』日本女子大学　六〇二～六〇四頁
日本女子大学創立七十周年記念出版分科会　成瀬仁蔵著作集委員会（編）（一九七六ｄ）「明治三十六年度：時弊を論じて女生諸子に告ぐ」『成瀬仁蔵著作集　第二巻』日本女子大学　三四〇～三四一頁
日本女子大学創立七十周年記念出版分科会　成瀬仁蔵著作集委員会（編）（一九七六ｅ）「明治三十七年度：経濟的品性の必要」『成瀬仁蔵著作集　第二巻』日本女子大学　四〇三頁
日本女子大学創立七十周年記念出版分科会　成瀬仁蔵著作集委員会（編）（一九八一ａ）「軽井沢山上の生活」『成瀬仁蔵著作集　第三巻』日本女子大学　五一二頁
日本女子大学創立七十周年記念出版分科会　成瀬仁蔵著作集委員会（編）（一九八一ｂ）「新時代の教育」『成瀬仁蔵著作集　第三巻』日本

女子大学　一四八頁
古田紹欽ほか（監修）（一九八八）『佛教大事典』小学館　六二五頁
松岡正剛（二〇〇五）『空海の夢』春秋社　二四一頁
松本章男（二〇〇五）『道元の和歌：春は花　夏ほととぎす』中公新書　三二一、三三三頁
三木成夫（一九九五）『内臓のはたらきと子どものこころ（増補新装版）』築地書館　七三頁
宮沢賢治（一九八六）「よだかの星」『宮沢賢治全集5』ちくま文庫　八七頁
宮澤賢治（一九九五）『宮沢賢治全集　10』ちくま文庫　二五〜二六頁
レイヴ・J、エティエンヌ・W／佐伯胖（訳）（一九九三）『状況に埋め込まれた学習：正統的周辺参加』産業図書

参考文献

小川一乗（一九九五）『大乗仏教の根本思想』法蔵館
佐藤初女（二〇一〇）『いのちの森の台所』集英社
中村元（一九九五）『大乗仏教の思想（中村元選集　第二一巻）』春秋社

第三部

道《ゆ》き環《めぐ》る「守破離」

終章　旅路、そして「離」の世界

井上信子

わたくしは生身の人間との関係のなかで「こころとは何か」を問い直したいと思い、臨床に転向した。そして、天国と地獄を孕《はら》む「無意識界への熟達した案内人」（『対話の技』二六七～二六八頁）を探した。だが、なかなか見つけることができなかった。

一九九四年　出会い

初夏、初対面で導きを請うと師は言われた。「夢はいつか醒める。だから、見たいと思ったときに見ておきなさい」。（『対話の技』「まえがき」[註1]）

一九九五年　陪席・スーパーヴィジョン開始

学会抄録の、わたくしの逆転移の箇所に師は「自他を分けない方が自然だったの？」と書き込まれた。それを見た瞬間、「この人は人を育てる」と直感した。師は、話が通じ合うわずかな人々のひとりだった。この頃、わたくしは「自分を掴めない」苦闘の日々を生きていた。そして師は、わたくしの知らないわたくし

を知っていた。だから、鹿児島への旅がうれしくて楽しくてわくわくした。（『対話の技』二六八、二七〇頁）

二度目の来鹿で師はわたくしの資質を見つけられた。

「その資質を持っている人がほとんどいないの。クライエントや発表者（治療者）の一歩先を読んで、治療と教育がないまぜになったかかわりをもつ資質が、あなたにはあるよ」。（『対話の技』二六九頁）

さらに後日、再び、資質に触れられた。

「大学の教員をやめて、治療者だけでやるほうがいい」。

だが、小論文を差し上げて一夜明けると師は言われた。

「いろいろな才能があるから、大学に勤めて、臨床と教育と研究と、三分の一ずつでやってほしいよ」。（『対話の技』二七三頁）

しかし、なぜか師はこのことばを時折、忘却された。

わたくしは自らの臨床でクライエントがなぜよくなるのかわからない。師は言われた。「長島は天才なんだ。長島は動物的勘でホームランを打てるけど、……説明ができないんだよ」。（『対話の技』二七〇頁）

治療陪席を始めて四年の間、何も見えなかった。「わざ」が分節化せず流れているからであろうか。師の治療は芸術のようで、教育と精神療法が分かち難くあり魅了された。しかし、師のさり気ないひと言で、わたくしの内部文化は崩壊と甦りを繰り返し、長らく心身症様であった。診察室の日常会話のような師のことばが、計算され尽くしたことばだと知ったのは、ずっとあとのことであった。

一九九九年

気づくと自らの臨床の中で「空中の眼」（神田橋、一九八四。本書二六一頁の註8）ができていた。この頃、臨床例の報告をすると師は言われた。「やんなっちゃうな。ボクが治療したみたいだ」。

酔夢からDisillusion（幻滅あるいは脱錯覚）へ。

師は「寂しいものですよ」と声を落とされた。だが、同時にわたくしの成長を喜ばれ、「Disillusion ―― 幻滅とは、もっと親しくなることなんだよ」（『対話の技』二七五頁）と諭《さと》すように言われた。

師の情《じょう》がわたくしの六〇兆の細胞ひとつひとつに染み入り、わたくしは自己消滅の断崖《だんがい》に立たされた。恐怖を告げると師は言われた。「すぐ過ぎるよ。ボクとパデル先生もそうだった」。一〇日で細胞の滲《にじ》みは消えた。それは師資相承《ししそうしょう》の極み、密教の「一器の水を一器に移すがごとく」であると驚愕《きょうがく》した。しかし、わたくしは天才的な師とその芸術的治療に自らの人生を仮託しなかった。系譜につながることも嫌だった。わたくしがつながるのは「天」だけ、という身体感覚が内奥から広がっていた。（『対話の世界』二八〇～二八一頁）

二〇〇〇年四月～二〇〇一年三月　鹿児島研修

師がわたくしの子宮に宿っている夢を見た。伝えると師は言われた。「それは、ボクの治療の核芯があな

たのなかに受け継がれて育っていこうとしている、と解釈できるね」。（『対話の技』二七九頁）

絶句。

二〇〇一年　『対話の技』上梓

不思議な無為、葛藤、孤独のなかにいた。

師の息子から娘へ。（『対話の世界』二六九頁）

二〇〇二年　わたくしの臨床

盛夏、内奥の堅く閉ざされた扉が開き、わたくしはもうひとりの「わたくし」と邂逅《かいこう》した。身体という舞台に、カラヤン指揮のボレロ（ラヴェル）が地響きのように鳴りわたっていた。（『対話の世界』二七五頁）

晩夏、自分なりの臨床を作ろうと苦悩していたわたくしは、やっと自分らしい臨床を見つけて診察室で師に伝えた。

「文豪フローベール、エミリ・ブロンテ、トルストイは、実の母の愛に恵まれなかったけど、母代理のような素朴で子ども好きなお手伝いさんがいたの。彼女たちは、家事をしながら子どもにその地方の昔話や伝説の数々を語ってきかせたらしい。一日中台所でお話をせがんだであろう幼い日々の文豪たち。そのお話は乾いた土地に降る天来の慈雨のようであったと思う。お手伝いさんにはこの子を何ものかにしようという意図はなかった。そして、そのとき母親がどんな状況でも、子どもにとって母親以上の存在にはならない『慎ましさ』があったように思う。わたしにはそれが大事に思える。そして、ただいっしょの『時』を楽しんだ。資質や才能に溢れているのにボタンひとつの掛け違いで、あるいは何かの事情で、その開花が蓋《ふた》されている子どもたちがいっぱいいると思う。彼らも援助を必要としているのに、通常、病気ではないという理由で放って置かれる。でも、そういう子どもたちにも実はその蓋《ふた》をはずす援助が必要だと思う。このお手伝いさんたちのような臨床をする時、わたしの資質が開花するように思うの」。

——「そうだねぇ、そうだねぇ……」。(『対話の世界』二七八頁)

二〇〇三年「青龍」の夢

大寒(早春)、「天の意」と自らの無意識が呼応したと感じ、数年前からの「死への恐怖」が和らいだ。(『対話の世界』二八二頁)

立春、「青龍」が七変化している夢を見た。龍が天空に飛翔する感があり、同時に、師との別離の予感があった。

わたくしは、ひとり「青い龍」を探す旅に出た。

二〇〇四年　別離、『対話の世界』上梓

小暑、白蓮の花が咲く頃、「大海原」の夢が別離を告げた。師も揺れた。

やがて師は言われた。

「集団を離反する者によって、本質のルネッサンスが図られる。『正統なるものは常に異端である』（『対話の世界』二九二頁）と書いておいた。キリストがそうだ。あなたはユングですから」。

だが、直後に見た夢で「わたくしはキリストの弟」であった。

精神の彷徨《ほうこう》。

鹿児島は遠のいた。

二〇〇七年　癌――神秘体験

師に「癌」とだけ告げた。

生死を前に人間は無力である。手術直前、わたくしは親炙《しんしゃ》する愛の女性《ひと》[註2]に電話をした。先生は言われた。

「わたくしはドイツで脳梗塞《のうこうそく》になって言葉を失った。でもヨハネ16章33節の『あなたがたは、世にあっては患難があります。しかし、勇敢でありなさい。わたしはすでに世に勝ったのです』を支えに生きてきた。いっしょに生きよう」。

死の床で、魂を掬《すく》い取られた。臨床の神髄。わたくしはこんな臨床をしたことがなかった。いったい何をしていたのだろう。「いっしょに生きる」。それは、直《じか》に、いのちの鼓動を抱きしめること。そして共同性がふたりを、人々を、世界を根底から包んでいる、ただ愛によって他者は了解されうるというメッセージであろう。

祈っていた。「もし、まだいのちの時間が与えられるなら、もう一度、臨床と教育をゼロからやり直させてください」。

目覚めると、そこは「この世」だった。あれは誰に祈っていたのだろう。

闘病中、病院の壮麗な石造りの礼拝堂で、ひとりひとりの幸せと世界の平和を、そして「艱難《かんなん》さえも喜んでいます。それは艱難が忍耐を生み出し、忍耐が練られた品性を生み出し、練られた品性が希望を生み出すと知っているからです。この希望は失望に終わることがありません」（ロマ書、5章3～5節）と祈る日々が続いた。

やがて、神秘的な「銀白色の光」に遭遇した。「第三の眼」が開いた、と言う人があった。体験の意味は、いま徐々に開き示されつつある。

二〇〇八年　大学に復帰

自宅の窓辺に、師からの白い胡蝶蘭《こちょうらん》が揺れていた。

二〇一〇年四月～二〇一一年三月　京都研修

春雷《しゅんらい》の頃より、不思議な導きを得て道元禅師のご生涯の地を辿りながら坐禅、瞑想。
「鳥は渡り、夜は明ける」。
京の都の暁《あかつき》に渡り鳥の鳴く声。
雁《がん》が北へ帰るのだろうか。
南からは燕《つばめ》が飛来する。
わたくしがいなくとも。

生と死は、平凡な営み。

立夏、永平寺（福井）参禅。道元禅師の御廟《みびょう》と、御真筆《ごしんぴつ》『普勧坐禅儀《ふかんざぜんぎ》』を前に落涙の不思議。
遠くに聞こえたのは山時鳥《やまほととぎす》であったろうか。

比叡山、高野山、白山、越前、京都、奈良、吉野、伊勢、……「青龍」を探し歩いた。

鴨川近くの寓居《ぐうきょ》で、本書『対話の調』を書き始めた。

初夏、「ことばにできない」焦燥のなか、師に問うた。「なぜ、わたくしには『わざ』を教えてくださらなかったの？」

師は言われた。「天賦《てんぷ》の才への畏敬の念。ボクなんかが触れてはいけないと思ったから」。

絶句。

これが離れた弟子への師の導き。ひとり比叡の山の端《は》にかかる茜色の雲をみつめた。

二〇一一年 「青龍」

初春、前々著『対話の技』、前著『対話の世界』の中で咲いていた花々が、夢のなかでことごとく枯れしだれた。

「筆が迷う」。師は叱責された。「引きずられる感じだろう。小説でもいい作品は登場人物に引きずられて書いたというもんな。料理人がだめでも素材がいいからいい」。

厳冬、わたくしは師から「離れる」ことに囚《とら》われていたと気づき、やっと、「わたくしが、わたくしになる道」を歩み始めた。

「青龍」は、わたくしの中にいた。

二〇一二年 霊的感性

初夏、わたくしは、ふと、遠き地にいる師が気にかかった。久々の師の白濁色《はくだくしょく》のお声に、胸が潰《つぶ》れた。

七年ぶりの鹿児島市内は、折からの桜島の噴火で灰色に染まっていた。診察室で、師のいのちを見つめた。

師のふるまいの一つひとつがなつかしかった。家出娘に半夏雨《はんげあめ》のような父の戸惑いがあった。翌日は大海原に抱かれた。来鹿は「親孝行」のつもりであった。だが、帰京する日の未明、しばらく前に海底に潜水していた「青い龍」がわたくしと一体になった。師の「いのちの揺らぎ」に誘《いざな》われた旅は、「離」の旅となった。

おそらく「青龍」は、わたくしの「大いなる生命」の質であろう。

白露、再びの来鹿。七年ぶりのスーパーヴィジョン（S. V.）で、師は言われた。「あなたの『真の自己』は『霊的感性』」。

それは『技』にも『世界』にも散見されている。

七日後、からだの芯の底から、ふわぁっと花びらが広がった。初めての新鮮な感覚。花びらひとひらが画面に収まらない。

立春、内奥の堅く閉ざされていた扉が開き、「人間は神の前にひとり立つ者」と思う。夢の中で、ほの暗い小さな御堂にわたくしはひとり立ち、神秘体験の光が淡く差し込んでいた。註3

二〇一三年　湧水《ゆうすい》

冬至、パリ6区、サンジェルマンの教会でキリストの香りを聴く。

立春、もがき苦しんだ末、師に告げた。「『わざ』が書けない」。師は言われた。「ことばにできるようなら大したわざではない。三島の湧水は、十数年前に富士山に積もった雪が溶けて滾々《こんこん》と湧いている。それでいい」[註4]。頂《いただき》の白い雪が師のわざ、富士山がわたくし、本書の各章が湧水か。絶句。

「『離』とは、囚《とら》われがない、自由ということだ」。「『離』も過程だから、次の本の『「離」の「離」』で卒業」。

清明の頃、伊勢、内宮《ないくう》の荒御霊《あらみたま》の社《やしろ》で「大いなる愛」により、瞬間、自らの狭量な限界を超えた。

処暑、第七章執筆中、わたくしは突然、本書は「離」などではなく、まだ「守」なのではないかとひどく気落ちして師にメールした。「『守』な気がします」。明け方、返信があった。「守破離も螺旋《らせんじょう》状に進みます。これで順調です」。それは時間と空間が交差する、閃光《せんこう》が走った瞬間であった。

わたくしは一三年前に上梓《じょうし》した『対話の技』を手に取った。「はじまりの対話」（v頁）の師のことば「天与の才をわたくしたちは羨望する」が一般論ではなく、このわたくしに向けられたことばと、はじめて思えた。師のお声が面差《おもざ》しとともに甦った。「あなたの成長はジャンプ・ジャンプ・ジャンプ。これだけ呑み込みがいいと教えたくなるよな」（二〇〇〇年、診察室）。「ボクの治療の核芯が、あなたのなかに受け継がれて育っていこうとしている、と解釈できるね」（二〇〇一年、『対話の技』二七九頁）。「無意識は可能性を知っている」、「はじめて自分から教えたいと思った」（二〇〇二年、診察室）。「あなたはユングですから」（二〇〇四年、S．V．）。「天賦《てんぷ》の才、ボクなんかが触れてはいけないと思ったから」（二〇一〇年、電話）。「あなたに病気はない。才能と才能がぶつかりあっていた。敢《あ》えて名をつけるなら、『天才になる前』」（二〇一三年、S．V．）。「富士山に降った雪が滾々と湧いている」（二〇一三年、電話）。……絶句。これらはすべて、道《ゆ》き環《めぐ》るための布石であったのか。

なぜか師の精神療法が甦った。「命がけ」。「啐啄同時《そつたくどうじ》」が連想された。啐啄同時とは禅の語で、「孵化《ふか》の時、中の雛《ひな》と外の母鶏《ははどり》とが相応《あいおう》じて殻《から》を破る。師弟の心機《しんき》統合の譬《たと》え」（巻第一第七則）である（入矢ほか訳注、一九九二）。

江戸千家初代の家元である川上不白は、芸の修行過程として「守破離」を示した。そして守（模倣）から破（応用）、離（創造）への道筋で、「『守』は教えられる、しかし、それからあとは待つしかない」（江戸千家茶の湯研究会編、一九七九[註5]）と言う。すなわち啐啄同時はその過程における「創造」への教育方法なのであり、わたくしは師にそのように育てられてきた。

「守破離と申三字ハ軍法ノ習ニ在リ　守ハマモル破はヤブル離ハはなる　と申候　弟子ニ教ルハ此守と申所計也　弟子守ヲ習尽し能成候へハ自然と自身よりヤブル」――川上不白『不白筆記』（江戸千家茶の湯研究会編、一九七九）。

つぎの瞬間、ふっと「行持道環」[註5]（安良岡、二〇〇二）が浮かんだ。

そして、富山《とみやま》が道元の死生観を結び、行を「自己の心身を無常に投げ込れ、対象の有機的な生滅変化のリズムに即して生きること」としたのを思い出した（富山、一九九六。要約は筆者）。

大雪の頃、来鹿。スーパーヴィジョンで師は言われた。

「世に伯楽あり、然《しか》る後に千里の馬あり。千里の馬は常に有れども、伯楽は常にはあらず。ゆえに千里の馬といえども虚しく憤死《ふんし》す。――世の中で馬を育てる名人がいて、しかるのちに千里の馬がいると言われるが、名馬は素質、それを伯楽が見出す。だが、伯楽がいないんだ。だから見出されることなくして一生を終わる千里の馬はたくさんいる。高校のときに好きだった漢文」。

千里の馬は常に有れども伯楽は常には有らず

韓愈《かんゆ》（七六八〜八二四。雑説・四首・其四）

世有㆓伯楽㆒、然後有㆓千里馬㆒。千里馬常有、而伯楽不㆓常有㆒。
故㆑雖有㆓名馬㆒、祇辱㆓於奴隷人之手㆒、駢死㆓於槽櫪之間㆒、不㆘以千里㆒称㆖也。
……嗚呼、其真無㆑馬邪、其真不㆑知㆑馬也。

（金岡編『三省堂　中国故事成語辞典（ワイド版）』二〇一〇）

「先生は千里の馬で、かつ伯楽ですね」。

「いや、どうみたってボクは伯楽に見出された。桜井先生、パデル先生……」。

「天賦の発揮は開花を前提とする。真の獅子児もまた可変の軸上にある。天賦の資質も開花によって天賦たるを知られるのである」。（鈴木、一九八四）

「師弟の絆」に守られ天賦の才を伸びやかに生きた弟子を思うとき、わたくしはいつも国仙和尚と良寛を思い出す。国仙は別れが近づいたとき良寛に、「印可証明の偈《げ》」に添えて藤の枝を手渡したという。国仙は病をおして裏山にその枝を拾いに行ったのであろうか。わたくしは「真の自己」を愛された弟子の、この上ない幸せに胸がいっぱいになる。

良寛庵主に附す　国仙和尚（寛政二　冬。水月老衲仙大忍）

良也如愚道転寛
騰々任運得誰看
為附山形爛藤枝
到処壁間午睡閑

良也《まことなり》愚《ぐ》の如《ごと》く道《みち》転《うた》た寛《ひろ》し
騰々任運《とうとうにんうん》　誰を得て看《み》しめん
為に附す　山形爛藤《さんけいらんとう》の枝
到る処　壁間《へきかん》に午睡《ごすい》　閑《のびやか》なり

（入矢訳注『良寛詩集』二〇〇六）

愚の如くあるのは良いことだ　お前の得た境地は何ものにも束縛されない広いみちだ
お前が到達したゆうゆうと在るがままの境涯を　いったいだれが見抜くことができよう
わたしはお前の大成を祝って　山から取ってきたこの藤の杖を授けよう

どこにでもいきなさい　到るところにあるのどかなお前の世界に杖をたてかけて午睡《ひるね》するがよい

師弟愛を思いながら師のことばを聴いていると、師は言われた。「あなたの後継者が見つかるとしたら、それは天の恵み」と。

二〇一四年　一月一日

師・神田橋なくしていまのわたくしはない。

師は常に「みずからを越えるように、越えるように導いて下さった」（『対話の技』二七五頁）。

しかし、わたくしは抽象的普遍を見出すことはできなかった。

わたくしの臨床は
「いま・ここ」をともに生きるとき、感応が抱卵し、雛が産まれる。

わたくしに意識はなく
内奥の、太古からの自然の揺らぎが共鳴する。

ただそれだけである。

追　記――二〇一四年一月一〇日

研究室でふと、『対話の技』の「幻郷」（工藤不二男画伯作）に戻ったのだと気づき、拙著を手にして「原点回帰」に身震いがした。

追　記――二〇一四年三月六日

病を得て、頭が割れんばかりの激痛。三日のち、「どこもかしこも、いまもむかしもこれからも、みな『いま・ここ』にある」と、ふわっと縛りがとけた。あれは何であったのだろう。

註1　しかし、わたくしはこのとき、自分がなぜ神田橋條治という人を師に選んだのか明白にはわかっていなかった。そして二〇〇二年にその理由を了解した（『対話の世界』二七六頁）。

註2　湊晶子先生。ご専門は初期キリスト教史。元東京女子大学学長、現広島女学院大学学長。ハーバード大学客員研究員。非政府組織ワールド・ビジョンアジア代表国際理事。東京女子大学の創立者、新渡戸稲造氏の「国際的人格論」の精神を引き継ぎ、キリストの愛に生きる可愛らしい女傑。

註3　もうひとりの師である梶田先生に、二〇一二年、白露の頃、やっと人間が定義できたのでお伝えした。先生は「これから何度となく立ち返っていく、あなたの原体験的なものと受け止めています」と返してくださり、二〇一三年立春には「神から与えられたいのちが、私を生きているのです」とお教えくださった。

註4　二〇一三年一二月八日（日）。一一時五分、羽田発、鹿児島行JAL1865便は、高度九〇〇〇メートル（富士山の約二・四倍の高度）で果てしない雲海と青空のあいだに白い雪に覆われた富士山の頂をとらえた。翌日のスーパーヴィジョンでわたくしは師にその光景を伝え、師が立春に言われた富士山頂の雪の話をした。すると師は、「富士山の湧水はわたしの雪だけではない。あなたが自分のすべての営みの中で受けたもの。それが地下水となって出てきたときには降った雪や降った雨とはずいぶん違うものになっている。濾《ろ》過《か》されたり溶けあったり。それをそのまま教えてやったら運搬屋だ。地下水となってこうずうっとずうっと。もとがなければこの水はないけれど、でてきた水はもっとずっといいものになっている」と言われた。

註5　行《ぎょう》持《じ》道環《どうかん》。道元禅師は「発心・修行・菩提・涅槃しばらくの間隙あらず」と言う。すなわちこれらの間に段階がない。発心のある

ところに必ず修行あり、修行あるところに菩提が現れている、という意味である。（角田、一九九九）

◎引用文献

井上信子・神田橋條治（対話）（二〇〇一）『対話の技：資質により添う心理援助』新曜社　i、v、二六八〜二七〇、二七三、二七五、二七九頁
井上信子・神田橋條治（対話）（二〇〇四）『対話の世界：心理援助から「いのち」の教育へ』新曜社　二六九、二七五、二七六、二七八、二八〇〜二八二、二九二頁
入矢義高（訳注）（二〇〇六）『良寛詩集』平凡社　三三〜三四頁
金岡照光（編）（二〇一〇）『三省堂　中国故事成語辞典（ワイド版）』三省堂　四一二〜四一三頁
神田橋條治（一九八四）『精神科診断面接のコツ』岩崎学術出版社　六四〜六五頁
江戸千家茶の湯研究会（編）（一九七九）『不白筆記』江戸千家茶の湯研究会　一六四頁
鈴木哲雄（一九八四）「禅における機について：時機観と関連して」日本仏教学会（編）『仏教における時機観』平楽寺書店　二三二頁
角田泰隆（一九九九）『道元入門』大蔵出版　一六一〜一六二頁
富山はつ江（一九九六）『禅とカウンセリング：実践のこころ』山喜房佛書林　三六九頁
安良岡康作（二〇〇二）『正法眼蔵・行持（上）』講談社　一九頁

井上信子さんの『対話の調』に寄せて

梶田叡一

この本について著者の井上信子さんは、師である神田橋條治先生への「離」の時期の軌跡を描くものであるという（著者による「まえがき」）。確かに、時間的経過の中で、最初の頃のように直接にお会いして密接な指導を受ける、という機会が無くなってきた時期における教育活動の記録である。しかし私の目からは、神田橋條治先生に対する新たな、深まった形での「守」を表現したもののようにも見えないではない。そう簡単に神田橋條治先生の展開されてきた世界を「離」れることはできない。ユングが師フロイトと決別しながらも、人の無意識世界＝深層心理を重視し、夢などの形で現れる内面的ダイナミクス＝魂の世界のイメージを重視する、という基本的人間観の面で、フロイトの創始した（反デカルト的な）人間観を基盤に生きたことを思い起こさざるをえない。ユングにしても、結局のところは、師フロイトに対する「守破離」を何層にも含んだ世界に生きたと言ってよいのではないだろうか。

師弟関係は、弟子の側からの傾倒を必須の要件とする。「守破離」という師弟関係のダイナミクスも、師への傾倒なくして開始されることはない。神田橋條治先生との出会いは、井上信子さんを大きく変えた。それは例えば、本書に先立つ『対話の技』（二〇〇一）、『対話の世界』（二〇〇四）、そして本書と、その内容を辿ってみても見て取れるのではないだろうか。それぞれの本を書いた時期における井上信子さんの心象風景やこだわりを見ていくとき、そこに師である神田橋條治先生から得たものの内面化と咀嚼の彼女なりの深まりが見られるように思えてならない。

井上信子さんの変容の一端として私の目を引くのが、彼女が出会いを持った子どもや学生について、その人の持つ心理的に困難な状況の治療や回復は当然のこととして、新たな人間的な成長と完成に向けての支援という方向に重点が移ってきている点である。本書の多くの章に取り上げられている学生たちは、必ずしも不登校とか重い鬱、自傷とか自殺念慮といった形で日常生活上の大きな困難を持っているわけでない。もちろん相談しているわけであるから、何らかの個人的問題は抱えているわけであるが、その中身は誰にでもありそうな問題であり、必ずしも深刻なものというほどでない。井上信子さんは、そうした個人的問題を手がかりとして面接指導を積み重ね、その人なりの更なる人間的成長なり自己実現なりが可能になる方向に導いていっているように見受けられる。マズロウらのヒューマニスティック心理学で言われてきた「天井の高い」アプローチである。

もう一つ井上信子さんの変容として目につくのは、彼女が身体的に少しずつ健康になり活動性が高まった、という点である。神田橋條治先生も本書の「まえがき」で書いておられるように、彼女は対人的な感応の能力が高い（高すぎる?）という特異な資質を持つ。これは教育者としてプラスの面もあるが、彼女自身の身体に大きな負荷をもたらすことが多い。このためもあるであろうが、学生時代から時に健康上の問題を抱え、あまり家を離れて遠出することをしない、という感じがあった。これが、特に神田橋條治先生の指導を受けるようになってから大きく改善され、最近の彼女は行動半径が非常に大きく広がったように見受けられる。

基本的な資質は以前のままであったとしても、それが身体的に悪影響を与えたり、行動範囲に大きく制約を課したり、ということが少なくなったようである。治療者としての神田橋條治先生の力量もそこに働いているのではないだろうか。

それにしても、各章に取り上げられている学生諸君の文章やメモは、感覚の鋭敏さといい、視点の深さといい、なかなかのものである。私自身、今にいたるまで長い年月にわたって若い学生たちに人間に関わる諸問題について研究指導してきたことを振り返ってみて、人の〈いのち〉とか〈思い〉といった本源的な面に気持ちを向けさせ、自分自身の問題として考えさせていくことは、そう安易なことではないように思う。すぐに上滑りの、言葉だけの、分かったつもりになってしまいがちである。出来合いの美しい慣用的な言葉に流されることなく、それぞれなりに心を打つ文章を書いている学生たちに、心からの賛辞を贈りたい。ここには井上信子先生との間の「守破離」のプロセスが、着実に進められていることであろう。

井上信子さんは、さまざまな形での変容をこれからも積み重ねながら、今後も大きく成長し続けていかれることであろう。これからのそうしたステップの積み重ねの中に、また神田橋條治先生の大きな影が見え隠れすることがあるのではないか、というのが私自身の予想である。豊かな稔りを孕む師弟関係と、その「守破離」の多様な局面とに、今後も関心を持ち続けていきたいと思う。

◆◇◆響き合った仲間たち◆◇◆

「『学びの輪』に飛び込んで得た成長」
（ラーニング・ポートフォリオ）

香川沙緒理

二〇一二年二月。私は院生が主催した自主ゼミ（集中）に飛び込み参加した。そこで学んだ内容は学術的な知識にとどまらず、共に学んだメンバーとの交流や、そこで生まれた絆など、言葉では表せないくらいの大切な思いがたくさん詰まったものとなった。

学習の振り返り

この講義から何を学ぶことができたか

発達障害の基礎理論と支援の実践方法、そして発達障害児支援に有効な心理検査「K－ABC」の理論と実践について、通常の大学のカリキュラムでは学べない、より専門的で高度な内容を学んだ。

どのような状態で（なぜ）学ぶことができたか

テキストの内容は膨大であったため、自分の興味関心と重なり合うテーマごとに分担し、発表形式で講義を進めていった。そうすることで、知識が定着しやすく、発表をする際にも相手にイメージしやすいように説明することができたのではないかと思う。また、肝心なところは井上先生の解説のもと全員で知識を共有することができた。私の場合、メンバーの中では最年少だったため、先輩方と共に学んだことが本当に良い刺激になったと思う。先輩方と同じ空間にいると、私の中にほどよい緊張感が生まれ（萎縮するという意味ではなく）、背筋がすっと伸びて、澄んだ精神状態になり、学びが捗るような気がした。ゼミが開かれた時期が学年末だったこともあり、先輩と共に大学で学ぶのもこれが最後だという意識が「先輩から何でも吸収するぞ！」という思いを駆り立て、自然と学ぶ姿勢にさせたのかもしれない。

学習者として何をどのように学んだか

発達障害についての基礎的な知識を多く学んだ。その中でも一番印象に残った内容は、発達障害種別に「つまずき」の状態と背景が違うということだ。

例えば「ことばの遅れ」は、アスペルガー症候群を除いた発達障害の子どもに、幼少期から現れることの多いつまずきである。しかしその要因は、発達障害種別に異なっている。まず、広汎性発達障害の場合の「ことばの遅れ」は、主に対人関係の希薄さから「コミュニケーション手段」としての「ことば」が定着しづらい背景があると考えられる（ただし、前述のアスペルガー症候群には「ことばの遅れ」がみられない）。次に、注意欠陥／多動性障害（ＡＤ／ＨＤ）の場合は、注意集中の問題から、しっかりと「ことば」を聞き取っていないことが多く、また、学習が持続しにくいために「ことばの遅れ」を引き起こすと考えられる。そして、学習障害（ＬＤ）の場合は、文部科学省の定義によれば「聞く」「話す」「読む」「書く」「計算する」「推論する」といった脳の機能に何らかの障害があると推定されており、一般の学習（所謂、普通学級でなされる学習）をしても知識として「ことば」が定着しにくいために、「ことばの遅れ」につながるのではないかと考えられている。

このように同じつまずきでも、障害種別でつまずきの背景が異なるがゆえに、その子にあった支援の方法を見出していかなければ根本的な解決にはならない。このような知識をしっかりと定着させることで、より細やかに、かつ広い視野で子どもを見ることができるようになったと感じている。

もうひとつ印象に残った学びとして挙げられるのは、心理検査「Ｋ－ＡＢＣ」の理論と実践について発表を担当させていただいたことである。当初は先輩と分担し合って取り組むことになっていたが、過去に一度先輩に発表のモデルを提示していただいたことがあり、先輩の力を借りずに挑戦してみたいという思いが生まれ、私から先輩に直接お願いし、三年生二人でＫ－ＡＢＣの理論と実践を発表させていただくことになった。それからは、私ともう一人の発表者で検査器具の扱い方の練習や、発表手順の確認、知識の共有を行い、打ち合わせを重ねることでＫ－ＡＢＣへの理解を深めていった。先輩の力に頼らないという状況が、かえって主体性や自主性を発揮させるきっかけになったと思う。

この講義は、他の講義の学習やこれからの人生にどのようにつながりあったか

講義のはじめは先輩から吸収することばかり考えていた私であったが、K－ABCの発表を自分たちでやらせてほしいと先輩にお願いした頃から、吸収するばかりではなく、自分の実力を試してみたいという思いが芽生え、そこから先輩と私の関係が「ギブアンドテイク」になったと感じている。発表をするにあたり、先輩から提示されたモデルを参考にしながら発表を進めたが、先輩の言葉を自分が言い易いように変更し、個人的にもっと説明がほしいと思った箇所は解説を加えるなど自分なりの工夫をすることで、一度先輩から提示されたモデルをバラして再構築し、自分のオリジナリティを発揮することができた。他の人にはできない自分だけの「モノ」をつくりあげたことは大きな自信となり、また新たな領域へ一歩踏み出すための勇気を与えてくれるだろう。これが私の思うところの「これからへのつながり」である。

この講義を楽しむことができたか。それはどのような意味においてか

前述した先輩方と私の「ギブアンドテイク」の関係だが、それは発表や質疑応答といった講義の表面《おもて》と、講義の合間の休憩時間などの裏面との、両面で築かれた絆が前提にあったのではないかと思う。表面では先輩方の「公」の部分、すなわち、先輩方から繰り出される鋭い指摘や発想力、深い理解力や発表の際の言葉の選び方などから、それをモデルにして自分の発表や知的センスを昇華していくことができた。そして裏面では先輩方とのおしゃべりを通して、メンバーそれぞれの個性の違いを感じ、友のように笑い合ったりすることで先輩方の「私」の部分と触れ合うことができた。そのことが、相互の友情を育み、学びにもいい影響を与えたのではないかと思う。私は純粋に、この講義を通して先輩方と仲良くなれたことが楽しかったと感じている。

この講義をもう一度やり直すとしたら、学習を高めたり、向上したりするために何か違ったことをするか

今回は、自分の発表準備に追われてしまい、自分の担当以外のテキストの箇所については、他のメンバーの発表内容を聞くことでのみ補わざるを得ない状況であった。したがってもう一度チャンスがあるならば、自分の担当外のテキストの箇所の基礎をさらったうえで発表を聞き、より深い学びにしたいと思う。

学ぶとは何か

今までは、得られる情報を頭の中で整理することを「学

び」だと思っていた。しかし今回の講義で、インプットした情報を自分の「モノ」にするという体験をしたことで、今まで自分が思っていた「学び」の概念が変わりつつある。情報を整理する段階で留めるのではなく、使うべきところできちんと引き出しから出してきて、使いこなすところまでが本当の「学び」ではないだろうか。

おわりに

集中講義は、密度が濃く内容も難しいため、つらく感じたこともあったが、参加メンバーとの交流があったおかげで乗り切ることができ、かつ、充実したものとなったと感じている。そして今、最高学年となり、ゼミの後輩もたくさん入ってきた。それぞれが光る個性を持っていて、それがほんとうに面白く、刺激的である。これから卒業までの間、彼女たちと一緒に学び、成長していくことができるということを、とても嬉しく思う。その学びのなかで、後輩に「何か」を与えられる存在になれるよう、自分自身を磨いていきたい

（大学三年次後期　二〇一二年三月の記録）

［**かがわ　さおり**　二〇一二年度卒。現在、幼稚園教諭］

「特別支援教育の学び合いから得た力」（ラーニング・ポートフォリオ）

柳原未佳

学習の振り返り

幼稚園教諭を目指すにあたり、特別支援に関して、より高度な知識を学びたいという思いから、発達障害・特別支援教育を取り上げる院ゼミに参加することにした。

この講義から何を学ぶことができたか

大学院の講義は、秋の講義と基礎ゼミ、二月の自主ゼミに参加した。同学年だけでなく、先輩も含めた学びの中で互いに発表しあうことで、特別支援教育についての知識がさらに深まった。自主ゼミで私は、もう一人の三年生とK－ABCについて発表をした。発表の準備で、レジュメの作成について先輩から教わり、自主的に集まってK－ABCのビデオを見ることで、さらに理解が深まった。意見交換をするという

共同の学びの中で、自分では気づかないような自分の特徴を発見し、聞き手に伝えるためにはどのようにすればいいかを考えて工夫できた。

どのような状態で（なぜ）学ぶことができたか

項目が相互に関連しているので、自分の発表内容から推測したり想像したりして、イメージを持った状態で他の学習者の発表を聞くことができたので理解しやすかった。

学習者として何をどのように学んだか

Ｋ－ＡＢＣの心理検査法の発表では、協同で検査法を進めた。発達障害を持った児童に対して検査を行うことで、得意な認知の処理のプロセスを理解し、学習支援に役立てられるということを学んだ。共に学ぶ学習者の良さを知ることで自分の学びが深まることは、協同でしか学べない学びであると思う。

この講義は、他の講義の学習やこれからの人生にどのようにつながりあったか

実際に自分の発表を録音し、先生や先輩からアドヴァイスを頂き、「伝える」ことに関する自分の課題を見つけることができた。これからの人生において、学んだことを相手に伝える機会はたくさんあると思う。今後チャンスを活かせる時には、この学びを実践していきたい。

この講義を楽しむことができたか。それはどのような意味においてか

学年を超えて、特別支援教育への理解を深めるという目標があったために高度で膨大な量の内容であっても充実して学びを得ることができた。協同の中での教え合い、学び合いを通じて、一人では感じられない学びを楽しんだ。その場において学習者は対等であり、「居心地がいい」感覚がずっと私を支えてくれた。私自身、自然体でいられたので安心して過ごせた。

この講義をもう一度やり直すとしたら、学習を高めたり、向上したりするために何か違ったことをするか

この講義では多くの領域に関して発表があったが、あまり質問ができなかったので、次回は積極的に問い、収穫を得たいと思う。また、その場にいる人の学びを深めるためにも質問の時間を大切にしたいと考える。私自身は、「順序立てて」発表することが課題で、それに専念していきたい。

おわりに

講義では、特別支援教育に関して多く学び、問題意識に対して積極的に学ぶ姿勢を身につけることができた。それは、尊敬し合い高め合おうとするメンバーがいたからだと思う。

［やなぎはら　みか　二〇一二年度卒。現在、保育士］

「人生の通過点における学び」（ラーニング・ポートフォリオ）

湯山千怜

私が大学院自主ゼミの受講をしようと思ったのは、小学校のボランティアに参加する中で支援を必要とする子どもたちと関わる機会が多く、関わり方に悩むこともあったからである。ここでは算数科における指導についての学びを中心に、私自身の教育観を交えながら大学院自主ゼミで得たものを述べていきたい。

学習の振り返り

この講義から何を学ぶことができたか

一番の学びは算数科における指導の在り方についてである。それは、私が卒業論文の研究テーマとして「算数科における言語活動の充実」を掲げており、研究してきたことと講義での学びが深く関係していたからである。卒業論文の時点では、個々の児童を研究するというよりも集団として児童を研究していたため、特別支援の視点が欠けていたように思う。しかし実際は、個々の児童をみていくと算数科におけるつまずきの種類やレベルはさまざまであった。したがって、「すべての児童」への支援につながる授業の工夫が必要だとわかった。

例えば、かけ算の九九を学習する際に、視覚優位の児童のために具体物を提示しながらも、聴覚優位の児童のために〈一つ分の大きさ〉×〈いくつ分〉＝〈全体の数〉になることを言葉で丁寧に伝えていくことで、同時に支援することができる。また文章問題を解く際に、同時処理優位の児童のために文章を図形や絵にして提示しながらも、継次処理優位の児童のために課題を言語化し、手続きを詳細に提示することで、同時に支援することができる。

このようにして、一斉授業の形態においては「すべての児童」への支援を意識して授業を工夫することが大切である。そのうえで、机間指導等の場面で個別指導が可能な際には、個々の能力に合わせて支援を工夫していくことも必要になると思う。これは、算数科における指導だけに留まらず他の教科にも通じるだろう。この講義では、「授業の本質」を学ばせていただいたように思う。

どのような状態で（なぜ）学ぶことができたか

まず、学びを促進した大きな理由は学習する環境が整っていたことだと感じる。限られた時間の中で、『特別支援教育の理論と実践』というテキストを一通りレジュメで確認し、テキストに出てくる検査を実際に体験することができた。さらに、井上先生が知識や経験などを私たちに還元してくださったことで、理解が促された。

また、小学校の教員になるという意識を常に持ち、小学校の現場を想像しながら学習に臨んだため、難しい内容でありながらも特別支援教育についての理解が深まったのだと感じる。まだ十分に理解しきれたとは言えないが、この講義で得た基礎的な知識や実践的な方法を自分の引き出しに入れておくことで、いつか必ず学んだことが生きてくると思う。

学習者として何をどのように学んだか

テキストには支援を必要とする子どもの具体的な事例などが書かれていたが、小学校におけるボランティアでの経験と照らし合わせて学ぶように心掛けた。例えば、支援級で算数の個別指導をした時に、一〇を超えるたし算で、指を使って数えるのでは数えきれない児童がいた。しかし、数字を丸で書き直し、足していくことでスムーズに答えられた。講義を受けながら経験と照らし合わせ、この児童は視覚優位であり同時処理に優れていたのだとわかった。このようにして、より実感を伴った理解ができたと思う。

この講義は、他の講義の学習やこれからの人生にどのようにつながりあったか

小学校の教員として現場に出る際に直接的にこの講義が生かされてくると思う。「特別支援教育」が大学院自主ゼミの講義のテーマではあったが、学習面における指導・支援だけでなく行動面における指導・支援は全ての子どもたちに通じる内容であった。何か不適切な行動が起こった時に、望ましい結果へ向かわせる手立てはさまざまである。まずは目の前にいる子どもたちとしっかり向き合い、個々に合わせた支援ができるようになりたい。

この講義を楽しむことができたか。それはどのような意味においてか

正直に言えば、この講義を受けて小学校の教員になることが不安に思う場面も多くあった。しかし現状を受け止め、理論と実践を学んだことで、より「人を育てる」という責任感が強くなった。この講義で学んだことが現場で生かされた時に初めて喜びになると感じる。

しかし、講義そのものではないが井上先生や共に学んだ学生たちとの会話は楽しむことができた。みんなが笑顔でいられたことによって、この難しい内容の講義を乗り越えられたのだと思う。短い期間であっても絆は深まるのだと実感した講義であった。

この講義をもう一度やり直すとしたら、学習を高めたり、向上したりするために何か違ったことをするか

もしこの講義をもう一度やり直すことができるならば、小学校の教員として何年か経験を積んだ後に講義を受け直したいと思う。今回のレジュメ作成や発表では、ただテキストの内容をまとめるだけであったが、経験があればより具体的な事例を挙げながら説明をしたり、わかりやすくレジュメを作成することができるのではないかと考える。

おわりに

これから小学校の教員になり、これまで以上に多くの人との出会いがあると思う。この講義で学んだことを生かしながら、「共に学ぶ」という姿勢を大切にしたい。そして、子どもと共に成長し、大人と共に子どもを育て、支え合い、子どもたちの未来を明るく照らせるように努力し続けていきたい。

［**ゆやま　ちさと**　二〇一一年度卒。現在、小学校教員］

あとがき

『対話』シリーズ三冊目の本書は、執筆開始から五年近くをかけて、ようやくできあがりました。学生とともに過ごしたかけがえのない日々を、学生とともに綴れたことを何よりも幸せに思います。わたくしは指導者、そしてご恩ある方々に恵まれました。そしてそこで頂いた愛がゆきめぐり、いま、学生たちに流れ込んでいると感じます。

先生方はあまりに偉大で、わたくしにはその片鱗しか知る由もございません。しかしながら、わたくしなりの感謝をここに記させて頂きます。

後藤祥子先生（日本女子大学名誉教授、元日本女子大学学長）。癌から復帰したわたくしに「あなたの仕事は癌を転移させないことです。あなたは学生の中にただいるだけでいい」とのお言葉をくださり、学生とのいのちの出会いを保証してくださいました。

湊晶子先生（元東京女子大学学長、現広島女学院大学学長）。わたくしはいつも先生の祈りの中にあると感じます。いかなる艱難に遭われても、相手を責めることなく「土の器」の割れ目からキリストの香りを放ち、敵をも魅了される先生はあまりに大きなご存在です。

梶田叡一先生（元兵庫教育大学学長、現奈良学園大学学長）。傑僧、内山興正老師の弟子であられる先生は、わたくしを禅の世界に導き、また長きにわたり「真なるもの」について対話してくださいます。さらに、本書へのご寄稿を賜りました。

藤永保先生（お茶の水女子大学名誉教授、元日本教育大学院大学学長）。根底に深い慈愛を湛えたご研究に心震えた経験により、その後の歩みがずしりと重いものになりました。若き日に、また、人生の岐路で気高いご人格に触れ得たことを身に余る幸せと感じます。

飯長喜一郎先生（元日本女子大学教授、現国際医療福祉大学特任教授）。光と闇の人生の中で、「魂の叫び」を聴き取る数少ないほんものの臨床家として、さらに、秀でたコーディネーターとしてのお背中を見せてくださいました。

小山高正先生（日本女子大学教授）。わたくしの日々の心の震えに共感し、静かに諭してくださる先生。その純粋さで場を浄化し、人としての善きあり方を教えてくださいます。

真仁田昭先生（筑波大学名誉教授）。弘法大師空海の「同行二人」のような先生の祈りと寄り添い、そして博学はいつまでもわたくしの憧れです。

片桐芳雄先生（日本女子大学名誉教授）。成瀬思想にご造詣の深い先生が「成瀬と眞子さんとあなたのトリオソナタが素敵です」とのお言葉をくださったので、第八章を発表する勇気が湧きました。

故石川松太郎先生（元日本女子大学教授）。わたくしの生来の虚弱に「それゆえの艱難があなたを『天来の慈雨』にした。それもすべて学生の教育に生かしてほしい」とのお言葉をくださった先生。「学生は宝」

というお心を、わずかでも受け継げたでしょうか。

故岡野恒也先生（元日本女子大学教授、元愛知瑞穂大学学長）。情愛深い先生は、学生が弱っているとき懐の内で温めるだけでなく、外と闘わないと守り切れない時があることを生き様でお示しくださいました。わずかでも先生の熱き思いに行動で応えられたでしょうか。

田中みどり先生（女子栄養大学教授）。子育てに疲れ果て復帰を諦めかけた頃、「颯爽とお仕事に行って」というお手紙に添えて、フランスの贈り物をご恵送くださり、わたくしは挫折を免れました。先輩、つぎの時はイタリアでお願いいたします。

酒井潤子医師（ゼミの卒業生で医学部に編入し、現在、小児科医：『対話の世界』二二一〜二二五頁）。多忙を極める中、「祈り」や「瞑想」時の脳内変化に関する最新の資料を収集してくださり、心からの医学的な研究協力を頂きました。

最後になりましたが、師・神田橋と出会わせてくださったのは、兄弟子の光元和憲先生（ちば心理教育研究所所長）です。時がたつにつれ、先生のお心の深く広きことがしみじみと感じられ、また師への敬愛の深さに感動が増すばかりです。

これまで出会ってくださった皆様、たくさんの愛を注いでくださった先生方、ありがとうございました。頂いたすべてを大切に膨らませて、つぎの世代に渡して参ります。

ゼミ生や卒業生が本書の校正の手伝いをしてくれました。ここに「校正後期」を記します。

井上先生の発想は、講義でも本でも多種多様な領域を自由に駆け巡り、瞬間々々に生ずる。そんな先生の発想や想起と関連する資料を、ある時は図書館に独り籠り、ある時は太陽の下奔走し集めることが私の仕事であった。大変な作業であったが、講義が反映された本が無事完成したことで全てが報われた。今、この本の制作に携われたことを誇りに思う。　二〇〇六年度卒　松本（旧：秋山）陽子

この本に収められた幾つもの「いのちの物語」は、いのちがけだからこそ放たれる圧倒的なエネルギーに溢れている。わたしはときにそのエネルギーに気圧されながら、それでも必死に言葉と対峙した。自らも自己探索の中にあるわたしにとって、それは尊い時間だった。このような機会を頂いたことに、深く感謝いたします。　学部四年　岡村燦穂

それぞれの香りや、色や、形をもった木々の茂る森。原稿を読むたび、わたしは森に迷い込んでいた。「どこ？」と、問いながら。そして学舎の「森」で育まれた「いのち」――その「いのち」が、ポリフォニックな「調」として森に響く瞬間に、わたしは立ち会った。木々は今日も、うたをうたっている。風に声を乗せて。　二〇一三年度卒　芦野恵理

またも不思議な引力に導かれるように、「対話の調」の校正のお手伝いをさせて頂く幸運に恵まれました。緊張感を覚えつつ受け取った再校ですが、綴られた一文字一文字を追いかけ、いのちの息遣いに耳を澄ませるうち、周囲の音は遠ざかり、自分の内側がすっと凪いでゆくようでした。時間を忘れ、窓の外が真っ暗になるまでこの本と向き合った日の、なんと幸せなことか。「調」が絶えず紡がれてゆくことを願ってやみません。　岩楯祐子

皆の「いのちの花」が伸びやかに咲いてゆきますように。

ともに自由であり続けてくれる夫。ひとりの人として意見、時に箴言をくれるわが子。それぞれの道をゆきながら、手のかかるわたくしを真底から支えてくれることに、いっぱいのありがとうを贈ります。

新曜社の森光佑有さんは、時に迷い迷いのわたくしの話に耳を傾け、本づくりに伴走してくださいました。お礼申し上げます。

対話シリーズの最初の本『対話の技』は五年にわたる師・神田橋の丸抱えの導きにより上梓できました。せめて共著にとお願いするわたくしに、師は「あなたの本です。弟子の業績を搾取する世の師匠たちへのアンチテーゼ」と言われ、単著となりました。月日は流れ『対話の世界』と本書を書きあげ、これで卒業と思っていたところ、思いがけず師から「つぎの本の『離の離』で卒業」というおことばを頂きました。そこでは、富士山の「積雪」と「湧水」の質的差異を、ある工夫により、描き出すことになるようです。

皆様のご批判を真摯に受け止めながら、虚心坦懐に精進して参りたいと存じます。

二〇一四年四月二〇日　はてしない夢の中より

井上信子

編者紹介

井上信子（いのうえ・のぶこ）
1987年，お茶の水女子大学大学院博士課程単位取得満期退学。現在，日本女子大学教授。著書は『現代の発達心理学』(共著，有斐閣)，『質問紙法』(共著，北大路書房)，『対話の技』(新曜社)，『対話の世界』(新曜社) など。

新曜社
対話《たいわ》の調《しらべ》
ゆきめぐる「かかわり」の響き

初版第1刷発行　2014年5月29日

編　者　井上信子

発行者　塩浦　暲

発行所　株式会社 新曜社
〒101-0051　東京都千代田区神田神保町3-9
第一丸三ビル3F
電話(03)3264-4973(代)・FAX(03)3239-2958
E-Mail：info@shin-yo-sha.co.jp
URL：http：//www.shin-yo-sha.co.jp

印　刷　亜細亜印刷株式会社
製　本　イマヰ製本所

ISBN 978-4-7885-1387-7 C 3011